Anthony Borgia

Das Leben in der Unsichtbaren Welt

SILBERSCHNUR

Titel der Originalausgabe: LIFE IN THE WORLD UNSEEN

ISBN 3-923 781-03-2

5. Auflage 2002

Umschlaggestaltung: Gundula Koch-Lüttel, Berlin
Druck: FINIDR s. r. o., Český Těšín

Verlag »Die Silberschnur« GmbH · Steinstraße 1 · D-56593 Güllesheim

www.silberschnur.de
e-mail: info@silberschnur.de

Inhaltsverzeichnis

Vorwort von Sir John Anderson 5
Einleitung von Anthony Borgia 6

1. Teil Nach diesem Leben

1. Mein irdisches Leben 9
2. Übergang in die Geistige Welt 13
3. Erste Erfahrungen 25
4. Haus der Erholung 42
5. Lernhallen 56
6. Einige beantwortete Fragen 69
7. Musik 81
8. Pläne für künftige Arbeit 93
9. Die dunklen Sphären 107
10. Ein Besuch 121

2. Teil Die Unsichtbare Welt

1. Die Blumen 137
2. Der Boden 143
3. Baumethoden 152
4. Zeit und Raum 161
5. Die geographische Lage 168
6. Die untersten Regionen 177
7. Einige erste Eindrücke 185
8. „Freizeitgestaltung“ 192
9. Beschaffenheit der Geistpersonen 199
10. Die Sphäre der Kinder 207
11. Betätigungen 217
12. Berühmte Lcute 227
13. Organisation und Verwaltung 235
14. Die Beeinflussung aus der Geistigen Welt 244
15. Die höchsten Regionen 252

Vorwort von Sir John Anderson

Es ist mir eine große Freude, daß ich die Gelegenheit habe, zu diesem Buch das Vorwort zu schreiben, das eine lebendige, bildhafte Vorstellung des Lebens in den Geistigen Sphären gibt, die solche Leute erfahren konnten, die ihr Erdenleben in Übereinstimmung mit den göttlichen Gesetzen verbrachten. Das bestätigt auch, was ich im Hinblick auf die Philosophie des Denkens als wahr erkannt habe.

Das wird diejenigen bestärken, die jetzt mit einem guten Vorsatz leben, und andere ermutigen, ihre Wellenlänge im Denken zu ändern, um so den Eintritt in die dunklen Sphären der Geistigen Welt zu vermeiden, der eine Konsequenz ihres Annehmens der schlechten Schwingungen auf dieser Erde ist, die der Welt so viel Leiden gebracht haben.

Denken ist die schöpferische Kraft des Universums, so wie jede unserer Handlungen ein Ergebnis des Denkens ist, zum Guten oder zum Bösen. Während wir durch dieses Erdenleben hindurchdringen, bauen wir unser Erbe in der Welt des Geistes, das nicht mehr und nicht weniger sein wird als unser jetziger Gedanken-Wunsch. Ursache und Wirkung ist ein unveränderliches universales Gesetz. Der Mensch ist frei geschaffen, um in Übereinstimmung mit der Freiwilligkeit seines Denkens zu handeln. Das, was mit der Seele geschieht, wenn sie die Welt des Geistes betritt, ist das Ergebnis der Wahlentscheidungen, die das Ego auf Erden gefällt hat. Die Strafe für das Böse sind die Gewissensbisse der unsterblichen Seele, die sie als völlig persönliche Reaktion des individuellen Gewissens erfährt.

In der Vergangenheit waren die Verantwortungen im Leben und die Folgen der jeweiligen Handlung dem Massenbewußtsein der Menschheit verborgen. Aus diesem Grund haben es die orthodoxen Religionen unterlassen, den Frieden auf Erden als etwas vom Großen Meister Vorgesehenes zu etablieren.

Die Zivilisation steht am Scheideweg, und es ist zu hoffen, daß mehr informative Literatur, so wie diese hier, entstehen wird, um der in der Entwicklung befindlichen Welt eine geistige Erneuerung zu ermöglichen, damit Frieden und Harmonie über allem herrschen möge.

John Anderson

Einleitung

Wissen ist das beste Mittel gegen Angst, insbesondere was die Angst vor dem möglichen oder wahrscheinlichen Seinszustand betrifft, wenn wir den Wechsel von diesem Leben zum nächsten vollzogen haben.

Um herauszufinden, was für eine Art Ort die nächste Welt ist, müssen wir jemanden befragen, der dort lebt, und wiedergeben, was gesagt wird. Eben das ist in dem vorliegenden Buch geschehen. Der Gesprächspartner, den ich 1909 kennenlernte – fünf Jahre vor seinem Übertritt in die Geistige Welt – war auf der Erde als Monsignore Robert Hugh Benson bekannt, ein Sohn von Edward White Benson, dem früheren Erzbischof von Canterbury. Bevor diese Schrift verfaßt wurde, war er niemals direkt mit mir in Kontakt getreten, aber einmal war mir gesagt worden (von einem anderen Geist-Freund), daß es gewisse Dinge gäbe, die er richtigstellen wolle. Die Schwierigkeiten beim Herstellen der Kommunikation waren ihm von Geist-Freunden und Ratgebern entgegengestellt worden, aber er blieb bei seinem Vorsatz. So wurde ihm, als eine geeignete Zeit gekommen war, gesagt, daß er sich durch einen Freund aus seiner irdischen Zeit mitteilen könne, und ich wurde dazu ausersehen, als sein Berichterstatter zu fungieren. Die erste Schrift wurde unter dem Titel „Nach diesem Leben" zusammengestellt, die zweite unter dem Titel „Die Unsichtbare Welt".

In der ersten berichtet der Gesprächspartner in einem allgemeinen Überblick von seinem Hinübergehen und den folgenden Reisen durch die verschiedenen Teile der Geistigen Reiche. In der letzteren befaßt er sich in viel größerer Länge mit einer Anzahl wichtiger und interessanter Fakten und Aspekte des geistigen Lebens, die er vorher nur flüchtig berührt oder gestreift hatte. Zum Beispiel: In „Nach diesem Leben" erwähnt er die höchsten und die niedrigsten Reiche. In „Die Unsichtbare Welt" besucht er sie tatsächlich und beschreibt, was er sah und was in beiden Regionen geschah. Obwohl jede der beiden Schriften in sich selbst vollständig ist, erweitert die zweite in hohem Maße die erste, und zusammen bilden die beiden ein einziges Ganzes.

Wir sind alte Freunde, und sein Fortgehen konnte diese frühe Freundschaft nicht auflösen; ganz im Gegenteil, sie ist dadurch gewachsen, und es ergaben sich daraus wesentlich mehr Gelegenheiten zur Begegnung, als möglich gewesen wären, wenn er länger auf der Erde verweilt hätte. Immer wieder drückt er seine Freude über die Möglichkeit aus, in einem natürlichen, normalen, gesunden Zustand und auf eine erfreuliche Weise zur Erde zurückkehren und Berichte über seine Abenteuer und Erfahrungen in der Geistigen Welt geben zu können als einer, der, obwohl „tot" (als was viele ihn betrachten würden), dennoch spricht.

A. B.

Erster Teil

Nach diesem Leben

1

Mein irdisches Leben

Wer ich wirklich bin, ist nicht von Bedeutung. Wer ich war, ist es noch viel weniger. Wir nehmen unsere irdischen Stellungen nicht mit uns in die Geistige Welt. Meine irdische Bedeutung ließ ich hinter mir zurück. Mein geistiger Wert ist es, der jetzt zählt, und der , mein guter Freund, hinkt weit hinter dem her, was er sein sollte und sein könnte. So viel zu dem, wer ich bin. Zu dem, wer ich war, sollte ich einige Einzelheiten darstellen, die meine geistige Haltung vor der Zeit meines Übergangs in die Geistige Welt betreffen.

Mein irdisches Leben war kein hartes in dem Sinne, daß ich niemals physische Entbehrungen zu durchstehen hatte, aber es war ganz gewiß ein Leben voll harter geistiger Arbeit. In jungen Jahren wurde ich von der Kirche angezogen, weil der Mystizismus der Kirche meine eigene mystische Ader berührte. Die Mysterien der Religion schienen durch den äußeren Ausdruck von Lichtern, Kleidern und Zeremonien meinen geistigen Hunger in einer Weise zu stillen, wie nichts anderes es sonst vermochte. Natürlich gab es viel, was ich nicht begriff, und seit ich in die Geistige Welt eingetreten bin, habe ich herausgefunden, daß diese Dinge nicht wichtig sind. Es waren religiöse Probleme, die dem menschlichen Verstand entsprangen, und sie haben in dem großen Lebensentwurf keinerlei Bedeutung. Damals aber glaubte ich einfach alles, wie so viele andere auch, ohne jeden Funken von Einsicht, oder doch mit sehr wenig. Ich lehrte und predigte nach den orthodoxen Textbüchern und stellte auf diese Weise meinen Ruf her. Wenn ich über eine künftige Existenzform nachdachte – und das sehr verschwommen –, kam mir das in den Sinn, was mich die Kirche darüber gelehrt hatte, und das war unendlich wenig und ziemlich unrichtig. Ich konnte mir die unmittelbare Nähe der beiden Welten – unsere und eure – nicht vorstellen, obwohl ich weitreichende Beweise über sie hatte. Die okkulten Erfahrungen, die ich hatte, kamen, so dachte ich, durch eine gewisse Ausweitung der Naturgesetze zustande, und sie waren eher als etwas Zufälliges und weniger als ein reguläres Geschehen zu betrachten, das wenigen und nicht so sehr vielen Menschen zuteil wurde.

Die Tatsache, daß ich ein katholischer Priester war, konnte mich nicht an Besuchen bei denjenigen, die die Kirche als Teufel betrachtet, hindern, obwohl ich, wie ich zugeben muß, an solchen niemals etwas bemerkte, was mich auch nur im entferntesten an Teufel gemahnen konnte. Ich war mir der Tatsache nicht bewußt geworden, daß ich, wie man es auf Erden nennt, ein Sensitiver war, also ein mit psychischen Qualitäten Ausgestatteter, dem die Gabe des „Sehens“, wenn auch nur in begrenztem Maße, zu eigen war.

Der Einbruch einer übersinnlichen Fähigkeit in mein priesterliches Leben empfand ich als ziemlich störend, zumal es Konflikte mit meiner Rechtgläubigkeit brachte. Ich suchte in dieser Angelegenheit Rat bei den Kollegen, aber sie wußten noch weniger als ich, und sie konnten nur daran denken, für mich zu beten, damit diese „Teufel“ von mir weggenommen würden. Ihre Gebete nützten mir nichts – was auch zu erwarten war, wie ich jetzt sehe. Wären meine Erfahrungen auf einer sehr hohen geistigen Ebene gewesen, hätte die Chance bestanden, daß ich als ein im Licht großer Heiligkeit stehender Mensch angesehen worden wäre. Aber sie waren nicht von dieser Art. Es handelte sich ganz einfach um solche Erfahrungen, wie sie dem gewöhnlichen irdischen Sensitiven zukommen. Da sie sich bei einem Priester der Heiligen Kirche zutrugen, sah man sie ganz einfach als Versuchungen des „Teufels“ an. Hätten sie sich an einem Laien zugetragen, wären sie als ein Komplott mit dem Teufel betrachtet worden oder als eine bestimmte Art geistiger Verwirrung. Meine Kollegen verstanden nicht, daß es sich bei dieser Fähigkeit um eine Gabe handelte – um eine wertvolle Gabe, wie ich jetzt einsehe – und daß sie Teil meiner Persönlichkeit war, wie es bei allen der Fall ist, die sie besitzen. Und dafür zu beten, daß sie weggenommen würde, ist so sinnlos, wie darum zu beten, daß jemandes Fähigkeit, Klavier zu spielen oder ein Bild zu malen, weggenommen würde. Es war nicht nur sinnlos, es war ohne jede Frage falsch, denn eine solche besondere Gabe, hinter den „Schleier“ sehen zu können, wird einem verliehen, damit sie zum Wohl der Menschheit ausgeübt werde. Ich kann wenigstens froh darüber sein, daß ich niemals darum gebetet habe, von dieser Fähigkeit befreit zu werden. Gebetet habe ich, aber um mehr Licht in dieser Sache.

Die große Schranke gegen jede weitere Untersuchung dieser Fähigkeiten war die Haltung, die die Kirche ihnen gegenüber einnahm. Sie war – und ist – unerbittlich, eindeutig, eng und unwissend. Wie lange auch immer die Nachforschungen dauerten und in welche Richtungen auch immer sie gingen: das Urteil der Kirche war immer dasselbe, und ihre Erklärungen blieben unverständlich: „Solche Dinge haben ihren Ursprung im Teufel". Und ich war durch die Gesetze dieser Kirche gebunden, ihre Sakramente verwaltend und ihre Lehren weitergebend, während die Geistige Welt an das Tor meiner ureigenen Existenz klopfte und mir zeigen wollte, damit ich es selbst sehe, worüber ich so oft nachgedacht hatte: unser zukünftiges Leben.

Viele meiner Erfahrungen seelischen Geschehens nahm ich in die von mir verfaßten Bücher auf, indem ich sie so drehte, daß sie dadurch den Geschmack rechtgläubiger Religiosität bekamen. Die Wahrheit war zwar da, aber die Bedeutung und die Absicht waren verzerrt. In einem ziemlich umfänglichen Werk spürte ich, daß ich die Kirche gegen die Angriffe derer unterstützen müsse, die an das geistige Überleben über den körperlichen Tod hinaus und an die Möglichkeit, daß die Geistige Welt mit der irdischen Welt in Kontakt treten könne, glaubten. In diesem umfassenderen Werk schrieb ich – gegen meine bessere Überzeugung – dem „Teufel" das zu, von dem ich in Wirklichkeit wußte, daß es auf nichts anderem beruhte, als auf dem Wirken natürlicher Gesetze, jenseits aller orthodoxen Religion und unabhängig von ihr und sicherlich ohne jeden bösen Ursprung.

Wäre ich meinen eigenen Neigungen gefolgt, hätte das eine totale Umwälzung meines Lebens mit sich gebracht, denn das Infragestellen meines katholischen Glaubens hätte unweigerlich den Verlust meines Priesteramtes nach sich gezogen, was mich wiederum in finanzielle Nöte gestürzt haben würde, bis ich mir einen zweiten Ruf als Schriftsteller gesichert gehabt hätte. Was ich bereits geschrieben hatte, wäre dann in den Augen meiner Leser wertlos geworden, und ich wäre als ein Abtrünniger und Verrückter angesehen worden. Deshalb ließ ich die größte Chance meines Lebens vorbeigehen. Wie groß damals die Gelegenheit zur Aufrichtigkeit gewesen war, und wie sehr mein Bedauern über diese verpaßte Richtigstellung anwachsen würde, wurde mir erst bewußt, nachdem ich in diese Welt hinübergegangen war, deren Bewohner ich ja schon so oft und zu so vielen verschiedenen Gelegenheiten während meines Erdenlebens gesehen hatte. Die Wahrheit war in meiner Reichweite gewesen, und ich habe mich nicht zu ihr bekehrt. Ich hielt an der Kirche fest. Ihre Lehren hatten einen zu großen Einfluß auf mich. Ich sah Tausende, die so glaubten wie ich, und das gab mir Mut, denn ich konnte nicht denken, daß sie sich alle irren könnten. Ich versuchte mein religiöses Leben von meinen seelischen Erfahrungen zu trennen und sie so zu behandeln, als bestünde zwischen ihm und ihnen kein Zusammenhang. Es war schwierig, aber es gelang mir trotzdem, einen Kurs zu steuern, der mir nur ganz geringe geistige Konflikte bescherte. Und so fuhr ich fort bis zum Ende, bis ich schließlich an der Schwelle zu jener Welt stand, von der ich schon einen Schimmer wahrgenommen hatte. Was mir nun aber widerfahren war, als ich aufhörte, ein Bewohner der Erde zu sein, indem ich in die große Geistige Welt hinüberwechselte, möchte ich jetzt ausführlicher erzählen.

2

Übergang in die Geistige Welt

Der eigentliche Vorgang des Todes ist nicht notwendigerweise ein schmerzhafter. Ich war während meines irdischen Lebens Zeuge beim Übergang zahlreicher Seelen über die Grenze ins Geistige. Ich hatte die Gelegenheit, mit den physischen Augen die Anstrengungen zu sehen, die unternommen wurden, wenn der Geist versuchte, sich für immer vom Fleisch zu befreien. Mit meiner Hellsichtigkeit habe ich auch das Heraustreten des Geistes aus dem physischen Körper beobachten können, aber ich war aufgrund meiner orthodoxen Ausrichtung keineswegs fähig, herauszufinden, was im Augenblick der Trennung genau vor sich geht, und ich war ebenso unfähig, einen Eindruck über die Empfindungen zu erhalten, die die hinübergehende Seele verspürt. Die Schreiber religiöser Bücher teilen uns über solche Dinge nichts mit, und zwar aus einem ganz einfachen Grund: sie wissen nichts darüber.

Der physische Körper zeigt sich oft heftig leidend, entweder durch tatsächliche Schmerzen oder durch mühsames oder behindertes Atmen. Solche Übergänge haben allem Anscheine nach etwas äußerst Schmerzhaftes. Ist das wirklich so?, war die Frage, die ich mir oft gestellt habe. Wie auch immer die Antwort ausfiel, konnte ich doch nie wirklich glauben, daß der konkrete physische Vorgang des „Sterbens" ein schmerzhafter war, ungeachtet dessen, daß es so aussah. Ich wußte, daß ich eines Tages die Antwort auf meine Frage wissen würde, und ich hoffte, daß mein Übergang wenigstens nicht gewaltsam sein würde, wie er auch immer vonstatten gehen sollte. Meine Hoffnungen wurden erfüllt. Mein Ende war nicht gewaltsam, aber es war mühsam wie so viele, deren Zeuge ich geworden war.

Kurze Zeit vor meinem Hinübergehen hatte ich eine Vorahnung, daß meine Tage auf Erden einem Abschluß entgegenstrebten. Es lastete eine Schwere auf meinem Gemüt, irgendwie verwandt mit der Schläfrigkeit, mit der ich im Bett lag. Oft hatte ich das Gefühl, hinfortzuschweben und wieder sanft zurückzukehren. Zweifellos hatten diejenigen, die um mein physisches Wohlergehen besorgt waren, während solcher Zeiten den Eindruck, daß es mit mir nun rasch einem Ende entgegen gehen würde, wenn ich nicht schon überhaupt hinübergegangen sei. In solchen sich mir darbietenden erleuchteten Augenblicken hatte ich kein Gefühl physischen Unbehagens zu ertragen. Ich konnte sehen und hören, was um mich herum vor sich ging, und ich konnte die seelische Qual wahrnehmen, die mein Zustand bei anderen auslöste. Dennoch hatte ich die Empfindung von Freiheit und Freude. Ich wußte mit Bestimmtheit, daß die Zeit meines Hinübergehens gekommen war, und ich war voller Verlangen, zu gehen. Ich hatte keine Angst, keine schlechten Ahnungen, keine Zweifel, kein Bedauern, was das Verlassen der irdischen Welt anbelangte. (Mein Bedauern sollte später kommen, aber darüber werde ich an geeigneter Stelle sprechen.) Alles, was ich wollte, war, auf und davon zu sein.

Plötzlich empfand ich einen starken Drang, mich zu erheben. Ich fühlte meinen Körper nicht mehr, wie man ja auch gleicherweise im Traum die eigene Körperschwere nicht wahrnimmt, jedoch war ich geistig wach, wie sehr auch – äußerlich gesehen – mein Körper diesen Umständen widersprechen mochte. Sogleich hatte ich die klare Eingebung, mich zu erheben, und stellte fest, daß ich es tatsächlich tat. Denn entdeckte ich, daß die an meinem Bett Versammelten nicht wahrzunehmen schienen, was ich tat, denn sie unternahmen nichts, um mir zu helfen, während sie auf keinerlei Weise mich zu hindern versuchten. Als ich mich drehte, begriff ich, was geschehen war. Ich sah meinen physischen Körper leblos auf seinem Bett liegen. Aber hier war ich, das wirkliche Ich, lebendig und gesund. Für eine Minute oder zwei verharrte ich mit staunendem Blick, und der Gedanke, was als nächstes zu tun sei, kam in meinen Kopf. Doch Hilfe war unmittelbar vorhanden. Ich konnte das Zimmer um mich herum noch ziemlich klar erkennen, aber es war von einer Art Nebel durchzogen, wie wenn der Raum mit sehr gleichmäßig verteiltem Rauch erfüllt wäre. Ich blickte an mir hinunter, mich fragend, was an Kleidern ich wohl tragen würde, denn ich hatte mich offensichlich vom Krankenbett erhoben und war deshalb nicht in der Verfassung, mich sehr weit von meiner Umgebung zu entfernen. Ich war höchst erstaunt, herauszufinden, daß ich mein gewöhnliches Gewand trug, das ich meist zu tragen pflegte, wenn ich frei und bei guter Gesundheit durch mein Haus ging. Mein Erstaunen dauerte nur einen Moment, bis ich bei mir selber dachte, was für andere Kleider ich denn sonst tragen sollte. Mit Sicherheit keine durchsichtige Robe. Ein solches Kostüm wird normalerweise mit der üblichen Vorstellung von einem Engel in Verbindung gebracht, und es war nicht nötig, mir erst zu versichern, daß ich das nicht war.

Das Wissen über die Geistige Welt, das ich aus meinen eigenen Erfahrungen gesammelt hatte, kam mir sofort zu Hilfe. Ich war mir über die Veränderung sofort im klaren, die sich an meinem Zustand zugetragen hatte, mit anderen Worten, ich wußte, daß ich „gestorben" war. Ich wußte auch, daß ich lebte, daß ich meine jüngste Krankheit genügend abgeschüttelt hatte, um aufrecht stehen und um mich schauen zu können. Zu keiner Zeit war ich in irgendeiner geistigen Verwirrung, aber ich war voller Erwartung, was als nächstes geschehen sollte, denn hier war ich, im vollen Besitz aller meiner Fähigkeiten und mich in der Tat mehr „körperlich" fühlend als jemals zuvor.

Auch wenn sich meine Schilderung nun zeitlich ausgedehnt hat, um so viele Einzelheiten als möglich mitzuteilen, kann in Wirklichkeit das ganze Geschehen nur ein paar Minuten nach irdischer Zeitrechnung in Anspruch genommen haben.

Sobald ich diese winzige Zeitspanne gehabt hatte, um mich umzuschauen und meinen neuen Zustand schätzen zu lernen, fand ich mich selbst in Begleitung eines früheren Kollegen, eines Priesters, der vor einigen Jahren in dieses Leben übergewechselt war. Wir begrüßen uns warmherzig, und ich bemerkte, daß er bekleidet war wie ich. Dies befremdete mich in keiner Weise. Wäre er jedoch anders gekleidet gewesen, hätte ich das Gefühl haben können, daß irgend etwas nicht in Ordnung sei, denn ich hatte ihn ja nur in der Priestertracht gekannt. Er gab seiner großen Freude Ausdruck, mich wiederzusehen, und was mich betrifft, sah ich uns viele Fäden wieder anknüpfen, die durch seinen „Tod" abgerissen waren.

Ein paar Augenblicke lang ließ ich ihn alleine sprechen, denn ich hatte mich erst an die Neuheit dieser Dinge zu gewöhnen. Man vergesse nicht, daß ich eben erst nach tödlicher Krankheit mein Bett verlassen hatte und daß ich mit dem Ablegen des physischen Körpers auch die Krankheit von mir abgestreift hatte, während das neue Gefühl der Behaglichkeit und des Befreitseins von körperlicher Krankheit so wunderbar war, daß es seine

Zeit dauerte, alles wahrzunehmen und vollständig zu begreifen. Mein alter Freund schien das Ausmaß meines gegenwärtigen Wissens hinsichtlich meines Hinüberscheidens sofort zu erkennen und wußte somit, daß alles in Ordnung war.

Ich möchte an dieser Stelle bekennen, daß für mich jeder Gedanke an einen „Richterstuhl" oder an einen „Gerichtstag" schon im Moment des Hinübergehens weggewischt wurde. Es war alles zu normal und natürlich, um an das schreckliche Gottesurteil denken zu können, von dem die orthodoxe Religion sagt, daß es uns nach dem „Tod" treffen würde. Derartige Vorstellungen von „Gericht", „Hölle" und „Himmel" schienen gänzlich unmöglich. Vielmehr erschienen sie mir nun ganz und gar als Phantasieprodukte, jetzt, da ich mich als lebendig und gesund erfuhr, angetan mit meiner richtigen Überzeugung und der mir tatsächlich vertrauten Bekleidung, in der Gegenwart eines alten Freundes, der mir herzlich die Hand schüttelte, mir Grüße und gute Wünsche übermittelte und mir – wie zu sehen war – seiner aufrichtigen Freude über unser Wiedersehen Ausdruck gab, so wie ich meinerseits erfreut war, ihn wiederzusehen. Er war in der besten geistigen Verfassung, wie er da so stand, um mich auf eine Weise willkommen zu heißen, wie es in der irdischen Welt alte Freunde nach einer langen Trennung zu tun pflegen. Das war für sich allein genommen schon genug, zu zeigen, daß alle Gedanken daran, daß ich zu meiner Verurteilung abgeführt werden könnte, absolut grotesk waren. Wir waren beide zu vergnügt, zu glücklich, zu sorgenfrei und zu natürlich. Ich wartete viel zu aufgeregt auf jede Art erfreulicher Offenbarung aus dieser neuen Welt, und ich wußte, daß es keinen besseren als meinen alten Freund geben konnte, damit mir solche zuteil werden würde. Er sagte mir, ich solle mich auf eine unermeßliche Zahl herrlichster Überraschungen gefaßt machen, und er sei geschickt worden, um mich bei meiner Ankunft zu empfangen. Da er die Grenzen meines Wissens schon kannte, war seine Aufgabe um so einfacher.

Sobald ich, nachdem wir das Schweigen erstmals gebrochen hatten, die Sprache wiederfand, stellte ich fest, daß wir genauso redeten, wie wir es auf Erden getan hatten, d. h., wir benutzten ganz einfach unsere Stimmbänder und sprachen in aller Selbstverständlichkeit. Man mußte darüber überhaupt nicht nachdenken, und ich tat es auch nicht. Ich stelle bloß fest, daß es so war. Mein Freund schlug dann vor, wegzugehen, da wir keine weitere

Notwendigkeit, keinen Anlaß verspürten, um an dem Ort meiner Umwandlung zu verharren. Er wolle mich zu einer schönen „Stätte" bringen, die für mich hergerichtet worden sei. Er spielte auf eine „Stätte" an, aber er zögerte, mir zu erklären, daß ich in Wirklichkeit zu meinem eigenen Haus gehen würde, in dem ich mich sofort „zu Hause" fühlen sollte. Da ich noch nicht wußte, wie das vor sich gehen könnte, oder mit anderen Worten, wie ich dorthin gelangen sollte, gab ich mich ganz in seine Hände, und, wie er mir sagte, war genau das der Grund, weshalb er hier sei. Ich konnte dem Drang nicht widerstehen, mich umzudrehen und einen letzten Blick in das Zimmer meines Übergangs zu werfen. Es zeigte immer noch sein dunstiges Aussehen. Diejenigen, die vorher um mein Bett herumgestanden waren, hatten sich nun zurückgezogen, und so konnte ich mich dem Bett nähern und auf „mich" schauen. Ich war überhaupt nicht beeindruckt von dem, was ich sah, schien doch der letzte Rest meines physischen Seins gefällig dazuliegen. Mein Freund schlug mir dann vor, daß wir jetzt gehen sollten, und darin übereinstimmend, bewegten wir uns fort.

Während wir weggingen, wurde der Raum noch nebliger, bis er sich aus meinem Gesichtsfeld zu entfernen begann und dann gänzlich verschwunden war. Bis dahin hatte ich, wie gewöhnlich, meine Füße wie zu einem normalen Gang gebraucht, aber im Hinblick auf meine letzte Krankheit und auf die daraus folgende Tatsache, daß ich einige Zeit der Ruhe bräuchte, bevor ich mich „überanstrengte", sagte mein Freund, daß es besser sei, wenn wir uns nicht der gewöhnlichen Fortbewegungsmittel, unserer Füße, bedienten. Er wies mich dann an, fest seinen Arm zu halten und keinerlei Angst zu haben. Wenn ich wollte, könnte ich meine Augen schließen. Es sei, wie er meinte, vielleicht besser, wenn ich es täte. Ich nahm seinen Arm und überließ ihm alles übrige, wie er mir gesagt hatte. Sogleich überkam mich ein Gefühl des Schwebens, wie man es im Körperlichen beim Träumen hat, obwohl dieses hier äußerst real und frei von jedem Zweifel an der persönlichen Sicherheit war. Im Verstreichen der Zeit schien die Bewegung schneller zu werden, und ich hielt meine Augen noch immer fest geschlossen. Es ist seltsam, mit welcher Entschlossenheit man solche Dinge hier tun kann. Wenn vergleichbare Umstände auf der Erdenebene möglich wären, wie viele von uns hätten wohl ihre Augen in absolutem Vertrauen geschlossen? Hier gab es nicht den Schatten eines

Zweifels daran, daß alles in Ordnung war, daß es nichts zu befürchten gab, daß nichts möglicherweise Ungünstiges eintreten könnte und daß, zu alledem, mein Freund die Situation vollständig unter Kontrolle hatte.

Nach einer kurzen Weile schien sich unser Vorankommen zu verlangsamen, und ich konnte fühlen, daß etwas sehr Festes unter meinen Füßen war. Ich wurde aufgefordert, die Augen zu öffnen. Das tat ich. Was ich sah, war mein altes Haus, in dem ich auf der Erdenebene gelebt hatte; mein altes Heim – aber mit einem Unterschied. Es war auf eine Weise verbessert, wie es mir bei seinem irdischen Gegenstück nicht möglich gewesen wäre. Das Haus selbst war verjüngt, und es erschien mir eher in seinem ersten Glanz, als daß es erneuert worden wäre. Aber noch mehr waren es die Gärten darum, die meine Aufmerksamkeit anzogen.

Sie schienen mir ziemlich ausgedehnt zu sein, und sie waren in einem Zustand größter Gepflegtheit und bester Anordnung. Damit meine ich aber nicht die gewöhnliche Ordentlichkeit, die man in den öffentlichen Gärten auf der Erdenebene gewöhnlich sieht, jedoch, daß sie wunderbar angelegt und unterhalten waren. Es gab da keinen Wildwuchs oder Massen von welken Blättern und wucherndem Unkraut, sondern den herrlichsten Überfluß an den schönsten Blumen, und zwar so, daß sie sich in absoluter Vollkommenheit zeigen konnten. Über die Blumen selbst, zu denen ich mich begab, um sie zu betrachten, muß ich sagen, daß ich von vielen, die hier in voller Blüte standen, auf der Erde weder ihr Ebenbild noch ihr Gegenstück gesehen hatte. Natürlich war eine Anzahl der mir seit langem vertrauten Blüten zu finden, aber bei der weitaus größeren Zahl schien zu meinem eher dürftigen Wissen über Blumen etwas völlig Neues hinzuzukommen. Es waren nicht so sehr die Blumen selbst und ihr unglaubliches Ausmaß intensivster Färbung, was meine Aufmerksamkeit fesselte, sondern die lebendige Atmosphäre ewigen Lebens, die sie nach allen Richtungen um sich verbreiteten. Und wenn man sich einer bestimmten Gruppe von Blumen näherte oder auch nur einer einzelnen Blüte, schienen mächtige Ströme energiespendender Kraft sich auszugießen, die die Seele geistig emporhoben und sie stärkten, während die himmlichen Düfte, die sie ausdünsteten, derart waren, wie sie keine Seele im Mantel des Fleisches jemals erfahren hat. Alle diese Blumen lebten und atmeten, und sie waren, wie mein Freund mir mitteilte, unzerstörbar.

Es gab noch eine weitere erstaunliche Besonderheit, die ich bemerkte, als ich ihnen nahe kam, und das war der Klang von Musik, der sie umhüllte und solch sanfte Harmonien auslöste, die ganz genau auf perfekte Weise den prächtigen Farben der Blumen entsprachen. Ich fürchte, ich bin nicht genügend musikalisch geschult, um eine technisch vernünftige Erklärung dieses wunderbaren Phänomens zu geben, aber ich hoffe, daß ich jemanden herbeibringen kann, der darüber Bescheid weiß und es vollständiger erfassen kann. In diesem Augenblick sei nur gesagt, daß diese Töne mit allem übereinstimmten, was ich bis jetzt gesehen hatte – das war nur sehr wenig –, und daß überall völlige Harmonie herrschte.

Schon jetzt war ich mir der belebenden Wirkung dieses himmlischen Gartens so sehr bewußt, daß ich begierig war, mehr davon zu sehen. So spazierte ich in Gesellschaft meines alten Freundes, auf dessen Information und Führung ich mich hier verließ, auf den Gartenwegen, trottete über das vorzügliche Gras, dessen Elastizität und Weichheit beinahe den Vergleich mit einem „Gang auf der Luft" nahelegten, und ich versuchte mir bewußt zu machen, daß diese alles überragende Schönheit Teil meines eigenen Heimes war.

Es gab viele großartige Bäume zu sehen. Keiner von ihnen war mißgestaltet, wie man es auf der Erde zu sehen gewohnt ist, und dennoch gab es keine Spur von Eintönigkeit in der Form. Es bedeutete nur, daß jeder Baum unter vollkommenen Bedingungen wuchs, frei von Sturmwinden, die die jungen Zweige beugen und drehen, frei auch von Insekteneinfällen und anderen Ursachen, die die Mißgestaltung irdischer Bäume verursachen. Wie es sich mit den Blumen verhält, so auch mit den Bäumen. Sie leben für immer unzerstörbar, dauernd angetan mit ihrem vollständigen Blätterkleid in allen Schattierungen des Grün und auf immer Leben für alle verströmend, die sich ihnen nähern.

Ich habe beobachtet, daß hier nicht das zu entdecken war, was wir gewöhnlich als Schatten unter den Bäumen bezeichnen, und dennoch schien es keine grelle Sonne zu geben. Es sah aus, als wäre da eine Lichtfülle, die in jede Ecke drang. Mein Freund sagte mir, daß alles Licht vom Geber allen Lichtes ausgehe, daß dieses Licht selbst Göttliches Licht sei und daß es die Gesamtheit der Geistigen Welt bade und erleuchte, in der diejenigen wohnten, die geistige Augen hätten, um zu sehen.

Auch bemerkte ich, daß eine angenehme Wärme selbst die kleinste Stelle des Raumes durchdrang, eine völlig gleichbleibende und beständige

Wärme. Die Luft war still und doch wehten mit ihrem leichten, duftbeladenen Hauch die wahrsten Zephyrwindchen, welche die erquickend milde Temperatur in keiner Weise beeinträchtigten.

Ich möchte an dieser Stelle zu denjenigen sagen, die nichts von Düften irgendwelcher Art halten: Seid nicht enttäuscht, wenn ihr diese Worte lest, und habt nicht die Empfindung, daß es für euch niemals der Himmel sein könne, wenn da etwas wäre, das ihr nicht leiden könntet. Wartet, sage ich, bis ihr selbst Zeuge dieser Gegebenheiten seid, denn ich weiß, daß ihr dann ganz anders darüber empfinden werdet.

Ich bin in einer ziemlich ausführlichen Weise auf alle diese Dinge eingegangen, weil ich sicher bin, daß es sehr viele Menschen gibt, die darüber erstaunt sind.

Ich war betroffen von der Tatsache, daß es keinerlei Anzeichen von Mauern, Hecken oder Zäunen gab, ja, soweit ich sehen konnte, überhaupt nichts, um anzuzeigen, wo mein Garten anfing und wo er endete. Mir wurde gesagt, daß man so etwas wie Abgrenzungen nicht brauche, da jeder instinktiv und jenseits allen Zweifels genau wisse, wo der eigene Garten aufhöre. Deshalb gab es kein Eindringen in das Grundstück eines anderen, obwohl alle jedem offenstanden, der sie überqueren oder sich darin aufhalten wollte. Ich war von ganzem Herzen willkommen, wohin auch immer ich gehen wollte, ohne Furcht, die Privatsphäre eines anderen zu verletzen. Man sagte mir, ich würde herausfinden, daß dies das hiesige Gesetz sei und daß ich nicht anders empfinden würde, wenn andere in meinem Garten herumspazierten. Ich habe meine Empfindungen über die Umstände genauer beschrieben, zumal ich damals ebenfalls wünschte, daß alle, denen es ein Vergnügen bereitete, in meinen Garten kommen und sich an dessen Schönheiten erfreuen könnten. Ich hatte kein Gefühl irgendeines persönlichen Besitzes, obwohl ich wußte, daß alles mir gehörte, um es „zu haben und zu behalten“. Genau das ist die Haltung von allen hier: Besitzen und Teilnehmenlassen zur gleichen Zeit.

Da ich den herrlichen Zustand sah, in dem der ganze Garten erhalten und umsorgt wurde, fragte ich meinen Freund nach dem Genie, das so aufmerksam und mit so glänzenden Erfolgen danach sah. Bevor er meine Frage beantwortete, legte er mir nahe, daß ich, da ich erst vor so kurzer Zeit im Land des Geistes angekommen sei, besser erst einmal ausruhen oder meinen Erkundigungsspaziergang zumindest nicht übertreiben solle.

Er schlug deshalb vor, daß wir eine angenehme Stelle finden sollten – er gebrauchte das Wort in vergleichendem Sinn, denn alles war überall mehr als angenehm –, daß wir uns setzen sollten, und dann würde er mir eine oder zwei der Fragen erklären, die sich mir in der kurzen Zeit nach meinem Hinübergehen in die Geistige Welt schon gestellt hatten.

Folglich gingen wir umher, bis wir so einen „angenehmen" Platz unter den Zweigen eines prachtvollen Baumes gefunden hatten, von dem aus wir eine große Fläche der Landschaft überblicken konnten, deren üppiges Grün sich vor uns wellte und sich weit in die Ferne erstreckte. Das ganze Sichtgebiet war in herrlichen himmlischen Sonnenschein getaucht, und ich konnte viele Häuser verschiedenster Art in malerischer Anordnung wahrnehmen, wie auch mein eigenes zwischen Bäumen und Gärten. Wir ließen uns auf den weichen Rasen nieder, und ich streckte mich sogleich über die Maßen aus und hatte dabei das Gefühl, als läge ich meinem Bett aus weichsten Daunen. Mein Freund fragte mich, ob ich müde sei. Ich hatte nicht das übliche Gefühl irdischer Müdigkeit, aber ich verspürte dennoch irgendwie die Notwendigkeit einer körperlichen Entspannung. Er sagte mir, daß meine jüngste Krankheit die Ursache eines solchen Verlangens sei, und wenn ich wolle, könne ich in einen Zustand vollständigen Schlafes übergehen. In diesem Augenblick aber empfand ich noch kein unmittelbares Bedürfnis danach, und ich sagte ihm, daß ich ihn jetzt sehr viel lieber sprechen hören würde. Also begann er.

„Was auch immer ein Mensch sät", sagte er, „das wird er ernten. Diese wenigen Worte beschreiben genau den bedeutenden ewigen Vorgang, durch den alles, was du hier siehst, zustandekommt. All die Bäume, die Blumen, die Wälder, die Häuser, die auch das Glück und die Zufriedenheit ihrer Bewohner widerstrahlen, – alles ist das sichtbare Ergebnis dessen, was ein Mensch gesät hat. Das Land, in dem wir beide jetzt leben, ist das Land der großen Ernte jener Saaten, die auf der Erdenebene gepflanzt wurden. Alle die hier leben, haben für sich genau denjenigen Aufenthaltsort gewonnen, den sie sich durch ihre irdischen Taten verdient haben."

Ich war schon dabei, manche Dinge verstehen zu lernen, am entscheidendsten und mich davon am meisten betreffend, war die völlig falsche Haltung, die die Religion in bezug auf die Geistige Welt einnahm. Die bloße Tatsache, daß ich dort lag, wo ich mich befand, stand im völligen Widerspruch von vielem, was ich lehrte und für das ich in meinem

Erdenkleid als Priester einstand. Vor meinen Augen schmolzen jene Bände orthodoxer Lehren, Glaubensvorschriften und Doktrinen zu einem Nichts, denn sie sind zu nichts nütze, da sie auf keiner Wahrheit beruhen und sich hinsichtlich der ewigen Geisteswelt wie auch hinsichtlich des Großen Schöpfers und Erhalters völlig im Irrtum befinden. Ich konnte jetzt erst klar erkennen, was sich mir bisher nur verschwommen vorstellte, daß nämlich Orthodoxismus von Menschen, das Universum jedoch von Gott erschaffen wurde.

Mein Freund fuhr fort mir darzulegen, daß wir, so wir uns unter jene Hausbewohner mischen sollten, alle Arten von Menschen samt ihren Eigenarten beobachten könnten, zumal ihre Glaubensvorstellungen sich auf Erden ebenfalls voneinander unterschieden hatten. Aber eine der bedeutendsten Tatsachen nach dem Hinübergehen in die Geistige Welt ist jene, daß die Seelen nach dem plötzlichen Hinüberscheiden noch eine ganze Weile genauso denken wie zuvor als Erdenbürger. Reue auf dem Totenbett trägt keinem Früchte, da meistens eine solche der Feigheit entspringt, die wiederum das Resultat von Furcht ist über das, was wohl danach passieren könnte. Es ist die Furcht vor der von Theologen ausgemalten Hölle, die zu einer wirkungsvollen Waffe in dem Arsenal der Kirche geworden ist und vielleicht in ihrer Zeit mehr Leiden verursachte als viele andere Irrlehren. Irdische Glaubensvorstellungen haben darum in der Geistigen Welt keine Berechtigung mehr. Doch da anfangs die Menschen alle ihre irdischen Eigenheiten mit in die Geistige Welt hinübernehmen, werden auch die eifrigsten Anhänger dieser irdischen Glaubensvorstellungen ihre jeweilige Religion ausüben, bis es ihnen allmählich dämmert und ihr Geist spirituell erleuchtet wird. Wie mein Freund mir erzählte und wie ich es seitdem selbst sehen konnte, gibt es in der Geistigen Welt noch viele Gemeinden, die immer noch ihrer alten Erdenreligion anhängen und diese praktizieren. Hinsichtlich der Glaubensauffassungen walten auch hier noch Blindgläubigkeit und Vorurteile. Sie schaden nicht, ausgenommen den Betroffenen, die sich auf solche Weise selbst beschränken. Wir aber unternehmen keinerlei Anstrengungen, sie etwa zu einem anderen Glauben bekehren zu wollen.

Wenn dem so war, vermutete ich, daß unsere eigene Religion hier vollständig vertreten sein müsse. Genau, so war es! Die gleichen Zeremonien, die gleichen Rituale, die gleichen alten Glaubensüberzeugungen: all das wird weitergetragen mit dem gleichen falschen Eifer, der sich in den Kirchen gleicherweise stark macht. Die Mitglieder dieser Gemeinschaften wissen, daß sie hier herübergekommen sind, und sie denken, daß es Teil ihrer himmlischen Belohnung ist, mit ihren von Menschen festgesetzten Formen der Anbetung fortzufahren. Sie verhalten sich so bis zu der Zeit, in welcher sie geistig erwachen. Druck wird auf diese Seelen niemals ausgeübt, denn ihre geistige Auferstehung muß aus ihnen selbst kommen. Wenn sie kommt, kosten jene Seelen erstmals die wahre Bedeutung der Freiheit.

Mein Freund versprach mir, daß wir, wenn ich es wollte, später einige dieser religiösen Körperschaften besuchen könnten, aber da Zeit reichlich vorhanden war, schlug er vor, daß es besser wäre, wenn ich mich erst ganz an das neue Leben gewöhnt hätte. Bis jetzt hatte er auch noch meine Frage unbeantwortet gelassen, wer die freundliche Seele sei, die meinen Garten so gut bestellte, aber er las meinen unausgesprochenen Gedanken und kam von selbst auf diesen Punkt zu sprechen.

Beides, das Haus und der Garten, sei, wie er mir sagte, die Ernte, die ich während meines irdischen Lebens für mich selbst eingebracht hätte. Da ich mir das Recht erworben hätte, es zu besitzen, hätte ich es mir mit Hilfe großzügiger Seelen errichtet, die ihr Leben in der Geistigen Welt damit zubrächten, anderen solche Gefälligkeiten und Dienste zu erweisen. Das sei nicht nur ihre Aufgabe, sondern gleichzeitig auch ihr Vergnügen. Häufig werde diese Arbeit von denjenigen in Angriff genommen und ausgeführt, die auf Erden Fachleute dafür gewesen seien und sie daher auch liebten. Hier könnten sie mit ihrer Beschäftigung unter Bedingungen fortfahren, wie nur die Geistige Welt sie gewährleisten könne. Solche Aufgaben zögen ihren eigenen geistigen Lohn nach sich, obwohl der Gedanke an Belohnung niemals in die Vorstellung derer gelangte, die sie ausführten. Der Wunsch, anderen zu dienen, sei immer das Höchste.

Der Mann, der mitgeholfen hatte, diesen schönen Garten anzulegen, war auf der Erdenebene ein Gartenliebhaber, und wie ich selbst feststellen konnte, war er auch ein Fachmann. Aber sobald ein Garten erst einmal in der Geistigen Welt fertiggestellt ist, benötigt es keiner kontinuierlichen Mühe, wie sie noch auf Erden vonnöten ist, um große Gärten zu unterhalten. Ich denke da an den ständigen Verfall, die Belastungen von Sturm und Wind und an die vielen anderen Ursachen, die auf Erden ein

Sichabmühen verlangen. Hier gibt es keinen Verfall, und alles, was wächst, tut es unter denselben Bedingungen, unter denen wir leben. Mir wurde gesagt, daß der Garten praktisch keiner Aufmerksamkeit bedürfe, wie wir den Ausdruck gewöhnlich verstehen, und daß unser Freund, der Gärtner, ihn weiterhin unter seiner Obhut behalten würde, wenn ich es so wünschte. Weit davon entfernt, es lediglich zu wünschen, gab ich meiner Hoffnung Ausdruck, daß er es sicherlich tun würde. Ich äußerte meine tiefe Dankbarkeit für seine wundervolle Arbeit, und ich hoffte, daß ich in der Lage sein würde, ihm zu begegnen und ihm meine aufrichtige Wertschätzung und Dankbarkeit mitzuteilen. Mein Freund erklärte, daß das ziemlich einfach sei, und der Grund dafür, daß ich ihm noch nicht begegnete, liege in der Tatsache meiner erst vor kurzem erfolgten Ankunft, und er würde nicht hineinkommen, bis ich mich häuslich niedergelassen hätte.

Meine Gedanken kehrten wieder zu meiner Beschäftigung auf Erden zurück, zum Abhalten des täglichen Gottesdienstes und zu all den anderen Verpflichtungen eines Dieners der Kirche. Da eine derartige Beschäftigung, soweit es mich betraf, nun nutzlos geworden war, zerbrach ich mir den Kopf über das, was die unmittelbare Zukunft für mich bereithielt. Ich wurde wieder daran erinnert, daß genug Zeit vorhanden sei, um darüber nachzudenken, und mein Freund schlug vor, daß ich mich erst ausruhen und ihn dann auf weiteren Erkundungstouren begleiten solle. Es gab ja so vieles zu sehen, so vieles, das mir immer erstaunlicher vorkommen sollte. Es gab auch jede Menge von Freunden, die darauf warteten, daß wir einander nach so langer Trennung wieder begegneten. Er zügelte mein Verlangen, damit anzufangen, indem er meinte, daß ich erst ausruhen müsse. Und welch besseren Platz könnte es dafür geben, als eben mein eigenes Zuhause?

Ich folgte also seinem Rat, und wir gingen zusammen zum Haus.

3

Erste Erfahrungen

Ich habe schon gesagt, daß ich, als ich hier zu meinem neuen Haus geleitet wurde, bemerkte, daß es dasselbe war wie mein irdisches Haus, aber mit einem Unterschied. Als ich durch die Tür eintrat, sah ich sofort die verschiedenen Änderungen, die vorgenommen worden waren. Diese Veränderungen waren überwiegend struktureller Art und entsprachen genau den Bauplanvorstellungen, die ich bei meinem irdischen Haus immer gerne ausgeführt hätte, die ich aber aus architektonischen und anderen Gründen niemals verwirklichen konnte. Hier hatten irdische Nöte keinen Platz, und so fand ich mein Geist-Heim in seiner allgemeinen Anordnung genau so, wie ich es immer gewünscht hätte. Die wesentlichen Gebrauchsgegenstände, die unverzichtbar zu einer irdischen Heimstätte gehören, waren hier selbstverständlich völlig überflüssig, zum Beispiel die strikt irdische Angelegenheit, den Körper mit Nahrung zu versorgen. Das ist ein Punkt, der den Unterschied ausmacht. Und so können auch die andern leicht ins Bewußtsein gerufen werden.

Als wir zusammen durch die verschiedenen Räume gingen, konnte ich viele Anzeichen der Besorgtheit und Freundlichkeit derer sehen, die mit so viel Energie daran gearbeitet hatten, mir mein altes Haus in der neuen Umgebung wieder aufzubauen. Während ich innerhalb seiner Mauern stand, war ich von seiner Dauerhaftigkeit völlig überzeugt, verglichen mit dem, was ich hinter mir gelassen hatte. Aber es war eine Dauerhaftigkeit, von der ich wußte, daß ich sie aufheben konnte, so ich es wollte. Es war mehr als ein bloßes Haus. Es war ein geistiger Hafen, ein Wohnsitz des Friedens, in dem die üblichen häuslichenSorgen und Verantwortlichkeiten völlig fehlten. Das Mobiliar darinnen bestand im wesentlichen aus dem, womit ich das irdische Original ausgestattet hatte, nicht weil es besonders schön war, sondern weil ich es als nützlich und bequem empfunden hatte und es gut zu meinen wenigen Ansprüchen paßte. Die meisten der kleinen Schmuckgegenstände waren an ihren üblichen Plätzen aufgestellt, und das

Haus erweckte unmißverständlich den Eindruck, als sei es bewohnt. Ich war wirklich „nach Hause“ gekommen.

In dem Raum, der früher mein Studierzimmer war, bemerkte ich einige gut gefüllte Bücherregale. Zunächst war ich ziemlich erstaunt, dies zu sehen, aber bei weiterem Nachdenken konnte ich keinen Grund mehr erkennen, warum Bücher in diesem Haus, das mit all seinen verschiedenen Gegenständen hier sein konnte, nicht auch ihren Platz im Gesamtbild haben sollten. Es interessierte mich, herauszufinden, welcher Art die Bücher waren, und deshalb untersuchte ich sie näher. Als deutlich hervorstechend erkannte ich die von mir verfaßten. Als ich vor ihnen stand, erspürte ich klar den Grund – den wahren Grund! –, weshalb sie hier waren. Viele dieser Bücher enthielten jene Abhandlungen, von denen ich früher gesprochen habe, in denen ich meine eigenen übersinnlichen Erfahrungen dargestellt hatte, nachdem ich ihnen den notwendigen religiösen Anstrich verpaßt hatte.

Ein Buch schien, wie ich mich erinnere, mehr als die anderen hervorzustechen, und ich kam zu der vollen Erkenntnis, daß ich jetzt wünschte, es nie geschrieben zu haben. Es war ein entstellter Bericht, in dem die Tatsachen, wie ich sie wirklich gekannt hatte, unehrlich behandelt und die Wahrheiten verheimlicht worden waren. Ich empfand bitterste Reue, und zum erstenmal seit meiner Ankunft in diesem Land bedauerte ich etwas. Es war kein Bedauern, daß ich in der Geistigen Welt angekommen war, sondern die Reue, daß ich die Wahrheit, die ich vor Augen gehabt hatte, vorsätzlich verdrängt hatte. Denn ich wußte, daß dieses Buch, solange mein Name lebte, das heißt, solange er noch irgendeinen kommerziellen Wert besaß, immer wieder nachgedruckt und in Umlauf gesetzt, gelesen und als absolute Wahrheit betrachtet werden würde. Ich hatte das unerfreuliche Wissen, daß ich nie mehr vernichten konnte, was ich da geschaffen hatte. Dennoch hatte ich zu keiner Zeit das Gefühl, deswegen verurteilt zu werden. Ich spürte im Gegenteil eine ausgeprägte Atmosphäre starken Mitgefühls. Woher sie kam, wußte ich nicht, aber sie war nichtsdestoweniger wirklich und spürbar. Ich wandte mich an meinen Freund, der während meiner Besichtigung und Entdeckung taktvoll und verständnisvoll in geringer Entfernung abseits gestanden hatte und bat ihn um Rat. Augenblicklich war er dazu bereit.

Er erklärte mir dann, daß er genau gewußt habe, wie ich hinsichtlich dieses Buches jetzt denken würde, daß es ihm aber verwehrt gewesen sei, darauf zu sprechen zu kommen, bis ich selbst jene Entdeckung gemacht hätte. Erst als ich diese getan und ihn mit meiner dringenden Bitte um Hilfe ersucht hatte, war es ihm möglich, mir diesbezüglich zu helfen.

Meine erste Frage an ihn war, wie ich diese Angelegenheit wieder ins reine bringen könne. Er sagte mir, daß es mehrere Wege gebe, dies zu tun, wovon einige schwieriger, jedoch wirkungsvoller als andere seien. Ich schlug vor, daß ich vielleicht auf die irdische Ebene zurückkehren und anderen von diesem neuen Leben und der Tatsächlichkeit der Kommunikation zwischen den beiden Welten berichten könnte. Viele, viele Menschen, sagte er, hätten das versucht und versuchten es immer noch, und wie vielen würde man Glauben schenken? Ob ich etwa meine, mehr Glück damit zu haben? Mit Sicherheit würde weit und breit keiner von denen, die meine Bücher gelesen hätten, jemals kommen, um irgendeine Mitteilung von mir zu empfangen oder sie gar als glaubhaft anzunehmen. Und ob ich mir auch klar darüber sei, daß, wenn ich mich solchen Menschen präsentierte, sie mich sofort einen Teufel nennen würden, wenn nicht gar den Fürsten der Finsternis selbst?

„Laß mich", so fuhr er fort, „einige Überlegungen anstellen, die dieses Thema der Kommunikation mit der Erdenwelt betreffen. Du weißt sehr wohl, daß solches möglich ist. Aber hast du auch irgendeine Vorstellung von den mit ihnen verbundenen Schwierigkeiten? Laß uns annehmen, daß dir die Mittel zur Kommunikation zur Verfügung stehen. Als erstes wirst du dazu aufgefordert werden, eine klare und deutliche Legitimierung deiner selbst zu liefern. Höchstwahrscheinlich wird man nach deiner ersten Erklärung, wer du seist, etwas zögern, diesen Namen schon allein deshalb anzuerkennen, weil er viel galt, als du inkarniert warst. Wie bedeutend oder berühmt wir auch immer zufällig auf der irdischen Ebene sein mochten, werden wir dort, sobald wir auf die geistige Ebene gelangt sind, der Vergangenheit zugeordnet. Ganz egal, welche Werke literarischer Qualität wir zurückgelassen haben, werden sie hinfort immer von weit größerer Bedeutung sein als ihre Autoren, weil wir für die Erdenwelt „tot" sind. Der Erde ist die lebende Stimme entzogen. Und obgleich wir noch sehr lebendig sind, sowohl für uns selbst als auch für die anderen der hier Lebenden, sind wir für die Erdenmenschen zu einer Erinnerung geworden, von denen nur wenige dauerhaft bleiben, während die meisten sich schnell auflösen und bloße Namen hinterlassen. Wir wissen außerdem, daß wir noch weit lebendiger sind, als wir es je zuvor gewesen sind. Die Mehrheit der Erdenmenschen wird jedoch annehmen, daß wir niemals hätten „toter“ sein können.

Man wird dann von dir verlangen, daß du ein Erkennungszeichen lieferst. Das ist unter solchen Umständen ganz richtig, vorausgesetzt, daß es nicht zu weit getrieben wird, wie es oft geschieht. Wenn du diese Bedingungen erfüllt hast, was dann? Du wirst mitzuteilen wünschen, daß du lebendig und gesund bist. Wenn die Menschen, mit denen du kommunizierst, nicht bloß Dilettanten sondern Wissende sind, wird deine Erklärung nicht bezweifelt werden. Aber wenn du der allgemeinen Welt solche Nachrichten durch die üblichen Kanäle senden möchtest, werden diejenigen, die glauben, daß du es wirklich bist, der gesprochen hat, auch diejenigen sein, die bereits von der Geistigen Welt wissen und mit ihr kommunizieren. Was die übrigen Menschen anbelangt, wer von ihnen wird schon glauben wollen, daß du es bist, der spricht? Keiner, bestimmt keiner deiner ehemaligen Leser! Sie werden sagen, daß du es nicht sein kannst, sondern daß es ein Teufel ist, der sich für dich ausgibt. Andere werden sich höchstwahrscheinlich ganz gleichgültig verhalten. Es gäbe natürlich sehr viele, die sich einbildeten, daß du allein aufgrund deines Hinüberscheidens in die Geistige Welt gleichzeitig mit tiefster Weisheit begabt worden seist und daß somit alles, was du sagst, unfehlbare Äußerungen sein müßten. Du erkennst jetzt einige der Schwierigkeiten, mit denen du zu rechnen hast, wenn du ganz einfach die Wahrheit jenen mitteilen willst, die noch in der Dunkelheit der Erdenwelt beheimatet sind.“

Die Vorhersagen meines Freundes betrübten mich erheblich, da ich erkannte die außergewöhnlichen Schwierigkeiten und war überzeugt, daß ich dieses Vorhaben vorläufig der Zukunft anheimzustellen haben würde. Wir würden andere, die weiser als wir waren, um Rat ersuchen, und vielleicht würde sich irgendein Weg ergeben, auf dem ich das Gewünschte erreichen könnte. Vielleicht würde ich auch feststellen, daß meine Wünsche sich im Laufe der Zeit, um im weltlichen Sinne zu sprechen, änderten. Vorläufig sollte ich mir darüber keine Sorgen bereiten. Es gab vieles, was ich sehen und tun konnte, und viele Erfahrungen galt es noch zu gewinnen, die für mich unschätzbar sein würden, wenn ich am Ende doch noch beschlösse, mein Vorhaben durchzuführen. Edwins bester Rat war, daß ich mich erst einmal gründlichst ausruhen solle, während er mich währenddessen verlassen würde. Wenn ich, sobald ich mich ganz erfrischt fühlte, meinen Gedanken auf ihn konzentrierte, empfinge er ihn und käme sofort zu mir zurück. So versank ich, während ich es mir auf einer Couch bequem machte, in einen wunderbaren Zustand des Halbschlafes, in welchem ich mir meiner Umgebung voll bewußt war, doch konnte ich zur gleichen Zeit spüren, wie neue Energie auf mich niederströmte, die mein ganzes Wesen mit neuer Kraft versorgte. Ich fühlte, wie ich leichter wurde und wie die letzten Spuren jener alten irdischen Bedingungen mich für immer verließen.

Ich hatte keine Ahnung, wie lange ich in diesem angenehmen Zustand verblieben war. Aber schließlich fiel ich in einen sanften Schlummer, aus dem ich in jenem Gesundheitszustand, der in der Geistigen Welt als „vollkommen" anzusehen ist, erwachte. Ich erinnerte mich sofort an den Vorschlag meines Freundes und sandte meine Gedanken zu ihm. Innerhalb weniger Sekunden irdischer Zeit kam er zur Tür herein. Sein Erscheinen geschah so verwirrend schnell, daß meine Überraschung darüber ihn in ein freundliches Lachen versetzte. Er erklärte, daß in Wirklichkeit das, was mich überraschte, ganz einfach sei. Die Geistige Welt sei eine Welt des Gedankens. Denken bedeute Tun, und der Gedanke sei augenblicklich. Wenn wir uns an einen bestimmten Platz dächten, würden wir uns mit Geschwindigkeit jenes Gedankens dorthin begeben, und das geschehe fast so augenblicklich, wie es möglich sei, es sich vorzustellen. Ich würde schon in der Folge feststellen, daß dies die gebräuchlichste Art der Fortbewegung sei, und ich würde schon bald in der Lage sein, sie selbst anzuwenden.

Mein Freund bemerkte sofort eine Veränderung in mir, und er gratulierte mir zu meiner wiedergewonnenen vollen Lebenskraft. Es ist für mich unmöglich, selbst in nur geringem Maße euch dieses Gefühl höchster Lebenskraft und größten Wohlbefindens mit Worten verständlich zu machen. Wenn wir auf der irdischen Ebene leben, werden wir ständig in verschiedenster Weise an unseren physischen Körper erinnert, sei es durch Kälte oder Hitze, durch körperliche Beschwerden, Müdigkeit, Erkrankungen und zahlose andere Dinge. Hier in meiner neuen Welt leiden wir nicht unter solchen Unzulänglichkeiten. Damit meine ich nicht, daß wir hier nur gefühllose Holzklötze sind, die sich unempfindlich gegen alle anderen

Einflüsse zeigen. Unsere Empfindungen sind hingegen geistiger Art, und der geistige Körper ist immun gegen Zerstörung. Wir fühlen mit unserem Geist und nicht etwa durch irgend welche Sinnesorgane, und unser Geist reagiert direkt auf unsere Gedanken. Fühlen wir unter besonderen und bestimmten Umständen Kälte, so empfinden wir dieses Gefühl mit unserem Geist, und unser geistiger Körper würde in keiner Weise leiden. In der Sphäre, aus der ich jetzt spreche, ist alles genau auf ihre Bewohner abgestimmt, handele es sich um die Temperatur, die Landschaft, ihre vielen Behausungen, das Wasser, die Flüsse oder Seen. Und, was am wichtigsten ist, auch die Bewohner sind aufeinander abgestimmt. Es gibt daher nichts, was möglicherweise Elend, Mißhelligkeit oder Unbehagen schaffen könnte. Wir können unseren Körper völlig vergessen und es unserem Geist gestatten, ganz nach Belieben zu leben, und durch unseren Geist können wir die tausendfachen Wonnen, die der gleiche Geist aufzubauen geholfen hat, genießen.

Zuzeiten sind wir betrübt und zuzeiten belustigt über jene, die noch auf der Erde leben und unsere Beschreibungen der Geistigen Welt verspotten und Verachtung oder Geringschätzung über sie ergießen. Was wissen diese armen Seelen schon? Und gäbe es etwas Besseres, was sie sich anstelle der Wirklichkeiten der Geistigen Welt vorzustellen vermöchten? Sie würden sich nichts Besseres vorstellen können! Sie würden uns vielmehr unsere wunderschönen Landschaften, unsere Blumen und Bäume, unsere Flüsse und Seen, unsere Häuser, unsere Häuser, unsere Freunde, unsere Arbeit und unsere Freuden und Vergnügen fortnehmen. Und wozu? Welche Vorstellungen können diese beschränkten Seelen von einer Geistigen Welt haben? Wie aus ihren eigenen dummen Eingeständnissen zu ersehen ist, haben sie überhaupt keine konkreten Vorstellungen. Sie würden uns allenfalls als substanzlose Schemen vorstellen, die ohne irgendeine körperliche Substanz und ohne Intelligenz in einem verschwommenen, schattenhaften und nebligen Zustand weiterbestehen, abgetrennt von allem, was noch an „Menschliches“ erinnern könnte. Angesichts meiner vollkommenen Gesundheit und reichlich vorhandenen Lebenskraft inmitten all der Schönheiten dieser Welt konkretester Realität, von welcher ich euch bisher nur eine Andeutung gegeben habe, bin ich überaus erschüttert über das Ausmaß der Unwissenheit, die gewisse Seelen auf Erden aufweisen.

Ich fühlte, daß die Zeit gekommen war, da ich etwas von diesem wunderbaren Land zu sehen wünschte, und so trat ich in Begleitung meines Freundes meine Entdeckungsreise an. Jene von euch, die die Erde auf der Suche nach neuen Ländern bereist haben, werden verstehen, was ich beim Aufbruch empfand.

Um eine größere Aussicht genießen zu können, begaben wir uns auf ein etwas höher gelegenes Gelände, von wo aus sich ein klares Panorama vor unseren Augen ausbreitete. Vor uns erstreckte sich die Landschaft in einer scheinbar endlosen Weite. In einer anderen Richtung konnte ich klar etwas erkennen, was allem Anschein nach eine Stadt mit prächtigen Gebäuden war, denn man muß bedenken, daß nicht alle Menschen hier einen einheitlichen Geschmack besitzen und daß viele – ebenso wie auf Erden – die Stadt dem Lande vorziehen und umgekehrt, während andere wiederum beides vermögen. Ich war sehr interessiert daran, zu sehen, wie eine Stadt der Geistigen Welt wohl aussehen würde. Es ist sicherlich leichter, sich hier bei uns eine Landschaft vorzustellen, aber Städte schienen doch eigentlich nur das Produkt der Menschen in einer materiellen Welt zu sein. Andererseits konnte ich keinen logischen Grund vorbringen, warum die Geistige Welt nicht auch Städte bauen sollte. Mein Begleiter freute sich außerordentlich über meine Begeisterung, die, wie er erklärte, der eines Schuljungen gliche. Er hätte jedoch nicht zum erstenmal damit Bekanntschaft gemacht. Viele Menschen sind in der gleichen Weise begeistert, wenn sie zuerst ankommen. Und es ist unseren Freunden eine ständige Freude, uns herumzuführen.

In der Ferne konnte ich eine Kirche erkennen, die äußerlich in der üblichen Linienführung erbaut war, und mein Freund schlug vor, daß wir in jene Richtung gehen sollten, während wir auf dem Wege dorthin sicherlich noch anderen Dingen begegnen würden. Somit machten wir uns also auf den Weg.

Wir folgten einem Pfad, der zum Teil an einem Bach entlangführte, dessen klares Wasser im Licht der himmlischen „Sonne“ funkelte. Während das Wasser seinem Lauf folgte, gab es viele musikalische Töne von sich, die sich ständig änderten und sich zu einem Potpourri lieblichster Klänge verwoben. Wir begaben uns an seinen Rand, so daß ich ihn näher anschauen konnte. Er erschein fast wie flüssiges Kristall, und da sich das Licht in ihm brach,schimmerte er in allen Regenbogenfarben. Ich ließ etwas Wasser über meine Hand laufen und erwartete, daß es, so wie es aussah, eiskalt sein müsse. Wie erstaunt war ich, als ich entdeckte, daß es angenehm warm war. Darüber hinaus hatte es eine elektrifizierende Wirkung, die sich über meine Hand bis in den Arm hinein erstreckte. Es war ein höchst angenehm prickelndes Gefühl, und ich war neugierig, zu erfahren, wie es sich anfühlen würde, wenn man ganz darin badete. Mein Freund sagte, es würde mich sogleich mit Energie aufladen, doch sei dieser Bach nicht tief genug, um ganz darin untertauchen zu können. Sobald wir an ein größeres Gewässer kämen, könnte ich von der Gelegenheit Gebrauch machen, mir ein Bad zu genehmigen. Als ich meine Hand aus dem Bach zog, bemerkte ich, daß das Wasser in blinkenden Tropfen davon herunterperlte, so daß die Hand ganz trocken blieb.

Wir setzten unseren Weg fort, und mein Freund sagte, er würde gerne mit mir einen Mann besuchen, der in einem Hause, dem wir uns jetzt näherten, lebte. Wir gingen durch einige künstlerisch angelegte Gärten, überquerten einen dichten Rasen und trafen auf einen Mann, der am Rande eines großen Obstgartens saß. Als wir näher kamen, erhob er sich, um uns entgegenzutreten. Mein Freund und er begrüßten einander in der herzlichsten Weise, und ich wurde als ein Neuankömmling vorgestellt. Man erklärte mir, daß dieser Herr stolz auf das Obst in seinem Obstgarten sei, und ich war eingeladen, davon zu probieren. Der Besitzer dieses freundlichen Zufluchtortes schien, soweit ich es beurteilen konnte, ein Mann in mittleren Jahren zu sein, obwohl er viel älter sein konnte, als es auf den ersten Blick zu sein schien. Ich habe inzwischen gelernt, daß es eine schwierige und fast gefährliche Aufgabe ist, wenn man versucht, das Alter der Menschen bei uns zu erraten. Denn ihr müßt wissen, daß hier das Gesetz waltet, dem zufolge wir während unserer geistigen Weiterentwicklung auch die Alterserscheinung, wie man sie auf Erden wahrnimmt, ablegen. Wir verlieren die Falten, die Alter und weltliche Sorgen als Spuren auf unserem Gesicht hinterlassen haben, zusammen mit anderen Anzeichen der vergehenden Jahre, und wir werden in der äußeren Erscheinung jünger, während wir an Wissen, Weisheit und Vergeistigung älter werden. Ich will nicht gesagt haben, daß wir damit ein äußeres Aussehen höchster Jugendlichkeit erhalten, noch daß wir jene äußeren Merkmale der Persönlichkeit verlieren. Wenn es doch so wäre, würden wir alle in unserem Aussehen eintönig einander gleichen. Doch in Wahrheit verwandeln wir uns zurück oder – gemäß unseres Alters, das wir bei unserem Hinüberwechseln von der Erde nach hier mitbringen – vorwärts und erreichen äußerlich das Alter, in welchem der Körper in seiner Vollkraft dazustehen pflegt.

Unser Gastgeber führte uns in den Obstgarten, in welchem ich viele Bäume in hohem Veredelungszustand und voller Frucht erblickte. Er schaute mich einen Augenblick an, und dann nahm er uns mit zu einem prächtigen Baum, der kräftig wie ein Pflaumenbaum aussah. Die Früchte waren in der Form vollkommen und hatten eine durchschimmernde Farbgebung. Sie waren im Überfluß vorhanden. Unser Gastgeber pflückte einige, gab sie uns und sagte, daß sie uns beiden guttäten. Die Früchte fühlten sich angenehm kühl an, und für ihre Größe waren sie bemerkenswert schwer. Ihr Geschmack war köstlich. Das Fruchtfleisch war weich, und eine Menge nektarsüßen Saftes quoll daraus hervor. Während ich die Pflaumen aß, beobachteten mich meine zwei Freunde mit einem Gesichtsausdruck fröhlicher Erwartung. Ich rechnete damit, daß eine Menge des aus der Frucht herausströmenden Saftes auf meine Kleider rinnen würde. Zu meiner Verwunderung konnte ich jedoch bei der näheren Untersuchung keine Spuren entdecken, obwohl der Saft heruntertropfte. Meine Freunde lachten schallend über mein Erstaunen. Ich genoß den Spaß gründlich, aber ich war doch sehr verblüfft. Sie beeilten sich, mir zu erklären, daß, da ich jetzt in einer unvergänglichen Welt sei, alles, was unerwünscht sei, sofort wieder zu seinem eigenen Element zurückkehre. Der Fruchtsaft, den ich über mich verschüttet zu haben glaubte, war zu dem Baum, von dem die Frucht gepflückt worden war, zurückgekehrt.

Unser Gastgeber unterrichtete mich, daß er diese besondere Pflaumensorte, von der ich gerade gegessen hatte, stets Menschen, die in der Geistigen Welt neu angekommen waren, empfiehlt. Sie hilft, den Geist wiederherzustellen, besonders dann, wenn das Hinüberscheiden durch Krankheit verursacht worden war. Er bemerkte jedoch, daß ich nicht den Eindruck erweckte, als ob ich eine lange Krankheit gehabt hätte, und er schloß daraus, daß mein Übergang ziemlich plötzlich gewesen sein müsse, was der Wahrheit entsprach, denn ich hatte nur eine kurze Krankheit gehabt. Die verschiedenartigen Früchte, die dort wuchsen, waren nicht nur für jene, die nach ihrem erdkörperlichen Tod noch irgendeine Art der Behandlung benötigten, sondern alle genossen sie wegen ihrer belebenden

Wirkung. Er hoffte, daß ich, wenn ich keine eigenen Obstbäume hätte, so oft ich nur wünschte, käme und mich bediente. „Es ist immer Obstzeit", fügte er mit großem Vergnügen hinzu, „und du wirst nie irgendeinen der Bäume ohne reichliche Früchte finden." Auf meine Frage, wie sie wuchsen, erwiderte er, daß diese Frage wie so viele andere, die sich auf die Eigenartigkeiten dieses Landes bezögen, nur von jenen Bewohnern der höheren Ebenen beantwortet werden könnten. „Und selbst, wenn uns die Antwort gegeben würde, würden wir sie mit höchster Wahrscheinlichkeit nicht verstehen können bis zu jener Zeit, da wir selbst in jenen Sphären beheimatet sein würden. Wir sind eigentlich ganz zufrieden", so fuhr er fort, „so viele Dinge so zu nehmen, wie sie sich uns darbieten, ohne zu fragen, wie sie eigentlich entstanden sind. Und wir wissen, daß jene Dinge einen unendlichen Vorrat bilden, weil sie aus einer nie versiegenden Quelle kommen. Man braucht sich wirklich darüber nicht den Kopf zu zerbrechen, und die meisten von uns geben sich völlig zufrieden, sie mit innigem Dank zu genießen." Unser Gastgeber sagte in bezug auf die tatsächliche Obstversorgung, daß an der Stelle des gepflückten Obstes alsbald neues Obst am Baume hinge. Es würde nie überreif, weil es vollkommenes Obst und daher, wie wir selbst, unvergänglich sei. Er lud uns zu einem Gang durch den Obstgarten ein, und ich sah jede dem Menschen bekannte Obstsorte nebst vielen Sorten, die nur in der Geistigen Welt vorkamen. Ich probierte einige der letzteren, aber es ist unmöglich, ihr köstliches Aroma auch nur anzudeuten, weil es keine irdische Frucht, von der ich wüßte, gibt, mit der man sie vergleichen könnte. Wir sind jederzeit nur dazu imstande, den Sinnen solche Vergleichshinweise zu geben, die sie so oder in ähnlicher Art schon erfahren hatten. Falls solche Erfahrungen noch nicht vollzogen worden waren, ist es völlig vergeblich, einen neuen und ganz andersartigen Sinnenreiz beschreiben zu wollen. Und nirgends ist eine solche Beschreibung vergeblicher als hinsichtlich des Geschmacksinnes.

Mein Freund erklärte unserem freundlichen Gastgeber, daß er mich umhergeleite, um mir das Land meines neuen Lebens zu zeigen. Und letzterer gab uns viele gute Wünsche als Lebewohl mit auf den Weg. Er wiederholte seine Einladung, ihn, wann immer ich wünschte, zu besuchen, und selbst, wenn er zu der Zeit meines eventuellen Besuches nicht anwesend wäre, sollte ich mich nach Herzenslust von dem Obst bedienen.

Er sagte, ich würde schon feststellen, daß die Obstbäume die Pflichten eines Gastgebers genauso oder sogar noch besser, als er es vermöchte, erfüllen würden. Und so brachen wir unter weiteren Äußerungen des Dankes und der gegenseitigen guten Wünsche auf.

Wir kehrten auf unseren vorigen Weg, der dem Bach entlang führte, zurück und setzten unseren Gang in Richtung jener gesehenen Kirche fort. Nachdem wir eine kleine Weile weitergegangen waren, bemerkte ich, daß der Bach breiter wurde, bis er sich zum Ausmaß eines recht großen Sees erweiterte. Wir konnten viele Gruppen glücklicher Menschen am Rand des Wassers versammelt sehen, und einige von ihnen badeten. Der See war von Bäumen umstanden, und es gab Blumen in Hülle und Fülle, die so angeordnet waren, daß, obwohl man eine gewisse Regelmäßigkeit beobachtete, nichts auf unbetretbares Grundstückseigentum hinwies. Alles gehörte allen in gleicher Weise, und ich beobachtete insbesondere, daß keiner jene Blumen zu pflücken, auszureißen oder sie sonstwie zu stören versuchte. Man konnte ein oder zwei Menschen sehen, die ihre beiden Hände fast liebkosend um einige der Blüten gelegt hatten, eine Haltung, die mir so ungewöhnlich erschien, daß ich meinen Freund diesbezüglich um Aufklärung ersuchte. Er antwortete, indem er mich zu einer jungen Frau hinüberführte, das so merkwürdig damit beschäftigt war. Ich scheute mich, sie zu stören, aber, wie mir gesagt wurde, sollte ich mich noch ein wenig gedulden. Mein Freund kniete sich neben ihr nieder, und sie wandte den Kopf nach ihm um, und mit einem freundlichen Lächeln des Willkommens begrüßte sie ihn. Ich schloß daraus, daß sie alte Bekannte seien, aber das war ganz und gar nicht der Fall. In der Tat erzählte er mir später, daß er sie nie zuvor gesehen hätte, und er erklärte, daß wir hier in der Geistigen Welt keinerlei förmliches Einandersichvorstellen benötigten. Wir bilden eine große Gemeinschaft hinsichtlich des gesellschaftlichen Zusammenlebens. Nachdem wir eine kleine Weile hier verweilten und uns an unsere neue Umgebung gewöhnt hatten, entdeckten wir, daß wir niemals störten, weil wir sofort die Gedanken jedes Menschen lesen konnten, natürlich auch eines solchen, der eben gerne ungestört bleiben wollte. Und wenn wir im Freien, sei es im Garten oder auf dem Lande, einen Menschen sehen, sind wir stets willkommen, uns ihm zu nähern und freundliche Unterhaltung mit ihm zu führen.

Jene junge Frau war, wie ich selbst, ein Neuankömmling, und sie erzählte uns, wie einige Freunde ihr die Methode beigebracht hätten, aus den Blumen all das, was sie so verschwenderisch zu geben hatten, gewinnen zu können. Ich kniete neben ihr nieder, und sie führte mir praktisch vor, was ich zu tun hatte. Wenn ich die Hände kelchförmig um die Blume legte, so sagte sie, würde ich spüren, wie der Magnetismus in meine Arme emporströme. Als ich nun meine Hände einer wunderschönen Blume entgegenstreckte, sah ich, daß diese Blume auf ihrem Stil sich nach mir hinneigte! Ich tat so, als ob ich wisse, was man mich gelehrt hatte, und ich fühlte sofort einen Lebensstrom in meinen Armen hochsteigen, während die Blume einen äußerst zarten Duft verströmte. Die junge Frau sagte zu mir, ich solle keine dieser Blumen pflücken, weil sie für immer wüchsen, sie seien Teil dieses Lebens wie wir selbst. Ich war sehr dankbar für ihre rechtzeitige Ermahnung, weil es die natürlichste Sache der Welt ist, Blumen zu pflücken, zumal sie in solchem Überfluß vorhanden waren. Hinsichtlich des Obstes sei es nicht ganz dasselbe, wie ich erfuhr, da das Obst zum Verzehr bestimmt sei. Aber die Blumen seien zur Zierde da, und Blumen zu pflücken käme dem Fällen von Bäumen gleich. Es gab jedoch andere Blumen, die eigens dazu wuchsen, um gepflückt zu werden. Jedoch die Hauptfunktion dieser vor uns sich ausbreitenden Blumen bestand darin, Heilkräfte zu verströmen. Ich erkundigte mich bei unserer jungen Freundin, ob sie etwas von dem guten Obst, das wir gerade probiert hatten, genossen hätte, und sie bejahte es.

Mein Freund fragte mich, ob ich nicht gerne zum Seeufer gehen wolle, und er wandte sich mit der Bemerkung an die junge Frau, ob sie allein sei und nicht vielleicht Lust verspürte, sich uns auf unseren Streifzügen anzuschließen. Sie erwiderte, daß ihr nichts größeres Vergnügen bereiten würde, und so gingen wir alle drei auf den See zu. Ich erklärte ihr, daß mein Freund ein „alter“ Bewohner dieser Welt sei und daß er als mein Freund und Ratgeber fungiere. Sie schien über unsere Gesellschaft froh zu sein, nicht etwa, weil sie einsam gewesen wäre, denn so etwas gibt es in dieser Sphäre nicht. Doch hatte sie nur wenige Freunde auf Erden gehabt und hatte immer so etwas wie ein einsames Leben geführt, obwohl sie deswegen niemals gleichgültig oder sorglos dem Kummer und den Sorgen der anderen gegenüber gewesen war. Seitdem sie in der Geistigen Welt weilte, hatte sie viele gütige Seelen von gleichem Sinneswandel getroffen, und sie vermutete, daß wir vielleicht von ähnlicher Art seien. Ich erzählte ihr kurz einige Dinge über mich selbst, und da ich noch meine irdische Kleidung trug, das heißt, ihr Gegenstück, erkannte sie mich mehr oder weniger als das, was ich beruflich gewesen war. Da mein Freund ähnlich gekleidet war, sagte sie lachend, daß sie sich in „sicheren Händen“ wisse.

Es kam mir wieder in Erinnerung, was über das Baden gesagt worden war. Aber ich wagte nichts darüber zu bemerken, da ich ja nicht wußte, woher ich eine Badebekleidung nehmen sollte. Mein Freund rettete jedoch die Situation, indem er von selbst Bezug darauf nahm. Alles, was wir benötigten, um ein Bad zu nehmen, sei das dazu nötige Wasser, in welchem man baden könne. Demnach konnte nichts einfacher sein. Wir brauchten nur ins Wasser zu steigen, und zwar so, wie wir gerade waren. Ob wir schwimmen konnten oder nicht, spielte keine Rolle. Und ich muß sagen, ich war erstaunt über dieses seltsame Abweichen von der üblichen Badezeremonie. Natürlich zögerte ich ein wenig. Mein Freund spazierte jedoch ganz gelassen in den See hinein, bis er vollkommen eingetaucht war. Wir beide folgten nun seinem Beispiel.

Ich kann nicht sagen, was ich als Folge darauf erwartete. Zumindest erwartete ich die übliche Wirkung des Wassers, wie man sie unter gewissen Umständen auf der Erde erfuhr. Groß war dann meine Überraschung und zugleich meine Erleichterung, als ich entdeckte, daß sich das Wasser eher wie ein warmer, um mich geworfener Umhang und nicht wie durchdringende Flüssigkeit anfühlte. Die magnetische Wirkung des Wassers war von gleicher Beschaffenheit wie die des Baches, in den ich meine Hand getaucht hatte. Aber hier hüllte die neu belebende Kraft den ganzen Körper ein und durchströmte ihn mit neuem Leben. Das Wasser fühlte sich wunderbar warm an und zog einen nicht hinab. Es war möglich, aufrecht darin zu stehen, sich tragen zu lassen und selbstverständlich völlig unter die Oberfläche zu tauchen, ohne das geringste Unbehagen oder irgendeine Gefahr. Hätte ich innegehalten, um nachzudenken, hätte ich vielleicht erkannt, daß das letztere zwangsläufig so sein muß. Das Geistige ist unzerstörbar. Aber außer dieser magnetischen Wirkung gab es zusätzlich noch eine von dem Wasser ausgehende Vergewisserung, und das war die ihm so eigentümliche freundschaftliche Gesinnung, wenn ich es so nennen darf. Es ist nicht so leicht, einen Begriff von dieser grundlegenden geistigen Erfahrung zu vermitteln. Daß das Wasser lebte, konnte nicht bezweifelt werden. Indem man sich ihm anvertraute, durchströmte es einen mit seiner wohltuenden Wunderbarkeit, und es beschenkte mit seinem himmlischen Einwirken einen jeden einzelnen, der sich diesem Element anvertraute. Ich selbst erlebte sowohl eine geistige Erhebung als auch eine Erneuerung meiner Lebensfunktionen, und zwar in solchem Maße, daß ich mein anfängliches Zögern und die Tatsache, daß ich voll bekleidet war, ganz vergaß. Letzteres erschien mir jetzt geradezu als etwas Selbstverständliches. Diese meine Ansicht wurde darin noch bestärkt, als ich meine beiden Gefährten beobachtete. Mein alter Freund war natürlich vollkommen an das Wasser gewöhnt, und unsere neue Freundin schien sich den neuen Gepflogenheiten schnell angepaßt zu haben. Darüber hinaus legte sich meine Beunruhigung bei dem Gedanken, daß das Wasser, während ich meine Hand aus dem Bach gezogen hatte, an ihr heruntergetropft und sie selbst ganz trocken geblieben war. So war ich denn schon auf das, was folgte, sobald wir aus dem See stiegen, vorbereitet. Als ich mich dann aus dem Wasser begab, tropfte es sogleich ganz und gar ab und hinterließ meine Kleidung so, wie sie vorher gewesen war. Es hatte den Stoff genauso durchdrungen, wie es auf Erden die Luft oder Atmosphäre zu tun pflegt, aber es hatte überhaupt keine sichtbare oder fühlbare Auswirkung hinterlassen, und unsere Kleidung war vollkommen trocken!

Und nun noch ein Wort über das Wasser. Es war kristallklar, und das Licht wurde bei jeder Kräuselung und winzigen Welle in nahezu strahlend hellen Farben reflektiert. Es fühlte sich unglaublich weich an. Seine Tragkraft war von gleicher Art wie die Atmosphäre, das heißt, es trug, was sich immer darauf oder darin befand. So wie es hier unmöglich ist, durch eine Unaufmerksamkeit hinzufallen, wie es ja auf Erden geschieht, so ist es auch unmöglich, im Wasser unterzugehen. All unsere Bewegungen sind mit unserer geistigen Entwicklung verwoben. Somit können wir nicht zu Schaden kommen und einen Unfall erleiden. Ich fürchte, daß es ziemlich schwierig ist, einige dieser Dinge zu beschreiben, ohne die Grenze des irdischen Verstandes und der irdischen Erfahrung zu überschreiten. So vieles muß aus erster Hand erlebt werden, um eine angemessene Vorstellung von den Wundern dieser Welt gewinnen zu können.

Ein kurzer Gang brachte uns zu der Kirche, die ich in der Ferne gesehen hatte und die ich so gern besuchen wollte.

Es war ein Bauwerk mittlerer Größe im gotischen Stil, und es ähnelte der mir von der Erde her vertrauten Pfarrkirche. Sie lag auf einem stattlichen Grundstück, das durch das Fehlen irgendwelcher Gitter oder Mauern, welche die kirchlichen Grenzen festlegten, um so ausgedehnter erschien. Die Oberfläche der Steine, aus denen sie erbaut war, hatten das Neue und Frische unlängst erstandener Bauwerke. Doch in Wahrheit existierte dieses Gebäude schon seit vielen Jahren irdischer Zeitrechnung. Das Äußere, da es ja hier keinen Verfall gibt, war wie neu und stimmte in seiner Reinheit mit allem übrigen überein. Es gibt bei uns auch keine rauchige Atmosphäre, die Schwärzung und Verfärbung verursachen könnte. Selbstverständlich war kein angrenzender Friedhof zu entdecken. Obwohl es hier noch einige Leute gibt, die hartnäckig an ihren alten irdischen religiösen Vorlieben und Gebräuchen festhalten, kann man sich kaum vorstellen, daß sie beim Erbauen einer Kirche, in der sie in gewohnter Art zusammenkommen, eine völlig überflüssige Begräbnisstätte hinzufügen sollten.

Dicht neben dem Hauptportal war das übliche schwarze Brett angebracht, auf welchem die Art der Gottesdienste verzeichnet war, und zwar in gleicher Weise, wie es bei den Erdenkirchen der Fall ist. Die Zeiten der Gottesdienste waren überhaupt nicht erwähnt, und ich hätte gern gewußt, wie eine Gemeinde dieser Art sich möglicherweise versammeln könne, wenn eine Zeit, wie man sie auf Erden kennt, hier gar nicht mehr existiert. Denn bei uns gibt es keinen Wandel von Tag und Nacht. Es herrscht ewiger Tag. Die große himmlische „Sonne“ scheint auf immer, wie ich euch schon berichtet habe. Wir haben weder die vielen Anhaltspunkte für die Zeit, die sich dem irdischen Bewußtsein aufdrängen, wie zum Beispiel Hunger und Müdigkeit, noch kennen wir in dem langatmigen Ablauf der Dauer so etwas wie das Altern des physischen Körpers oder das Nachlassen der geistigen Fähigkeiten. Wir haben hier keine wiederkehrenden Jahreszeiten von Frühling, Herbst und Winter. Stattdessen genießen wir die himmlische Herrlichkeit ewigen Sommers, und wir werden seiner nie überdrüssig.

Wie gewöhnlich wandte ich mich an meinen Freund um Auskunft bezüglich der Gemeindeversammlung. Er sagte, es sei ganz einfach, die Menschen zum Gottesdienst zu versammeln. Wer auch immer dafür verantwortlich sei, müsse nur seine Gedanken an seine Gemeindemitglieder aussenden, und jene, die kommen möchten, versammelten sich unverzüglich. Man brauche kein Glockengeläut. Die Aussendung des Gedankens sei weit vollkommener und genauer. Die Mitglieder brauchten nur zu warten, bis der Gedanke gleich einem direkten Ruf zur Teilnahme sie erreichte oder bis sie, durch den Drang, teilzunehmen, aus freiem Antrieb herbeiströmten. Aber woher erhält der den Gottesdienst haltende Geistliche seinen Anhaltspunkt für das Herannahen der Gottesdienstzeit? Jene Frage, so erfuhr ich, stelle ein weit größeres Problem. „Da es einer Erdenzeit in der Geistigen Welt ermangelt, wird unser Leben durch Ereignisse geregelt, das heißt, durch Ereignisse, die Teil unseres Lebens sind. Ich beziehe mich jetzt nicht auf gelegentliche Vorkommnisse, sondern darauf, was man auf Erden als wiederkehrende Ereignisse bezeichnen würde. Wir haben hier viele solcher Ereignisse, auf die ich euch noch bei unserem Rundgang, wie ich hoffe, hinweisen werden kann. Dann wird euch klar werden, wie wir es ganz bewußt zur Kenntnis nehmen können, daß irgendwelche personenbezogene oder die Allgemeinheit angehende Ereignisse stattfinden." Aus der Anschlagetafel ersahen wir die genaue Reihenfolge der vermerkten Gottesdienste, wie wir es von unserer Erdenzeit in bezug auf jene Kirche kannten. Der Pastor dieser eigenartigen Schar fühlt instinktiv die ihm von Erden her noch gewohnten Tage und Uhrzeiten, wann der Gottesdienst stattzufinden habe. Dieses imaginäre Zeitgefühl wächst mit der absolvierten Praxis, bis es von einer Regelmäßigkeit gesteuert wird, wie wir es von der Erde her kennen. Somit hat die Gemeinde nur auf den „gedachten" Ruf ihres Pastors zu warten, um sich alsgleich hier einzufinden.

Die Anschlagtafel führte die normalen Gottesdienste an, wie sie gewöhnlicherweise auf Erden vor dem Gebäude der Kirche gleicher Religion verzeichnet sind. Ein oder zwei Dinge fielen durch Abwesenheit auf. Es handelt sich um Hochzeiten und Taufen. Daß man ersteres überging, konnte ich wohl verstehen. Aus dem letzteren war zu ersehen, daß das Taufen hier als unnötig angesehen wurde, da ja sowieso nur die „Getauften" in den Himmel, in welchen, wie sie wohl glaubten, ihre Kirche versetzt war, gelangen konnten.

Wir begaben uns also hinein und befanden uns in einem lieblichen Gebäude, dessen Raumaufteilung die irdisch übliche war. Wir vermochten nur wenig zu entdecken, was wir nicht in einer solchen Kirche auf Erden entdeckt haben könnten. Es gab einige wunderbare bemalte Glasfenster, auf denen Szenen aus dem Leben der Heiligen abgebildet waren. Durch diese Fenster drang das Licht gleichmäßig von allen Seiten und erzeugte im Raum durch die Farben der Glasfenster eine eigenartige Wirkung. Natürlich gab es keine Vorrichtung für das Heizen des Gebäudes. Auf der einen Seite befand sich eine Orgel, auf der anderen stand der aus Steinen errichtete und mit vielen Figuren versehene Hauptaltar. Darüber hinaus waren die Ausstattungen ziemlich einfach gehalten, ohne dadurch die allgemeine Schönheit, die durch die architektonische Konstruktion gegeben war, zu beeinträchtigen. Überall war äußerste Sorgfalt zu entdecken, was in Anbetracht, wo sich diese Kirche überhaupt befand, nicht überraschend anmutete, zumal wenn man weiterhin daran dachte, unter welcher Voraussetzung solch Gebäude überhaupt existieren konnte.

Wir setzten uns auf ein Weilchen nieder und ließen uns von der ruhigen und friedlichen Stimmung beeindrucken, die das ganze Gebäude durchwehte. Alsdann kamen wir zur Überzeugung, daß wir von allem, was zu sehen war, genug in Augenschein genommen hatten, und wir begaben uns wieder nach draußen.

4

Haus der Erholung

Während wir so dahingingen, dachten zumindest zwei von uns über das, was wir gesehen hatten, wie über seine Bedeutung nach. Unsere junge Freundin, die sich uns mit dem Namen Ruth vorstellte, richtete an uns viele Fragen, die ich, da ich selbst ein Neuling war, zu beantworten mied, während sie mein Freund, dessen Name Edwin war, was ich bisher zu erwähnen vergessen habe, gerne beantwortete.

Ruth schien, während sie auf Erden gelebt hatte, nie eine aktive Kirchgängerin gewesen zu sein, aber sie war eine gütige Seele, wie es deutlich zu erkennen war, und es war ebenfalls deutlich erkennbar, daß die Tatsache, daß sie sich dem Kirchgang enthalten hatte, im Hinblick auf ihr Endziel nichts ausgemacht hatte, während man es auf Erden ganz anders predigt. Ihr Dienst an anderen hatte mehr für ihr geistiges Wohlergehen bewirkt als alles Teilnehmen an Kirchenveranstaltungen, das oft nur dazu dient, sich in ein gutes Licht zu stellen. Sie war ebenso wie ich sehr überrascht, hier im Geistigen das ganze „Drum und Dran" der überlieferten Religion wiederzufinden. Edwin sagte ihr, daß sie bis jetzt erst ein einziges Beispiel dazu gesehen habe und daß es eine Menge anderer gebe. Doch mit letzterem habe man mehr oder weniger alle gesehen. Jede Glaubensgemeinschaft bei uns hält an ihrem speziellen Glauben wie auch an ihren Zeremonien fest, wie sie es auf Erden zu tun pflegte, von einigen geringfügigen Unterschieden einmal abgesehen, wie wir ja gerade zur Kenntnis genommen hatten.

Derartige geistige Schläfrigkeit ist nichts Ungewöhnliches in der Geistigen Welt. Schuld daran ist die Erdenwelt. Religiöse Starrsinnigkeit und Streitsüchtigkeit sind die Gründe allen Unwissens und allen Mangels an Wissen, den so viele Menschen mit in die Geistige Welt hinüberbringen. Wenn solche Leute einen dickköpfigen Geist haben und daher nicht in der Lage sind, wirklich selbständig zu denken, bleiben sie an ihrer begrenzten religiösen Überzeugung gefesselt und halten sie für die ganze Wahrheit, bis ihnen einmal ein Tag geistigen Erwachens dämmern wird. Dann werden sie erkennen, daß ihr sklavisches Festklammern an ihre Glaubensbekenntnisse sie zurückgehalten hatte. Es ist sehr beklagenswert, daß für jeden, der diese fehlgeleiteten Gemeinden für immer verläßt, ein anderer kommt und seinen Platz ausfüllt, bis die Zeit herannaht, da die ganze Erde die Wahrheit über die Geistige Welt kennen wird. Natürlich richten sie hier keinen Schaden an, außer daß sie ihre eigene geistige Weiterentwicklung hinauszögern. Wenn sie erst einmal erkennen, wie sie sich selbst einengen und alsdann den ersten Schritt vorwärts tun, wird ihre Freude keine Grenzen kennen. Die Zeit, die sie offensichtlich verschwendet haben, wird ihnen dann zum Bewußtsein kommen.

Nun könnte man fragen: Was kann man, wenn mit dem Erreichen von Wissen und Wahrheit die Überbleibsel irdischer Religionen in der Geistigen Welt abgeschafft würden, an ihre Stelle setzen? Klingt dies nicht wie eine Verurteilung des Gemeindegottesdienstes?

Keineswegs! Auch wir pflegen hier unseren gemeinschaftlichen Gottesdienst. Aber er ist gereinigt von jeglicher Spur bedeutungsloser Glaubensbekenntnisse, von Doktrinen und Glaubenslehren. Wir verehren den Großen und Ewigen Vater in der Wahrheit, in der absoluten Wahrheit. Darin sind wir uns völlig einig. Keiner wird genötigt, etwas blind zu glauben oder doch vorzugeben, solches zu tun. Solch eine Haltung wäre für uns völlig unverständlich. Es gibt hier viele, viele Dinge, die wir nicht verstehen, und es wird Äonen dauern, bis wir auch nur einen schwachen Schimmer haben, um sie annähernd verstehen zu können. Aber niemand von uns verlangt, daß wir sie begreifen. Wir sind angehalten, sie so zu nehmen, wie sie sind. Für unsere seelische Weiterentwicklung bleibt jenes Verstehenkönnen ohne Belang. Wir werden uns trotzdem weiter und immer weiter fortentwickeln, ohne daß wir je daran zu denken brauchen, diese Dinge alle zu begreifen. Und so sind wir eines Geistes in unserer Verehrung des Allerhöchsten.

Diese Angelegenheiten diskutierten wir, wobei Edwin, während wir durch die wunderschöne Landschaft in Gottes Himmel dahingingen, der Erklärende war.

Ruth erspähte ein recht stattliches Gebäude, das von Wald umgeben war und das auch meine Neugier erweckte. Als wir uns an unseren Führer wandten, berichtete Edwin uns, daß es ein Heim der Erholung sei, und zwar für jene, die nach langer Krankheit in die Geistige Welt gekommen waren oder die ein gewaltsames Ende auf Erden gefunden hatten und infolgedessen noch unter einem Schock litten. Wir waren gespannt, ob es uns, ohne neugierig zu erscheinen, möglich sein würde, hineinzuschauen. Edwin versicherte uns, daß es sogar gestattet sei, einzutreten. Außerdem habe er dort schon manche Dienste geleistet, weshalb man ihn dort gut kenne. Hinzu komme die Tatsache, daß er wisse, daß wir das erforderliche Mitgefühl mitbrächten, um jedem Gedanken, uns triebe nur Neugier herbei, vorzubeugen. Als wir uns näherten, konnte ich sehen, daß das Gebäude dem äußeren Erscheinungsbild nach kein Krankenhaus war, welchem Zweck es auch immer dienen mochte. Es war im klassischen Stil erbaut, bestand aus zwei oder drei Stockwerken und war nach allen Seiten hin geöffnet, das heißt, es enthielt keine Fenster, wie wir sie auf Erden kennen. Es war weiß in der Farbe, soweit es das Material des Bauwerks betraf. Doch unmittelbar darüber sah man einen wunderbaren blauen Lichtstrahl einfallen, der das ganze Gebäude in seinen leuchtenden Glanz einhüllte. Dieses Licht wiederum gab dem ganzen Bauwerk den Anschein, blau angestrichen zu sein. Dieser mächtige Strahl war herniederströmendes Leben, ein Heilungsstrahl also, der jenen geschickt wurde, die bereits herübergekommen, aber noch nicht erwacht waren. Sobald ihre geistige Gesundheit völlig herbeigeführt ist, steht ihnen ein herrliches Erwachen bevor, worauf sie alsbald in ihr neues Land eingeführt werden.

Ich bemerkte, daß viele Leute im Gras saßen oder herumspazierten. Es waren Angehörige und Freunde jener, die in der Ruhehalle behandelt wurden und deren Erwachen bevorstand. Obwohl man sie zweifellos erst im entsprechenden Moment hätte kommen lassen können, zogen sie es, ihrem alten irdischen Instinkt folgend, doch vor, ganz in der Nähe auf den glücklichen Augenblick zu warten. Sie waren alle äußerst froh und sehr aufgeregt, wie man es an ihrem Gesichtsausdruck erkennen konnte. Wir empfingen so manches freundliche Lächeln, während wir zwischen ihnen dahinspazierten. Viele von ihnen kamen auch auf uns zu, um uns unter ihnen willkommen zu heißen. Sie nahmen an, daß wir aus einem gleichen Grunde wie sie selbst hierher gekommen seien. Wir erzählten ihnen jedoch von unserer wahren Absicht, und sie entließen uns mit den besten Wünschen.

Ich beobachtete, daß die meisten der in den Gärten Wartenden nicht ihre

„irdische“ Kleidung trugen, und so nahm ich an, daß jene schon seit beträchtlicher Zeit in der Geistigen Welt beheimatet waren. Das sei nicht unbedingt der Fall, erklärte uns Edwin. Sie hätten auf Grund der Tatsache, daß sie Bewohner dieser Sphäre, in der wir jetzt weilten, seien, das Recht, ihre Geistgewänder zu tragen. Und die Gewänder, die sie trugen, paßten ausgezeichnet zu dem Ort und der gegenwärtigen Situation. Es wird mir schwer, diese Kleidung zu beschreiben, denn deren Beschaffenheit läßt sich mit keiner irdischen Bekleidung vergleichen. Hier tragen wir keine irdischen Stoffe, und alle äußeren Erscheinungen werden nicht durch die Beschaffenheit des Gewebematerials, sondern durch die Art und den Grad des Lichtes bewirkt, welches die eigentliche Substanz eines geistigen Gewandes ist. Jene Gewänder, die wir jetzt sahen, waren von fließender Form und ganz lang, und die in blau und rosa abgestuften Farben schienen sich überall in der ganzen Substanz des Gewandes zu verweben. Sie sahen so aus, als ob sie bequem zu tragen seien, und wie alles hier bedürfen sie keiner weiteren Pflege, um sie in ihrem Zustand vollkommener Perfektion zu bewahren, denn die jeweilige Geistigkeit des Trägers fertigt die jeweils ihm entsprechenden Kleider an und hält sie im besten Zustand.

Wir drei trugen immer noch unsere Kleider irdischen Aussehens. Deshalb schlug Edwin vor, daß wir für unsere gegenwärtigen Zwecke angemessene Kleider tragen sollten. Ich war natürlich sofort bereit, jedem Vorschlag, den er zu machen beliebte, nachzukommen, weil ich mich aus Mangel an Wissen ganz an sein Dafürhalten hielt. Auch Ruth schien begierig darauf zu sein, diesen Wechsel auszuprobieren. Doch die Frage, die uns beide beschäftigte, war, wie es vollbracht werden sollte.

Wahrscheinlich gibt es auf Erden solche Leute, die gern dazu bereit sind, zu glauben, daß solch ein Kleiderwechsel, bei welchem man ganz formal mit einem Geistkleid versehen wird, einer Zeremonie bedürfe, bei der eine geweihte Anzahl von himmlischen Wesen zugegen sein müsse, die Zeuge dieser Verleihung himmlischer Gabe zu sein hätten und die einen offiziell dazu einlüden, nun unsere „ewige Ruhe“ entgegennehmen zu dürfen. Ich möchte gleich hier an dieser Stelle betonen, das solches ganz entschieden nicht der Fall war.

Was wirklich stattfand, war ganz einfach dies: Sobald ich den Wunsch geäußert hatte, Edwins Vorschlag, meine der irdischen Mode angepaßten Kleider zu wechseln, nachzukommen, verschwanden eben diese Kleider, lösten sich ganz einfach auf, und ich war in mein eigens für mich bestimmtes geistiges Gewand gekleidet, das von der gleichen Art war wie jene, die ich um mich herum erblicken konnte. Edwins Kleidung hatte sich ebenso verändert, und ich bemerkte, daß sein Gewand eine größere Farbkraft als das meine auszustrahlen schien. Ruths Bekleidung war die gleiche wie die meine, und es ist sicherlich überflüssig zu sagen, daß sie über diese Demonstration eines Kleiderwechsels in der Geistigen Welt überglücklich war. Mein alter Freund hatte selbstverständlich solch einen Wechsel schon öfter erlebt, weswegen ihm auch sein Gewand nicht unbekannt zu sein schien. Aber um über mich selbst zu sprechen – und ich bin sicher, Ruth erging es ebenso –, empfand ich keinen Augenblick der geringsten Verwirrung, Befremdung oder Befangenheit angesichts dieser für uns doch offenbar so überwältigenden Veränderung unserer äußeren Erscheinung. Sie schien mir im Gegenteil ganz natürlich und vollkommen selbstverständlich zu sein, und fraglos stand sie in genauem Einklang sowohl mit unserer gegenwärtigen Umgebung als auch, wie ich alsbald beim Hineingehen bemerkte, mit jenem Heim der Erholung. Nichts wäre unpassender gewesen, als in einem solchen Bauwerk, das in seiner inneren Anordnung und Einrichtung jeglichem, was man auf der irdischen Ebene sehen konnte, völlig unähnlich war, irdische Kleider zu tragen.

Als wir eintraten, wurde Edwin von jemandem, der uns entgegenkam, wie ein alter Freund begrüßt. Unser Führer erklärte kurz seinen Auftrag und den Zweck unserer dortigen Anwesenheit, und es stand uns frei, uns alles anzusehen, was immer wir wünschten.

Eine äußere Vorhalle führte in eine hochragende Halle beträchtlichen Ausmaßes. Der Zwischenraum, der gewöhnlich für Fenster vorgesehen war, wurde von hohen, in einigem Abstand voneinander aufgestellten Säulen eingenommen, und diese Einteilung hatte man an allen vier Wänden vorgenommen. Es gab sehr wenig an Innenausstattung, doch darf man daraus nicht etwa schließen, daß die Räume ein kaltes, kasernenartiges Aussehen hatten. Sie waren alles andere als das. Der Fußboden war mit einem sehr weichen Belag in unauffälligem Muster ausgelegt, und hier und dort hing ein hübsch gearbeiteter Wandteppich an den Wänden. Die einzelnen Räume waren mit äußerst bequem aussehenden Betten versehen. Auf jedem derselben lag eine ruhende Gestalt, ganz still und offensichtlich in tiefem Schlaf. Mehrere Männer und Frauen bewegten sich ruhig umher und beobachteten aufmerksam die Ruhebetten samt ihren jeweils darauf Liegenden.

Sobald wir die Halle betraten, bemerkte ich, daß wir unter den Einfluß des blauen Lichtstrahls gerieten, der im besonderen Maße Kräftigung und Ruhe bewirkte. Noch eine Eigenschaft, die mir auffiel, war das völlige Fehlen jeglichen Gedankens an eine Institution mit ihrer unvermeidlichen Bürokratie. Ich hatte auch überhaupt nicht das Gefühl, unter Fremden zu sein. Jene, die bei den Schlafenden ihren Dienst versahen, führten ihn nicht mit der Einstellung aus, wohl oder übel eine bestimmte Aufgabe zu erledigen, sondern so, als ob sie eine Arbeit der Liebe aus reiner Freude an ihrer Ausübung vollbrachten. Ja, genau so verhielt es sich. Das frohe Erwachen dieser schlafenden Seelen war für sie selbst eine immer wiederkehrende Freude, nicht weniger als für diejenigen Menschen, die gekommen waren, um es mitzuerleben.

Ich erfuhr, daß all die Patienten in dieser besonderen Halle vor ihrem Übergang durch sich hinschleppende Krankheiten gegangen waren. Unmittelbar nach ihrem „Tod“ werden sie sanft in einen tiefen Schlaf versetzt. In einigen Fällen schließt sich unmittelbar nach dem physischen Tod dieser Schlaf an, so daß keine Unterbrechung entsteht. Lange Krankheit vor dem Übergang in die Geistige Welt wirkt schwächend auf die geistige Verfassung, die ihrerseits den geistigen Körper beeinflußt. Letztere ist nicht ernst, aber der Geist benötigt absolute Ruhe, und zwar von unterschiedlicher Dauer. Jeder Fall wird individuell behandelt und spricht schließlich vollkommen auf seine Behandlung an. Während dieses Schlafzustandes ruht der Geist völlig. Es gibt keine unangenehmen Träume und keinen Fieberwahn. Während ich diese vollkommene Offenbarung Göttlicher Vorsehung bestaunte, mußte ich an jene absurden irdischen Begriffe wie „ewige Ruhe“, „ewiger Schlaf“ und die vielen anderen gleicherweise törichten irdischen Vorstellungen denken. Und mir kam der wunderliche Gedanke, sei es durch Zufall oder wie auch immer, daß dieser Schlaf, den ich jetzt betrachtete, von den Irdischen fälschlicherweise zu einem „ewigen Schlaf“ verdreht wurde, jenem Schlaf also, in den man mit dem Abscheiden übergeht, in welchem man für unzählige Jahre verharrt, um schließlich am „Letzten Tag“, jenem „Tag des Gerichts“, wieder aufzuwachen. Was ich jetzt greifbar vor mir sah, war die sichtbare Widerlegung solch eines sinnlosen Glaubens.

Keiner meiner beiden Freunde war in dieser oder einer anderen Ruhehalle erwacht, wie sie mir sagten. So wie ich hatten auch sie keine übermäßig lang währende Krankheit zu durchleiden gehabt, und das Ende ihres Erdenlebens war sehr schnell und sehr angenehm für sie gekommen.

Die Patienten, die auf ihren Betten ruhten, sahen sehr friedlich aus. Sie werden ständig geobachtet, und bei den ersten Anzeichen des wiederkehrenden Bewußtseins werden andere Helfer hinzugerufen, so daß alles für das volle Erwachen vorbereitet ist. Einige pflegen nur teilweise aufzuwachen, um dann wieder in den Schlummer zurückzufallen. Andere schütteln ihren Schlaf sofort ab. Dann steht jenen erfahrenen diensttuenden Seelen ihre vielleicht schwierigste Arbeit bevor. Bis zu diesem Moment bestand ihre hauptsächliche Aufgabe im wesentlichen im Beobachten und Warten. In vielen Fällen muß man der gerade erwachten Seele erklären, daß sie gestorben ist und doch lebt. In der Regel pflegen sich die Auferwachten an ihre langen Krankheiten zu erinnern, doch sind sich manche ihres Hinübergehens in die Geistige Welt gar nicht bewußt, und wenn ihnen der wahre Stand der Dinge freundlich und in aller Ruhe erklärt worden ist, verspüren sie oft den dringenden Wunsch, auf die Erde zurückzukehren, sei es zu jenen, die trauern, sei es zu jenen, für deren Fürsorge und Wohlergehen sie verantwortlich waren. Man sagt ihnen, daß sie mit ihrem Zurückkehren nichts erreichen und daß andere Erfahrene sich um jene Dinge, die sie so beunruhigen, kümmern werden. Solches Erwachen ist im Vergleich zu jenen, die mit der vollen Erkenntnis dessen, was stattgefunden hat, erwachen, kein glückliches. Wäre die Erde erleuchteter, so wäre jenes häufiger der Fall, und es gäbe für die gerade erwachte Seele sehr viel weniger Kummer.

Die Erdenwelt glaubt, sehr fortgeschritten und sehr zivilisiert zu sein. Eine solche Meinung ist Folge eines blinden Nichtwissens. Der Erdenwelt mit all den ihr zugehörenden Dingen mißt man die allergrößte Bedeutung bei, während man die Geistige Welt als etwas Verschwommenes und Entferntes anzusehen geneigt ist, um die man sich, wie man meint, erst kümmern müsse, wenn man dort angekommen sei. Bis es aber so weit ist, bedürfe es keinerlei Gedankenverschwendung an sie. Das ist die Geisteshaltung von Tausenden und Abertausenden inkarnierter Seelen. Und hier in dieser Halle der Ruhe und Erholung erlebten wir mit, wie Menschen aus ihrem geistigen Schlaf erwachten. Wir sahen, wie freundliche und geduldige Geistwesen sich so große Mühe gaben, diese Menschen davon zu überzeugen, daß sie wirklich „gestorben“ waren. Und diese Ruhehalle ist nur ein Ort unter vielen, wo der gleiche Dienst unaufhörlich geleistet wird, und das alles, weil sich die Erdenwelt hinsichtlich des Wissens so unerhört überlegen dünkt.

Man zeigte uns noch eine große Halle ähnlicher Bestimmung, wo jene, deren Übergang plötzlich und gewaltsam gewesen war, ebenfalls in ihrem vorübergehenden Schlaf lagen. Diese Fälle waren für gewöhnlich schwieriger zu handhaben als jene, die wir gerade gesehen hatten. Die Plötzlichkeit ihres Abgangs fügte Geist und Gemüt eine noch weit größere Verwirrung hinzu. Anstatt eines allmählichen Übergangs wurde der geistige Körper in vielen Fällen mit Macht aus dem physischen Körper herausgetrieben und in die Geistige Welt überführt. Das Hinübergehen war so plötzlich gewesen, daß es für die „Verschiedenen“ keine Unterbrechung in ihrem Leben gegeben zu haben schien. Solcher Menschen nehmen sich sogleich jene Gruppen von Seelen an, die all ihre Zeit und ihre Kraft gerade solcher Arbeit widmen. Und in der Ruhehalle konnten wir jetzt die Ergebnisse ihrer Mühen sehen. Hätten so viele dieser Seelen wenigstens nur ein bißchen von den geistigen Dingen gewußt, wäre ihr Erwachen um so vieles glücklicher gewesen.

Ich darf euch versichern, daß es kein angenehmer Anblick ist, diese freundlichen, geduldigen Helfer geistig und manchmal sogar fast körperlich mit Menschen ringen zu sehen, die sich der Tatsache, daß sie „tot“ sind, überhaupt nicht bewußt werden wollen. Es ist ein höchst trauriger Anblick, den ich aus erster Hand bezeugen kann, denn habe ich ihn nicht selbst erlebt? Wen aber soll man für diese Mißstände verantwortlich machen? Die meisten dieser Seelen geben sich selbst die Schuld, wenn sie lange genug hier sind, um ihren Zustand zu erkennen, oder im anderen Fall geben sie der Welt, die sie erst vor kurzem verlassen haben, die Schuld, daß sie solche Blindheit und Dummheit duldet.

Edwin deutete an, daß wir nun eigentlich alles, was wir zu sehen gewünscht hatten, auch gesehen hätten. Und ehrlich gesagt, tat es weder Ruth noch mir leid, zu gehen, denn es sei daran erinnert, daß wir beide – relativ gesehen – noch Neuankömmlinge waren, und somit noch nicht über genügend Erfahrung verfügten, um Anblicke, die in sich erschütternd waren, ertragen zu können. So gingen wir wieder ins Freie hinaus und wählten alsdann einen Weg, der an einem großen Garten mit vielen Obstbäumen entlangführte. Obwohl dieser viel ausgedehnter war, ähnelte er jenem Garten, in dem ich meine erste himmlische Frucht gekostet hatte. Dieser Garten kam wegen seiner Nähe vortrefflich den Neuerwachten zustatten, aber er bot sich natürlich auch allen anderen dar, die von jenen kraftspendenden Früchten essen wollten.

Es kam mir der Gedanke, daß Edwin vielleicht auf Kosten seiner eigentlichen Tätigkeit ein gut Teil seiner Zeit auf uns verwendete. Aber er sagte uns, daß das, was er jetzt täte, in vieler Hinsicht seine übliche Arbeit sei. Er helfe Leuten, die sich an ihre neue Umgebung zu gewöhnen hätten, sei aber auch jenen zu Diensten, die gerade damit begännen, ihre alten religiösen Vorstellungen abzuschütteln, indem sie sich als Angehörige der hiesigen „rechtgläubigen" Gemeinden aus ihrer geistigen Erstarrung lösten. Ich freute mich, das zu hören, denn es bedeutete, daß Edwin auch weiterhin unser „Fremdenführer" bleiben würde.

Nun, da wir im Freien waren, erhob sich die Frage: Sollten wir unser geistiges Kleid weiterhin tragen, oder sollten wir zu unserer alten Kleidung zurückkehren? Soweit es Ruth betraf, wollte sie nichts von irgendeiner Rückverwandlung hören. Sie erklärte sich vollkommen mit dem zufrieden, was sie trug, und begehrte von uns zu wissen, welches denkbar irdische Gewand jemals diese himmlische Kleidung übertreffen könnte. Einem solchen für sich sprechenden Argument konnten wir nichts entgegensetzen. Aber wie verhielt es sich mit Edwin und mir? Mein Freund hatte nur deshalb seine irdische Soutane wieder angelegt, um mir Gesellschaft zu leisten und mir zu helfen, mich wie zu Hause zu fühlen. Und so entschied ich mich dazu, so wie ich jetzt war, in meinem Geistgewand zu bleiben.

Während wir so dahingingen, plauderten wir über die verschiedenen irdischen Vorstellungen bezüglich des Erscheinungsbildes geistiger Wesenheiten. Ruth erwähnte die Flügel im Zusammenhang mit Engelwesen, und wir waren uns sofort darüber einig, daß eine solche Vorstellung nichts weniger als albern war. Konnte irgendein Fortbewegungsmittel für uns in dieser neuen Welt ungeschickter, schwerfälliger oder so gänzlich unpraktisch sein? Wir vermuteten, daß Künstler alter Zeiten weitgehend für dieses weite Abweichen von der Wirklichkeit verantwortlich gewesen sein mußten. Es ist anzunehmen, daß sie wohl davon ausgingen, daß auch für

Geistwesen irgendeine Art der persönlichen Fortbewegung erforderlich sei, daß aber – selbst als eine entfernte Eventualität – jene irdische Fortbewegungsmethode der Beinbenutzung als eine zu profane Beförderungsart in himmlischen Gefilden ausgeschlossen werden müsse. Indem sie noch nichts über die bei uns angewandte Gedankenkraft und deren Anwendung bei der Fortbewegung unserer selbst durch diese Welten wußten, kamen ihnen zwangsläufig die Flügel als das einzige ihnen bekannte Luftbeförderungsmittel in den Sinn. Vielleicht gibt es wirklich noch Erdenmenschen, die tatsächlich glauben, wir hätten zum Teil wenigstens noch irgendeine Ähnlichkeit mit einem großen Vogel. Die moderne Wissenschaft hat gottseidank mit solchen absurden und lang vorherrschenden Gedankenvorstellungen aufgeräumt.

Wir waren noch nicht weit gegangen, als Edwin sich überlegte, daß wir vielleicht gerne durch die Stadt spazieren würden, die wir nicht zu weit entfernt deutlich erspähen konnten, aber das sollte nicht dahingehend mißverstanden werden, daß Entfernungen hier überhaupt eine Rolle spielen. So ist es mit Sicherheit nicht! Ich meine, daß die Stadt nahe genug lag und daß wir sie besuchen konnten, ohne von unserer Richtung abweichen zu müssen. Ruth und ich waren uns sofort einig, daß wir uns gerne unverzüglich dorthin begeben wollten, weil eine Stadt in der Geistigen Welt so etwas wie eine neue Offenbarung für uns sein mußte.

Daraufhin stellte sich uns die Frage: Sollten wir gehen, oder sollten wir eine schnellere Methode der Fortbewegung anwenden? Wir verspürten beide die Lust, auszuprobieren, was die Kraft des Gedankens bewirken könne, aber wir waren beide, wie zuvor bei anderen Gelegenheiten, noch ohne jegliche Kenntnis, wie wir diese Kräfte in die Tat umsetzen sollten. Edwin sagte, daß wir, so wir diesen sehr einfachen Denkprozeß erst einmal anzuwenden wüßten, in Zukunft überhaupt keine Schwierigkeiten mehr damit haben würden. An erster Stelle sei es notwendig, Zutrauen zu haben, und an zweiter Stelle dürfe unsere Gedankenkonzentration keine zaghafte Angelegenheit sein. Um einer irdischen Vorstellung zu entsprechen, könnte man sagen: Wir wünschen uns dorthin, wo auch immer es sein mag, und schon werden wir uns dort einfinden. Bei den ersten wenigen Gelegenheiten mag es erforderlich sein, so etwas wie eine bewußte Anstrengung zu vollziehen. Später können wir uns nach Wunsch, wohin auch immer, bewegen, und zwar – wie man fast sagen könnte – ohne uns gedanklich anstrengen zu müssen. Wenn man sich setzt, wenn man geht oder eine andere Handlung ausführt, ist man sich als Irdischer – um ein analoges Beispiel anzuführen – ebenfalls nicht bewußt, daß man, um einem Wunsch nachzukommen, ebenfalls eine ganz bestimmte Gedankenanstrengung unternehmen muß. Der Gedanke, daß du dich hinsetzen möchtest, zieht sehr schnell durch deinen Geist, und also setzt du dich hin. Aber du hast dabei die vielen Muskelbewegungen und anderes, was bei diesem einfachen Vorgang beteiligt ist, nicht beachtet. All das ist dir zur zweiten Natur geworden. Und genauso verhält es sich hier mit uns. Wir denken nur, daß wir an einem bestimmten Ort sein möchten, und schon sind wir dort. Ich muß diese Behauptung selbstverständlich einschränken, indem ich hinzufüge, daß uns hier nicht alle Orte offenstehen. Es gibt viele Sphären, die wir nicht betreten können, außer unter ganz bestimmten Voraussetzungen oder nur, wenn es unser Entwicklungszustand erlaubt. Dies jedoch behindert nicht unsere Art der Fortbewegung, doch sind wir nur ganz einfach darin beschränkt, uns in gewisse uns noch nicht zustehende Richtungen bewegen zu dürfen.

Da ich von Natur aus praktisch zu denken gewohnt war, fragte ich Edwin, wie es sich eigentlich damit verhielte, wenn wir alle drei uns an ein- und denselben Platz begeben wollten, ob wir nicht alle an eben jenen Ort zu denken hätten? Er erwiderte, daß es mehrere Faktoren gebe, die man in diesem besonderen Fall zu bedenken habe. Ein Faktor bestehe darin, daß es unser Erstversuch gedanklicher Fortbewegung sei und daß er selbst mehr oder weniger die Aufsicht über uns übernehmen würde. Wir würden automatisch in engem Kontakt miteinander verbleiben, da wir ja dem Wunsch und dem Vorsatz, es zu tun, Ausdruck verliehen hätten. Diese zwei Tatsachen genügten, um eine sichere und gemeinsame Ankunft an unserem gewünschten Ziel zu garantieren. Wenn wir erst einmal in der Anwendung dieser Methoden geübt seien, hätten wir in dieser Hinsicht keinerlei Schwierigkeiten mehr.

Man darf nicht vergessen, daß der Gedanke so augenblicklich ist, wie es möglich ist, ihn sich vorzustellen, und es besteht keine Möglichkeit, daß wir uns im grenzenlosen Weltraum verlieren! Mein erstes Beispiel, in dieser Form durch die „Luft“ zu reisen, hatte ich unmittelbar nach meinem Übergang in die Geistige Welt erhalten. Aber damals hatte ich mich verhältnismäßig langsam mit fest geschlossenen Augen bewegt. Edwin schlug nun vor, daß es uns sicherlich Spaß machen würde, selbst etwas auszuprobieren. Er versicherte uns, daß wir dabei unter keinen Umständen zu Schaden kommen könnten. Er schlug vor, daß Ruth und ich uns gedanklich an den Rand einer kleinen Baumgruppe, die nach irdischen Maßen ungefähr vierhundert Meter entfernt lag, versetzen sollten. Wir saßen alle drei im Gras und starrten unser Objekt an. Edwin schlug vor, daß wir uns, so wir etwa nervös wären, bei den Händen anfassen könnten. Ruth und ich sollten alleine „gehen", während er im Gras zurückbleiben würde. Wir sollten nur denken, daß wir dort drüben neben den Bäumen zu sein wünschten. Wir schauten einander mit großer Belustigung an und waren beide neugierig, was als nächstes geschehen würde. Doch keiner von uns ergriff die Initiative. So überlegten wir noch, als Edwin plötzlich sagte: „Auf geht's!" Seine Äußerung mußte den erforderlichen Antrieb gegeben haben, denn ich nahm Ruths Hand, und was wir als nächstes wußten, war, daß wir uns unter den Bäumen stehend wiederfanden.

Wir schauten einander, wenn nicht mit Erstaunen, so doch mit etwas, das diesem sehr ähnlich kam, an. Als wir einen Blick nach dort, woher wir gerade gekommen waren, zurückwarfen, sahen wir Edwin, der uns zuwinkte. Dann geschah etwas sehr Seltsames. Wir beide erblickten unmittelbar vor unserem Gesicht etwas, was ein Blitzstrahl zu sein schien. Er blendete uns nicht und erschreckte uns auch in keiner Weise. Er lenkte einfach nur unsere Aufmerksamkeit auf sich, so wie es die irdische Sonne zu tun pflegt, wenn sie hinter einer Wolke plötzlich hervorkommt. Er erleuchtete den kleinen Platz vor unseren Augen, während wir so dastanden. Wir verharrten ganz ruhig und voller Erwartung, was sich ereignen mochte. Dann hörten wir jenseits jeglicher Spur des Zweifels – ob mit dem Ohr oder in Gedanken, das vermochte ich damals nicht zu sagen – ganz klar Edwins Stimme, die uns fragte, ob wir unsere kurze Reise genossen hätten, und sie fügte hinzu, nun in genau der gleichen Weise, wie wir ihn verlassen hatten, zu ihm zurückzukehren. Wir beide verständigten uns über das, was wir gehört hatten und versuchten zu entscheiden, ob es wirklich Edwin war, den wir soeben vernommen hatten. Kaum hatten wir unsere Verwirrung über diese jüngste Offenbarung geäußert, als Edwins Stimme wieder zu hören war. Er versicherte uns, daß er uns gehört habe, als wir über diese letzte Überraschung gesprochen hätten. Nebst unserer Überraschung waren wir doch zugleich entzückt über diese für uns so neuartige Demonstration der Gedankenkraft, die so geschwind auf jene andere gefolgt war, so daß wir augenblicklich beschlossen, zu Edwin zurückzukehren und uns von ihm eine volle Erklärung geben zu lassen. Wir wiederholten das vorher durchgeführte Verfahren, und schon saßen wir beide wieder zu Seiten meines alten Freundes, der über unsere Verwunderung vergnüglich lachte.

Er war auf den kommenden Angriff vorbereitet, denn wir bombardierten ihn mit Fragen. Er sagte, daß er diese Überraschung absichtlich für uns aufgehoben hätte. Hier, so wies er darauf hin, sei ein weiterer Beweis für die konkrete Kraft des Gedankens. Wenn wir uns durch Gedankenkraft bewegen können, dann folgt daraus, daß wir auch imstande sind, unsere Gedanken selbst, unbehindert durch jegliche Entfernungsvorstellungen, auszusenden. So wir unsere Gedanken auf eine bestimmte Person der Geistigen Welt konzentrierten, sei es, um eine bestimmte Botschaft zu übermitteln, oder sei es, um jemandem ein Gefühl der Zuneigung zukommen zu lassen, so werden diese Gedanken mit Gewißheit ihr Ziel erreichen, und sie werden vom Empfänger registriert werden. So also geschehen die Dinge in der Geistigen Welt. Wie dies aber alles vor sich geht, vermag ich nicht zu sagen. Das ist ein weiteres der vielen Dinge, die wir so annehmen, wie wir sie vorfinden, und an denen wir uns erfreuen. Bisher hatten wir uns bei unseren Unterhaltungen der Sprechorgane bedient. Es war für uns etwas ganz Natürliches, weshalb wir uns darüber keine Gedanken gemacht hatten. Bisher war uns nicht aufgegangen, daß man hier ebenfalls über eine Verständigungsmöglichkeit über größere Distanz hinweg verfügte. Wir waren nicht mehr durch irdische Verhältnisse begrenzt, doch hatten wir bis jetzt nichts beobachtet, was die übliche Art gegenseitiger Unterhaltung auf Erden ersetzt haben könnte. Eben dieses Fehlen sollte uns vielmehr aufmerksam gemacht haben, immer mit dem Unerwarteten rechnen zu müssen.

Obwohl wir unsere Gedanken aussenden können, darf man nicht annehmen, daß unser Geist wie ein offenes Buch für alle lesbar ist. Keinesfalls! Wenn wir es wollen, können wir unsere Gedanken bewußt für uns selbst behalten. Aber so wir im „Leerlauf" denken, wie es zutrifft, wenn wir unsere Gedanken nur unter loser Kontrolle umherschweifen lassen, sind diese für andere sichtbar und lesbar. Eines der ersten Dinge, die bei der Ankunft hier geschehen müssen, ist zu erkennen, daß der Gedanke konkret ist, daß er erschaffen und aufbauen kann. Als nächstes müssen wir uns bemühen, unsere eigenen Gedanken richtig und angemessen zu beherrschen. Aber wie so vieles andere in der Geistigen Welt, können wir schnell lernen, uns den neuen Verhältnissen anzupassen, so wir willens sind, es zu tun. Und bei allen Schwierigkeiten wird für uns immer ein im höchsten Maß bereitwilliger Helfer zugegen sein. Letzteres hatten Ruth und ich bereits mit Erleichterung und Dankbarkeit festgestellt.

Ruth war mittlerweile sehr ungeduldig weiterzugehen, um die Stadt zu besichtigen, und sie bestand darauf, daß Edwin uns sofort dorthin begleiten möge. Und so erhoben wir uns unverzüglich aus dem Gras, und auf ein Wort unseres Führers hin brachen wir auf.

5

Lernhallen

Als wir uns der Stadt näherten, war es uns möglich, eine Vorstellung von ihren ausgedehnten Ausmaßen zu bekommen. Sie war, wie ich wohl kaum zu sagen brauche, jeglichem, was ich schon gesehen hatte, völlig unähnlich. Sie bestand aus einer großen Anzahl stattlicher Gebäude, von denen jedes von prächtigen Gärten und Bäumen umgeben war. Hier und da gab es Teiche glitzernden Wassers. Es war kristallklar und reflektierte dennoch jede Farbschattierung, die man auf Erden kennt nebst den vielen anderen Farben, die man außer in den geistigen Sphären nirgends sehen kann.

Man darf nicht glauben, daß diese wunderschönen Gärten mit irgend etwas, das man auf der irdischen Ebene entdecken kann, zu vergleichen seien. Die großartigsten irdischen Gärten sind die armseligsten im Vergleich zu diesen, die wir jetzt erblickten mit ihrem Reichtum an vollkommenen Farben und ihrem Verströmen himmlischer Düfte. Wir schritten über die Rasenflächen und waren sprachlos über solch eine üppige Natur. Ich hatte mir vorgestellt, daß die Schönheit der Landschaft, die ich bisher in der hiesigen Welt kennengelernt hatte, kaum übertroffen werden könnte. In meinen Gedanken kehrte ich zu engen Straßen und überfüllten Bürgersteigen der Erde zurück, ebenfalls zu jenen aneinandergedrängten Gebäuden, da ja dort der Platz so wertvoll und kostspielig ist, und zu der verdorbenen Luft, die durch Verkehrsmittel noch weiterhin verschlechtert wird. Ich hatte an Hast und Getümmel gedacht, außerdem an all das unruhige Hin und Her des geschäftigen Lebens und an das Aufregende flüchtiger Vergnügungen. Ich hatte keine Ahnung gehabt, daß eine Stadt ewiger Schönheit von einer irdischen Stadt so weit entfernt ist wie das Tageslicht von der schwarzen Nacht. Hier gab es gefällige, breite Straßen aus smaragdgrünen Rasenflächen, die wie die Speichen eines Rades radial von einem Zentralgebäude aus, welches, wie wir sehen konnten, der Mittelpunkt der ganzen Stadt war, verliefen. Ein großer Strahl reinen Lichtes fiel auf die Kuppel dieses Gebäudes hernieder, und wir fühlten instinktiv, ohne daß Edwin es uns sagen mußte, daß wir in diesem Tempel gemeinsam unseren Dank an die Große Quelle von allem abstatten konnten und daß wir dort nichts anderes als die Verehrung Gottes in Seiner Wahrheit finden würden.

Im Vergleich zu irdischen Bauwerken waren die Gebäude nicht so hoch, aber sie waren größtenteils äußerst breit. Es ist unmöglich, zu sagen, aus welchen Materialien sie bestanden, weil sie geistiger Art waren. Ihre Oberflächen waren glatt wie aus Marmor, dennoch hatten sie die feine Beschaffenheit und Durchsichtigkeit von Alabaster. Jedes Bauwerk sandte einen Lichtstrom der hellsten Farbschattierungen in die angrenzende Atmosphäre aus. Einige der Bauten waren verziert mit Mustern von Blättern und Blumen, und andere hatte man fast schmucklos belassen, von einigen kleineren Ornamenten abgesehen, während dadurch die pseudoklassischen Reliefs desto besser hervorstachen. Über allem schien gleichmäßig und kontinuierlich das Licht des Himmels, so daß es nirgends dunkle Stellen gab.

Die Stadt war dem Streben nach Wissen, dem Studium und der Ausübung der Künste sowie den Freuden aller in dieser Sphäre geweiht. Sie war für niemanden ausschließlich da, sondern stand allen, die sich daran erfreuen wollten, gleicherweise offen. Hier war es möglich, so viele jener erfreulichen und fruchtbaren Beschäftigungen, die auf der irdischen Ebene begonnen worden waren, fortzusetzen. Hier konnten sich auch viele Seelen angenehmem Zeitvertreib hingeben, der ihnen aus verschiedenen Gründen, während sie inkarniert waren, versagt gewesen war.

Die erste „Halle“, in die Edwin uns führte, war der Kunst der Malerei gewidmet. Diese Halle war sehr groß und schloß eine Galerie ein, an deren Wänden alle dem Menschen bekannten großen Meisterwerke hingen. Diese waren so angeordnet, daß jeder Schritt irdischer Weiterentwicklung in richtiger Reihenfolge verfolgt werden konnte, beginnend bei den frühesten Zeiten und so fortgesetzt bis auf den heutigen Tag. Jede Stilrichtung der Malerei war vertreten, gesammelt von allen Gegenden der Erde. Man darf nicht glauben, daß solch eine Auswahl, wie wir sie jetzt betrachteten, nur für Menschen, die volles Verständnis und Verstehen für die Kunst des Malens haben, von Interesse und von Nutzen sei. Keine Annahme könnte verkehrter sein.

Als wir eintraten, war eine beträchtlich große Anzahl von Menschen in der Galerie versammelt, von denen einige herumgingen, wo immer ihr Verlangen sie hinführte. Viele Gruppen aber lauschten den Worten tüchtiger Lehrer, welche die unterschiedlichen Entwicklungsstufen in der Kunstgeschichte, wie sie durch Beispiele an den Wänden veranschaulicht waren, erklärten, und sie erläuterten gleichzeitig alles so klar und interessant, daß keiner etwas nicht verstehen konnte.

Ich erkannte eine Reihe dieser Bilder wieder, weil ich ihre Originale in den irdischen Galerien gesehen hatte. Ruth und ich waren erstaunt, als Edwin uns erzählte, daß das, was wir in jenen Galerien gesehen hätten, überhaupt nicht die Originale seien. Die Originale sähen wir jetzt zum ersten Male. Was wir auf Erden gesehen hätten, sei jeweils ein irdisches Gegenstück, das aus üblichen Gründen – wie zum Beispiel durch Feuer oder durch den allgemeinen Verfall mit dem Vergehen der Zeit – der Vergänglichkeit anheim fiele. Hier jedoch wurden wir unmittelbar den Vorstellungen eines jeden Malers gegenübergestellt, die schon in der Geistigen Welt konzipiert waren, bevor er diese auf der irdischen Leinwand nachzubilden versuchte. Man konnte in vielen Fällen genaustens beobachten, wo das irdische Bild deutlich hinter dem, was der Maler in seinen Gedanken hatte, zurückblieb. Er hatte sich bemüht, seine genaue Vorstellung zu reproduzieren, aber aufgrund physischer Begrenzungen hatte sich diese genaue Vorstellung nicht darstellen lassen. In einigen Beispielen lag die Schuld an den Farben, da der Künstler in früheren Zeiten nicht in der Lage war, die von ihm gewünschte besondere Farbschattierung zu beschaffen oder entstehen zu lassen. Aber obwohl es ihm an physischen Voraussetzungen fehlte, hatte er in seiner Vorstellung genau gewußt, was er zu tun wünschte. Im Geistigen hatte er es vollendet – die Ergebnisse konnten wir jetzt bewundern –, während er es auf dem materiellen Gemälde auf der Erdenebene nur unvollkommen wiedergegeben hatte.

Das war einer der Hauptunterschiede, den ich im Vergleich zu dem, was ich auf Erden gesehen hatte, bei den Bildern nun feststellte. Ein weiterer Punkt großer Unterschiedlichkeit – und, wie ich meine, der wichtigste – war die Tatsache, daß hier alle diese Bilder lebendig waren. Es ist unmöglich, eine Idee von diesem überragenden Unterschied zu vermitteln. Man muß diese geistigen Bilder hier gesehen haben, um es zu verstehen.

Ich kann eine solche Idee nur andeuten. Diese Bilder, ob Landschaft oder Porträt, waren niemals flach, das heißt, sie schienen nicht auf einer ebenen Leinwand gemalt worden zu sein. Sie besaßen andererseits die ganze Vollkommenheit eines Reliefs. Der gemalte Gegenstand zeichnete sich derart plastisch ab, als ob man dessen genaue Vorlage vor sich hätte, jenes Muster also, auf welchem man noch alle jene Einzelheiten wahrnehmen konnte, die sich dann auf einem irdischen Gemälde nur unvollkommen manifestieren. Man fühlte, daß die Schatten richtige Schatten waren, die von richtigen Gegenständen geworfen wurden. Die Farben glühten lebensvoll, und zwar selbst bei den sehr frühen Werken, als man noch nicht so weit in der Malfertigkeit fortgeschritten war.

Mir kam ein Problem in den Sinn, um dessen Lösung ich mich natürlich an Edwin wandte. Es war dies: Da es vielleicht sowohl unerwünscht als auch unmöglich wäre, in diesen Galerien jedes Gemälde, das auf Erden erschaffen worden war, aufzuhängen, schien jeder Gedanke an eine bevorzugte Behandlung, die sich auf die Beurteilung anderer stützen mußte, nicht mit den geistigen Gesetzen vereinbar zu sein, soweit ich es wenigstens zu wissen glaubte. Welches System benutzt man aber bei der Auswahl von Gemälden, die an diesen Wänden hängen sollten? Er entgegnete, daß dies eine Frage sei, die oft von Besuchern dieser Galerie gestellt würde. Als Antwort bekam ich zu hören, daß gewöhnlich ein Künstler, mag er auf Erden von außerordentlicher, geringerer oder durchschnittlicher Qualität gewesen sein, nach seiner Eingewöhnung in sein neues Leben über sein eigenes Werk keinerlei Illusionen mehr hegt, so er sie je gehabt haben sollte. Gewöhnlich macht sich bei ihm in Anbetracht der Immensität und superlativen Schönheit dieser Sphäre ein Gefühl der Kleinmut breit. Letzten Endes besteht für die Auswahl an wertvollen Bildern eher das Problem des Mangels als das eines Überangebots.

Als wir uns die Porträts so vieler Männer und Frauen betrachteten deren Namen weltweiten Ruf genossen, sei es, daß sie in längst vergangenen Zeiten oder noch heute lebten, beschlich Ruth und mich das seltsame Gefühl, zu wissen, daß wir jetzt Bewohner der gleichen Welt wie sie waren und daß sie ebenso wie wir weiterhin lebten und nicht nur als hervorragende Personen in den Büchern und Werken der Erde wiederzufinden waren.

In anderen Teilen dieses gleichen Gebäudes befanden sich Räume, in denen Studenten alles, was es da zu lernen gibt, lernen konnten. Die Freude dieser Studenten über ihr Freisein von ihren irdischen Beschränkungen und körperlichen Begrenzungen ist groß. Die Ausbildung ist hier leicht, und der Erwerb und die Anwendung von Wissen ist gleichermaßen unschwer für jene, die lernen wollen. Vorbei sind alle Kämpfe des Studenten in der Überwindung irdischer Schwierigkeiten, seien sie manueller oder geistiger Art, und das Fortschreiten zur Meisterschaft erfolgt hier reibungslos und schnell. Das Glücksgefühl, das diese Studenten, die wir erblickten, ausstrahlten, breitete sich ebenso auf alle diejenigen aus, die ihnen zusahen. Denn sie wurden nicht mehr in ihren Anstrengungen und Bestrebungen von jenem irdischen Schreckgespenst, jener dahinfliegenden Zeit, aufgehalten, wie auch ebenso alle jene weltlichen Qualen einem auf ewig nichts mehr anzuhaben vermögen. Verwundert es da, daß Künstler in dieser Halle, wie natürlich auch in jeder anderen Halle der Stadt, die goldenen Stunden ihres geistigen Lohnes genossen?

Wenn wir all diese Bilder in der Galerie richtig erschöpfend studiert haben würden, hätte es für unsere gegenwärtigen Zwecke zu viel Zeit in Anspruch genommen, die darin bestanden, uns eine möglichst zusammengefaßte Vorstellung von dieser Sphäre zu vermitteln, so daß wir uns später um so leichter überall zurechtfinden und zu Orten, denen wir uns am meisten zugezogen fühlten, zurückkehren konnten. Dies war wenigstens Edwins Idee. Und Ruth und ich waren damit von Herzen einverstanden. So verweilten wir nicht länger in der Halle der Malerei und begaben uns zu einem anderen riesigen Gebäude.

Dieses war die Halle der Literatur, und sie enthielt jedes namhafte Werk. Ihr Inneres war in kleinere Räume aufgeteilt, als es bei der Halle der Malerei der Fall gewesen war. Edwin führte uns in einen geräumigen Saal, in welchem die Geschichte aller Nationen auf der irdischen Ebene enthalten war. Für jeden, der Kenntnis von der irdischen Geschichte besitzt, würden sich die Bände, mit denen die Regale dieser Abteilung der großen Bibliothek gefüllt waren, als aufschlußreich erweisen. Der Leser wäre in der Lage, zum ersten Male die Wahrheit über die Geschichte seines Landes zu finden. Jedes in diesen Büchern enthaltene Wort war die buchstäbliche Wahrheit. Geheimhaltung ist unmöglich, weil nichts als die Wahrheit in diese Sphären eindringen kann.

Seit jenem ersten Besuch bin ich oftmals in diese Bibliothek zurückgekehrt und habe viel nützliche Zeit bei diesen zahllosen Büchern verbracht.

Insbesondere bin ich in die Geschichte eingedrungen, und ich war verblüfft, als ich zu lesen begann. Ich erwartete natürlich, die Geschichte in der uns allen vertrauten Weise behandelt zu finden, nur mit dem wesentlichen Unterschied, daß ich jetzt mit der Wahrheit aller historischen Zusammenhänge und Ereignisse beschenkt würde. Ich entdeckte bald, daß das letztere zwar der Fall war, aber ich machte noch eine zusätzliche Entdeckung, die mich im ersten Moment äußerst überraschte. Ich entdeckte also, daß auf der einen Buchseite die reine Wahrheit aller Fakten und Taten von Personen historischer Bedeutung – von Staatsmännern also, in deren Händen die Regierungsgeschäfte ihres Landes lagen, oder von Königen, die an der Spitze ihrer Länder standen – aufgezeichnet waren, während auf der Parallelseite in unverfälschter und nicht wegzudisputierender Wahrheit die eigentlichen Beweggründe, die jenen vielen geschichtlichen Begebenheiten zugrunde gelegen hatten, niedergeschrieben waren. Viele solcher Beweggründe waren von edler und aufrichtiger Natur, jedoch noch häufiger basierten sie auf äußerst niedrigen Motiven. Viele von ihnen waren absichtlich oder unabsichtlich auf Erden falsch wiedergegeben. Zusätzlich zu diesen unauslöschlichen Annalen in der Geistigen Welt gab es die wahren Berichte von abertausend Menschen, die, während sie auf Erden weilten, an den Staatsaffairen aktiv teilgenommen hatten. Einige unter ihnen waren die Opfer von Verrat und Gemeinheit, andere wiederum waren selbst die Ursache davon. Nichts wurde in diesen Berichten übergangen oder vergessen. Aus ihnen konnte ein jeder die volle Wahrheit entnehmen, und nichts war übertrieben oder entstellt. Diese Berichte hatten keinen Respekt vor Personen, seien es Könige oder Bürgerliche, Geistliche oder Laien gewesen. Die Schreiber hatten nur die wahre Geschichte, so wie sie war, schriftlich niedergelegt. Es bedurfte dabei keiner Verschönerung, wie auch keines Kommentars. Die Tatsachen sprachen für sich selbst. Für eines war ich besonders dankbar, daß nämlich die Wahrheit bis zu jener Zeit uns vorenthalten war, bis wir dort, wo wir jetzt weilten, standen, da wir jetzt erst bis zu einem gewissen Grade bereit waren, solche Offenbarungen, wie sie sich uns darboten, annehmen zu können.

Bisher habe ich nur von der politischen Geschichte gesprochen. Aber ich vertiefte mich auch in die Kirchengeschichte. Und was sich mir dort enthüllte, war nicht besser, als was ich im politischen Bereich der

Geschichte vorgefunden hatte. Diese Enthüllungen waren in der Tat noch schlimmer, wenn man bedenkt, in wessen Namen so viele teuflische Taten von Menschen, die sich nach außen hin dazu bekannten, Gott zu dienen, begangen worden waren, die in Wirklichkeit jedoch nicht Gottes Willen ausführten, sondern ihre eigenen verwerflichen Ziele zu verwirklichen suchten.

Edwin hatte mich vorgewarnt, was ich zu erwarten hätte, wenn ich in diesen geschichtswissenschaftlichen Werken nachschlüge. Aber ich hatte niemals den Ausführlichkeitsgrad, den ich in den Schilderungen der wahren Begebenheiten finden sollte, vorausgesehen. Die angenommenen Motive, die in den irdischen Geschichtsbüchern nachzulesen sind, gingen bei zahllosen historischen Begebenheiten weit an den wahren Tatsachen und Motiven vorbei.

Obwohl diese Bücher Zeugnis gegen die Verbrecher so vieler dunkler Taten in der Geschichte der irdischen Welt ablegen, bezeugen sie doch auch die großen und edlen Taten vieler Menschen. Diese Bücher standen hier nicht nur zu dem Zwecke, Zeugnis für oder wider jemanden zu geben, sondern das Lesen gehört zur Gewohnheit der Menschen in der Geistigen Welt, ja, wir lieben es geradezu, zu lesen. Sollte denn etwa das Lesen von Büchern nicht mit unserem hiesigen Leben übereinstimmen dürfen? Unsere Bücher mögen sich sicherlich in manchem von den irdischen unterscheiden, aber sie sind nichtsdestoweniger Bestandteil unserer Welt. Man kann sagen, daß das Streben nach Wissen hier weit größer ist als auf der irdischen Ebene, weil keine Notwendigkeit mehr besteht, unsere Aufmerksamkeit den bedrückenden Nöten und Dringlichkeiten des irdischen Lebens zuzuwenden.

Wir gingen durch viele andere Räume, wo Bücherbände über jedes nur vorstellbare Thema allen, die zu studieren wünschten, zur Verfügung standen. Eines der interessantesten Fächer, die man hier studieren kann, ist, wie es von einigen wahrhaft erleuchteten Seelen genannt wurde, die „Wissenschaft des Übersinnlichen", denn wahrlich handelt es sich um eine Wissenschaft. Ich war erstaunt über den Reichtum an Literatur unter dieser Überschrift. Auf den Regalen standen Bücher, die die Existenz einer Geistigen Welt samt der Realität einer Rückkehr dorthin leugneten. Viele dieser Autoren hatten inzwischen Gelegenheit, ihre eigenen Werke wieder in die Hand zu nehmen, wenn auch mit ganz unterschiedlichen Gefühlen.

Sie selbst waren nun zu lebenden Zeugen gegen die Inhalte ihrer eigenen Bücher geworden.

Die schönen Einbände, mit denen die Bücher versehen waren, das Material, auf das sie niedergeschrieben waren und der Stil der Inschrift fielen besonders auf. Ich wandte mich diesbezüglich um Auskunft an Edwin. Er erzählte mir, daß der Nachdruck von Büchern in der Geistigen Welt nicht nach dem gleichen Verfahren wie bei den Gemälden erfolge. Ich hätte selbst gesehen, wie die Wahrheit entweder in bewußter Absicht oder in Unkenntnis der wahren Tatsachen in den irdischen Bänden unterdrückt oder verfälscht worden sei. Hinsichtlich der Gemälde habe zwar der Künstler gewünscht, sozusagen wahrheitsgetreu darzustellen, aber durch ein nicht ihm anzulastendes Unvermögen sei er nicht imstande gewesen, es zu tun. Er habe deshalb die Unwahrheit nicht verewigt, sondern sein Geist habe im Gegenteil der Nachwelt das, was völlig wahr war, überliefern wollen. Ein Autor würde kaum ein Buch schreiben, in welchem er eine Überzeugung niederlegt, die seiner eigenen diametral entgegensteht.

Wer aber schreibt nun in der Geistigen Welt die unverfälschten Bücher? Es ist eben jener irdische Autor, der hier sein Werk neu schreibt und froh bei der Arbeit ist. Es wird als sein Werk gelten. Durch diese reinigende Tat kann er hinsichtlich seiner seelischen Aufwärtsentwicklung dazugewinnen. Er wird mit den wirklichen Tatsachen keinerlei Schwierigkeiten haben, denn sie liegen ihm vor, um sie bei seiner Neufassung einsehen zu können. Und er schreibt sein Werk nochmals, doch diesmal enthält es die Wahrheit. Hier braucht er nichts mehr zu verbergen, denn eine solche Arbeit wäre nutzlos.

Und was den Druck der Bücher anbelangt, werden diese nicht auf der Erde von Maschinen gedruckt? Natürlich, so ist es! Sollte in diesem Falle die Geistige Welt zurückgeblieben sein? Nein, wahrhaftig nicht! Wir haben unsere eigenen Druckmethoden, die sich jedoch von denen der Erde sehr unterscheiden. Bei uns gibt es Experten, die auf ihrem Gebiet Meister sind. Sie sind ihrer Tätigkeit von ganzem Herzen zugetan, sonst würden sie diese ja nicht ausüben. Die Herstellung eines Buches ist ganz und gar ein Prozeß des Geistes – wie es ja auch mit allem anderen ist –, und der Autor und der Drucker arbeiten in voller Harmonie. Das Einbinden von Büchern nehmen andere Experten vor, die wahrhafte Künstler sind. Die Bücher werden mit wunderbaren Einbänden versehen, deren Material seiner geistigen Materie wegen mit nichts auf Erden verglichen werden kann. Aber die auf solche Weise hergestellten Bücher sind keine toten Dinge, in die geistig einzudringen man höchster Konzentration bedürfe. Sie sind ebenso lebendig wie jene von uns betrachteten Gemälde. Nimmt man ein Buch zur Hand und beginnt mit dem Lesen, so bedeutet das, daß man mit seinem Geist in einer Weise, wie es auf Erden nicht möglich ist, die ganze Geschichte vor sich so sich entfalten sieht, wie sie vom Autor bei der Niederschrift sich vorgestellt wurde, handele es sich dabei um historische Stoffe, um wissenschaftliche Darstellungen oder um Kunstbetrachtungen. Sobald der Leser das Buch aufschlägt, beginnt dessen Inhalt sich sofort vor ihm zu entfalten gleichsam den Blumen, die sich den ihnen Nahenden mit ihren Köpfen zuwenden. Der Zweck ist natürlich bei diesen ein anderer.

Die ungeheure Anzahl von Büchern, die wir sahen, stand allen zur Muße und nach Herzenslust zur Verfügung. Es gab keine Einchränkungen, keine lästigen Regeln und Vorschriften. Wie ich da stand mit diesem gewaltigen Reichtum an Wissen um uns herum, fühlte ich mich bezüglich meines eigenen Nichtwissens verunsichert, und Ruth empfand gleichermaßen. Edwin beruhigte uns jedoch, indem er uns sagte, daß wir die ganze Ewigkeit noch vor uns hätten. Dies war ein tröstlicher Hinweis und dennoch eigenartigerweise eine Tatsache, die man zu übersehen geneigt ist. Es dauerte lange, bis man endlich das Gefühl der Unbeständigkeit und der Vergänglichkeit abgelegt hat, die so eng mit dem irdischen Leben verbunden sind. Und folglich glauben wir, daß wir alles, so schnell wir nur können, sehen müssen trotz der Tatsache, daß Zeit als ein Bestandteil unseres Lebens zu funktionieren aufgehört hat.

Jetzt meinte Edwin, Ruth etwas zeigen zu müssen, was ihr besonders gefallen würde. Und so führte er uns in die Halle der Stoffe. Diese war ebenfals geräumig. Aber ihre Räume hatten größere Ausmaße als jene der beiden Hallen, die wir gerade besichtigt hatten. Der Saal enthielt eine Unmenge von wunderschönen Stoffen und Tuchen, die im Laufe der Jahrhunderte gewebt worden waren und wovon praktisch nichts auf der irdischen Ebene erhalten bleibt. Hier war es möglich, typische Probestücke der Stoffe zu sehen, von denen wir in geschichtlichen Beschreibungen von Staatszeremonien und festlichen Gelegenheiten lesen. Was auch immer über den Wandel des Stils und des Geschmacks, der im Laufe der Zeitalter stattgefunden hat, gesagt werden mag, so steht fest, daß die heutige

Erdenwelt einen Großteil ihrer Farben im Austausch gegen eine langweilige Eintönigkeit verloren hat.

Die Farben in vielen alten Stoffen waren einfach prachtvoll, während die großartig gewirkten Muster uns die Kunst, die für die heutige Erde verloren ist, offenbarten. Obwohl vergänglich für die Erde, sind sie unvergänglich für die Geistige Welt. Nachdem wir der Existenz dieser Stoffe in der Geistigen Welt gebührende Anerkennung gezollt hatten, blieb in unserer Vorstellung ein hinlänglich lebhaftes Bild, wie diese reichen Stoffe in ihrer irdischen Umgebung ausgesehen haben mußten. Hier war es wiederum möglich, den geschichtlich sich abzeichnenden, allmählichen Fortschritt beim Entwurf und der Herstellung irdischer Stoffe zu beobachten, und soweit ich es zu beurteilen in der Lage bin, muß man zugeben, daß die Entwicklung bis zu einem Punkt, da sich eine rückläufige Bewegung bemerkbar machte, fortschritt. Ich spreche natürlich ganz allgemein.

Ein Wandteppichsaal enthielt einige prächtige Exemplare der genialen Schöpferkraft der Künstler, deren irdische Gegenstücke seit langem nicht mehr existieren. An diesen Saal grenzten kleine Räume, wo viele frohe und fleißige Seelen die Kunst des Wandteppichwebens erlernten und ausübten. Sie wurden angeleitet von anderen ebenfalls frohgemuten Seelen, die ihnen helfend und lehrend stets zur Seite standen. Hier hatte man nicht den Eindruck von ermüdender Arbeit seitens der Schüler und Lehrer, sondern man merkte die Freude reinen Vergnügens an ihrer Tätigkeit, die sie um anderer Dinge willen zu jeder gewünschten Zeit beenden konnten. Ruth sagte, daß sie sich zu gerne einer der Gruppen, die an einem großen Wandteppich arbeitete, anschließen würde, und man entgegnete ihr, daß sie, wann immer sie wolle, mit größter Freude in dieser Gemeinschaft stets willkommen sei. Jedoch wollte sie vorerst mit uns zusammen unsere Erkundigungsreisen fortsetzen.

Man könnte annehmen, daß alles, was wir bis jetzt gesehen hatten, nichts als himmlische Museen waren, die zwar prächtige Muster enthielten, wie man sie auf Erden nicht zu sehen bekommt, aber dennoch den Charakter von Museen beibehalten haben. Nun sind irdische Museen ziemlich freudlose Orte. Sie riechen nach Modrigkeit und chemischen Konservierungsmitteln, weil ihre Ausstellungsstücke vor Verfall und Wertminderung geschützt werden müssen. Auch müssen diese oft durch wenig anregende Glaskästen vor den Menschen geschützt werden. Aber hier gibt es keine solchen Einschränkungen. In diesen Sälen bieten sich alle Dinge für alle frei und offen dar, jeder kann alles unmittelbar besehen und sogar anfassen. Es gibt keine Modrigkeit, dagegen sendet die Schönheit der Gegenstände selbst viele feine Düfte aus, während das himmlische Licht aus allen Himmelsrichtungen hereinströmt, um den Ruhm menschlicher Handfertigkeit noch zu erhöhen. Nein, dieses sind keine Museen, weit davon entfernt. Es sind Tempel, in denen wir Menschen der Geistigen Welt uns des Dankes bewußt werden, den wir dem Großen Vater schulden, daß Er uns ein so unbegrenztes Glücksgefühl in einem Land, dessen Existenz so viele Menschen auf Erden leugnen, schenkt. Jene würden all das von mir hier Beschriebene ableugnen. Wozu eigentlich? Im Grunde wissen sie es selbst nicht. Sie meinen, daß es viele, viele Schönheiten auf der irdischen Ebene gibt, während wir hier in der Geistigen Welt nichts davon haben sollen. Vielleicht ist das ein weiterer Grund, warum man so tiefes Mitleid mit uns empfindet, wenn wir in die Geistige Welt hinübergehen, weil wir alles, was schön ist, angeblich für immer hinter uns gelassen haben, um in einen Zustand der Leere, in ein himmlisches Vakuum also, einzugehen. Alles, was wunderschön ist, gehört also folglich ausschließlich der Erdenwelt an. Ist erst einmal der Mensch in unserer Welt angelangt, findet er alsbald heraus, daß er mit seinem Scharfsinn nicht weiterkommt, gibt es doch nichts, auf das er ihn anwenden könnte. Man überlege: Unsere Welt soll nur aus Leere bestehen! Da soll es nicht Wunder nehmen, daß jene, die annahmen, mit dem Tod einem ewigen himmlischen Nichts anheimzufallen, angesichts der Wahrheit und der überwältigenden Fülle in der Geistigen Welt von einem Offenbarungsschock heimgesucht werden.

Es ist wichtig zu verstehen, daß jede Beschäftigung und jede Aufgabe, die von den Bewohnern dieser und höherer Sphären ausgeübt wird, freiwillig übernommen ist, und zwar aus dem reinen Wunsch heraus, es tun zu wollen, und niemals mit der Einstellung, etwas gegen ihren Willen tun zu müssen. So etwas, wie gezwungen zu sein oder eine Aufgabe übernehmen zu müssen, gibt es hier nicht. Niemand empfindet Widerwillen oder bringt einen solchen zum Ausdruck. Das heißt nicht, daß das Unmögliche zu leisten versucht wird. Wir mögen in der Lage sein, das Ergebnis der einen oder anderen Tätigkeit zu sehen, oder wenn wir es nicht können, gibt es andere, die weiser und wissender sind, die es können, und wir werden wissen, ob wir unsere Aufgabe zu beginnen oder und fürs erste zurückzustellen haben. Es ermangelt uns hier niemals an Hilfe und Rat. Wie man sich erinnern wird, habe ich schon früher meinen eigenen Drang beschrieben, mit der Erde in Verbindung zu treten, um einige Dinge, die mein Erdenleben betrafen, ins rechte Licht zu setzen. Edwin jedoch riet mir, daß ich mir späterhin noch Rat über die praktische Durchführung holen sollte. Ich sage also die Wahrheit, wenn ich behaupte, daß alles Tun und Dienen auf den eigenen Wunsch gegründet ist. Ich weise deshalb auf jene Dinge hin, damit man eine bestimmte Halle besser verstehen könne, in die uns Edwin führte, nachdem wir die Halle der Stoffe verlassen hatten.

Es handelt sich um eine alles umfassende Schule, auf der all diejenigen Seelen, die auf Erden hinsichtlich Wissen und Lernen benachteiligt waren, sich weiterbilden können. Wissen und Gelehrsamkeit, Bildung oder Belesenheit sind nicht gleichbedeutend mit geistigem Wert, und die Unfähigkeit zu lesen und zu schreiben besagt nicht, daß er nicht vorhanden ist. Aber wenn eine Seele in dieses Land herübergekommen ist, wenn sie sieht, wie der große breite geistige Weg mit seinen mannigfaltigen und vielgestaltigen Möglichkeiten offen vor ihr liegt, erkennt sie auch, daß Wissen ihr auf ihrem geistigen Weg nützlich sein kann. Vielleicht hatte eine Seele auf Erden nie die Möglichkeit gehabt, lesen zu lernen. Sollten ihr deshalb all die herrlichen Bücher in unserer Welt auf ewig verschlossen bleiben, jetzt, da sie die Gelegenheit zum Lesen hat, während ihr die Fähigkeit zum Lesen noch fehlt? Vielleicht wird man fragen: Es ist doch sicherlich nicht erforderlich, daß man in der Geistigen Welt lesen kann? Da die Dinge so liegen, wie sie sind, muß es doch eine Art geistiger Wahrnehmung geben, mit der man ohne die materielle Hilfe gedruckter Wörter den Inhalt der Bücher erschließen kann? Die gleiche Frage könnte hinsichtlich der Bilder und alles anderen gestellt werden. Wozu das Bedürfnis nach irgend etwas Greifbarem? Wollten wir solche Gedanken weiterverfolgen, würden wir wieder auf jene Gedanken der Leere stoßen, von welchem ich zuvor gesprochen habe.

Derjenige, der nicht lesen kann, wird trotzdem geistigen Sinnes „fühlen“ können, daß in dem Buch, das er in die Hand nimmt, etwas Bestimmtes enthalten ist, doch wird er den Inhalt ohne Lesen nicht instinktiv oder auf andere Weise nachvollziehen können. Doch derjenige, der lesen kann, befindet sich, sobald er das Buch in die Hand genommen und es zu lesen begonnen hat, in des Autors Gedanken eingewoben, und der Inhalt des Buches wird auf einmal lebendig.

Es ist nicht nötig, schreiben zu können. Und viele, die es nicht konnten, bevor sie hierherkamen, haben sich nicht darum gekümmert, das Versäumte nach ihrer Ankunft nachzuholen.

In dieser Schule fanden wie viele Seelen vor, die fleißig bei ihrer Arbeit waren und sich ganz und gar daran erfreuten. Wissen zu erwerben ist hier nicht ermüdend, weil das Gedächtnis vollkommen, das heißt, unfehlbar arbeitet und weil die Kräfte geistiger Wahrnehmung nicht mehr durch ein physisches Gehirn behindert und eingeschränkt werden. Unsere Verstandsfähigkeiten werden geschärft, und die verstandesmäßige Erweiterung erfolgt Schritt für Schritt. Für die meisten Studenten war diese Schule die Heimat verwirklichter Wünsche. Ich unterhielt mich mit vielen von ihnen, und jeder berichtete mir, daß er sich schon auf Erden danach gesehnt habe, das zu studieren, was er jetzt studiere, wozu ihm aber aus nur allzu vertrauten Gründen damals die Gelegenheit gefehlt habe. Einige erzählten mir, daß ihre geschäftliche Tätigkeit ihnen keine Zeit gelassen habe, oder daß der Kampf um den Lebensinhalt alle finanziellen Mittel erschöpfte, so daß kein Geld übriggeblieben sei, sich weiterzubilden. Die Schule war sehr behaglich eingerichtet. Es gab natürlich keine Spur von Reglementierung. Jeder Student verfolgte seinen eigenen Studienweg, also unabhängig von irgend jemand anderem. Er setzte sich bequem hin oder ging nach draußen in die wunderschönen Gärten. Er begann, wann er es wünschte, und hörte auf, wann er es wollte. Und je mehr er sich in seine Studien vertiefte, desto interessierter und gefesselter wurde er. Hinsichtlich des letzteren kann ich aus eigener Erfahrung sprechen, weil ich seit meiner ersten Einführung in die große Bibliothek vieles dort studiert habe.

Als wir die Schule verließen, schlug Edwin vor, daß wir, um „auszuruhen", uns vielleicht unter einige der schönen Bäume ins Gras setzen sollten. Das war so seine Art – eine vollkommen natürliche übrigens –, sich auszudrücken. Wir leiden hier nicht unter körperlicher Müdigkeit, dennoch setzen wir eine gleiche Beschäftigung nicht endlos fort. Das würde Eintönigkeit bedeuten. Doch bei uns gibt es keine Eintönigkeit, wie wir sie auf Erden zu ertragen oft gewohnt waren. Aber Edwin kannte die verschiedenen Gefühle, die sich im Geiste Neuangekommener in Geistigen Landen einzustellen pflegen. Und so schlug er fürs erste eine Pause vor, bevor wir zu weiteren Erforschungen aufbrachen.

6

Einige beantwortete Fragen

Edwin erzählte uns, daß eine brennende Begeisterung die große Mehrheit der Menschen überkomme, sobald sie in der Geistigen Welt angekommen seien und diese sich ihnen in ihrem neuen Leben offenbare. Dann verspürten sie den Wunsch, sofort zur Erde zurückzukehren und der Welt über alles Geschehene zu berichten. Auf meinen eigenen Vorschlag hin, zur Erde zurückzukehren, hatte er mich bereits auf einige der damit verbundenen Schwierigkeiten hingewiesen.

Eine ganz gewöhnliche Haltung sei es, daß Neuankömmlinge über ihr neues Leben unendlich viele Fragen stellten, und Edwin fügte hinzu, daß Ruth und ich, im Gegensatz zu anderen, uns in dieser Beziehung sehr zurückgehalten hätten. Sicherlich, ich hatte davon abgesehen, zu viele Fragen zu stellen, aber außerdem hatte Edwin, während wir herumspazierten, so viel, wie wir zu verstehen imstande waren, von sich aus erklärt. Nun, da er die Sprache darauf brachte, gestand ich allerdings, daß es viele Dinge gebe, über die ich sehr gerne etwas wissen würde. Ruth fügte hinzu, daß sie die gleichen Gefühle hätte und daß sich sicherlich viele unserer Fragen decken würden. Die Schwierigkeit für uns bestand darin, wo wir beginnen sollten.

Wir hatten uns bisher damit begnügt, jene Fragen, die sich auf unserer Spazierreise uns selbst aufdrängten und nach Erklärung verlangten, von Edwin beantworten zu lassen. Aber es gab andere Überlegungen allgemeiner Art, die sich aus der Betrachtung der Geistigen Welt als Ganzes ergaben. Eine der ersten Fragen, die ich, während wir dort mit himmlischen Blumen um uns herum im Gras saßen, stellte, war die nach der Größe dieser Sphäre, in der wir jetzt lebten. Sie reichte, so weit das Auge sehen konnte, und das war noch viel weiter, als wir jemals an dem schönsten und klarsten Sonnentag auf Erden zu sehen in der Lage waren. Diese Tatsache in sich war zu wunderbar, um es in Worten auszudrücken, aber es gab auch einen Hinweis auf die Unermeßlichkeit dieser besonderen

Sphäre. Und dabei hatten wir bis jetzt erst den winzigsten Bruchteil davon gesehen. Wir dachten immer noch in Begriffen irdischer Entfernungen. Gab es irgendeine Begrenzung dieser Sphäre? Erstreckte sie sich noch weiter jenseits unserer Sichtweite? Wenn es irgendein Ende gab, was befand sich jenseits davon? Konnten wir hingehen und es selber in Augenschein nehmen?

Sicherlich gebe es eine Begrenzung dieser Sphäre, erklärte uns Edwin, und wann immer wir es wünschten, könnten wir gehen und sie selbst inspizieren. Jenseits dieser Sphäre gebe es viele andere Sphären. Jede Seele ginge nach ihrem Übergang in die Geistige Welt in jene Sphäre ein, für die sie sich auf Erden als geeignet ausgewiesen habe. Man komme in jene Sphäre und in keine andere. Am Anfang hatte Edwin dieses Land als das Land der großen Ernte beschrieben, eine Ernte, die auf der Erde gesät würde. Wir könnten also selbst beurteilen, ob wir jene Ernte für gut oder schlecht hielten. Wir würden feststellen können, daß es andere Welten gebe, die unendlich besser, und wiederum andere, die unendlich schlechter seien. Mit anderen Worten, es gibt noch andere unermeßlich schönere Sphären als die, in welcher wir jetzt so glücklich lebten, Sphären, von überragender Schönheit, in die wir solange, bis wir das Recht, sie entweder als Besucher oder Bewohner zu betreten, verdient haben, nicht eindringen können. Wiewohl wir nicht in sie eindringen dürfen, können jedoch jene großartigen Seelen, die in ihnen wohnen, in Sphären geringerer himmlischer Kostbarkeit kommen und uns besuchen. Edwin selbst hatte einige von ihnen gesehen, und wir hofften, daß wir es auch konnten. In der Tat statteten sie regelmäßig Besuche ab, um sich mit den hiesigen Bewohnern zu besprechen und zu unterhalten, um zu raten und zu helfen, um zu lohnen und zu loben, und es bestünde, wie Edwin sagte, kein Zweifel, daß mir hinsichtlich meines Vorhabens, mit Irdischen Kontakt aufzunehmen, von einem dieser Meisterseelen Rat erteilt werden würde.

Zu bestimmten Zeiten, wenn wir ein großes Fest feiern, kommen diese hohen Wesen zu uns, wie es zum Beispiel an den beiden irdischen Festtagen Weihnachten und Ostern geschieht. Letzteres erstaunte Ruth und mich sehr, weil wir dachte, daß jene beiden Feste nur auf der Erde stattfänden. Doch unterscheidet sich die Art, wie jene Feste bei uns gefeiert werden, von derjenigen der Erde. In den geistigen Landen werden Weihnachten und Ostern als Geburtstage angesehen. Ersteres wird als eine Geburt in die irdische Welt hinein, das zweite als eine Geburt in die Geistige Welt hinein gefeiert. In dieser Sphäre stimmen die beiden Feste mit jenen auf der Erde zeitlich überein, weil dann eine größere geistige Verbindung zwischen den beiden Welten besteht, als es der Fall wäre, wenn die Feste unabhängig von der Jahreszeit begangen würden. In den höheren Sphären, wo Gesetze anderer Art herrschen, verhält es sich jedoch anders.

Auf der irdischen Ebene ist der Jahrestag von Weihnachten seit Jahrhunderten auf ein bestimmtes Datum festgesetzt geblieben. Der genaue Tag des ersten Weihnachten ist verlorengegangen, und es ist mit irdischen Mitteln unmöglich, jetzt noch mit Genauigkeit festzustellen, wann es geschah. Selbst wenn es möglich wäre, ist es zu spät, irgend etwas zu verändern, weil die gegenwärtige Festlegung auf lange Tradition und Gewohnheit zurückgeht. Das Osterfest ist beweglich, eine dumme Sitte, da der gewählte Zeitpunkt mit dem ersten und ursprünglichen Datum nichts zu tun hat. Es besteht einige Hoffnung, daß man diesbezüglich einmal anders denken möge und daß also dieses Fest festgelegt wird. Auf keinen Fall haben wir irgendwelche Gewohnheiten der Erde zu befolgen. Doch wäre es andererseits von uns töricht, wenn wir in dieser Angelegenheit hartnäckig eigene Wege gehen würden. Deswegen kooperieren wir hinsichtlich der jeweiligen gemeinsamen Feste.

Die uns übergeordneten Sphären haben ihre eigenen sehr guten Gründe für das, was eine Trennung von einer anerkannten Ordnung zu sein scheint. Solche Gründe betreffen uns noch nicht, bis wir selbst in jene höheren Regionen hinübergegangen sein werden.

Außer jenen beiden großen Festen feiern wir mit der Erdenwelt keine weiteren gemeinsamen Feste, denn die meisten der zusätzlichen irdischen Feste sind rein kirchliche Feiern, die im weitesten Sinne keine geistige Bedeutung haben, weil so viele von ihnen das Ergebnis religiöser Lehren sind, die auf die Geistige Welt nicht zutreffen. Das Fest der Heiligen Drei Könige gründet sich zum Beispiel auf eine sehr farbige Geschichte und wurde in alten Zeiten von den Menschen sowohl in einer weltlichen als auch in einer religiösen Weise gefeiert. Jetzt ist es nur noch ein religiöses Fest und hat bei uns nur noch sehr geringe Bedeutung. Das Pfingstfest ist ein weiteres Beispiel für die Blindheit der Kirche. Gemäß eines kirchlichen Lehrsatzes steigt der Heilige Geist zu aller Zeit auf jene nieder, die ihn zu empfangen würdig geworden sind. Hier wird ausdrücklich gesagt, „zu aller Zeit“ und nicht nur an einem bestimmten Tag.

Sowohl Ruth als auch ich waren daran interessiert, zu erfahren, wie man Weihnachten in diesen Sphären feiert, weil sich das Geburtsfest, abgesehen von jenen Gottesdiensten, auf der Erde zu einer weltlichen Angelegenheit entwickelt hat, deren Hauptattraktion großartiges Essen und Trinken ist. Edwin legte uns dar, daß wir in der Geistigen Welt ein gleiches Maß an Beglückung wie auf der Erde erführen, was jenes Glück als Ergebnis oder Ausdruck der gegenseitigen Zuwendung angehe. Unsere Freude werde zusätzlich noch vermehrt durch die bewußte Erinnerung daran, wessen großen Tag wir feierten. Solche unter uns, die es möchten, und derer gibt es viele, können unsere Häuser und Wohnungen mit immergrünen Zweigen schmücken, so wie wir es auf Erden zu tun gewohnt waren. Mit Immergrünem meine ich jene besonderen Bäume und Sträucher, wie sie auf Erden so genannt werden. Doch hier ist alles ewig immergrün. Wir kommen in fröhlicher Gesellschaft zusammen, und wenn jemand die Zeit für gekommen hält, etwas zu essen, gibt es dann nicht eine Überfülle der vollkommensten Früchte, von denen ich euch erzählte, um die Herzen selbst der Anspruchsvollsten zu befriedigen?

Doch habe ich nur von der mehr persönlichen Seite dieses Festes berichtet. Zu dieser Zeit kommen Besucher der Höchsten Sphären zu uns, vollkommene Wesen, unter denen Er ist, dessen irdische Geburt wir feiern. Und diese strahlenden Seelen brauchen auf ihrem Weg nur vorüberzugehen, um uns mit einer solchen Begeisterung geistiger Erhebung zu erfüllen, daß diese noch lange nach ihrer Rückkehr in ihre hohen Sphären in uns nachhallt.

Zur Osterzeit haben wir ähnliche Besuche, aber es ist ein noch größeres Freudenfest, weil für uns die Geburt in die Geistige Welt aus sehr naheliegenden Gründen von weit größerer Bedeutung sein muß. Wirklich, wenn wir erst einmal die irdische Ebene verlassen haben, sind wir geneigt, unseren irdischen Geburtstag zu vergessen, weil das Größere das Geringere in sich aufnimmt. Nur durch unsere irdischen Verbindungen werden wir, so wir solche noch pflegen, daran erinnert.

Ich habe deswegen bei diesem Thema ein wenig weiter ausgeholt, um euch zu zeigen, daß wir uns hier nicht in einem Zustand ewiger religiöser Gefühlsaufwallungen befinden. Wir sind menschlich, obwohl so viele

Leute, die sich noch auf der irdischen Ebene befinden, uns gerne anders sehen möchten. Solche Irdische werden unvermeidlich eines Tages in der gleichen entsprechenden Lage wie wir sein. Und in nichts anderem werden wir demütiger und kleinlauter als in dem Gedanken daran, was wir einst auf Erden als unumstößliche Meinungen von uns gegeben hatten. Von dem Thema, das wir anschnitten, als wir auf dem Gras Platz nahmen, bin ich ein wenig abgewichen, aber während unserer Unterhaltung führte ein Thema zum anderen, so daß es jetzt scheint, wir hätten die Ausgangsfrage aus den Augen verloren.

Bisher haben wir nur von den höheren Sphären gesprochen. Wie verhielt es sich nun aber mit den niedrigen Sphären, die Edwin erwähnte, als ich ihn nach den Grenzen unserer Sphäre befragte? Wir können, so lautete seine Antwort, sie aufsuchen, wann immer wir es wünschten. Wir könnten stets in jede Sphäre eintauchen, die niedriger als die unsere sei, während wir dagegen nur bedingt höher steigen könnten. Aber es sei keinesfalls ratsam, in die niedrigeren Sphären zu wandern, es sei denn unter fachkundiger Führung, oder man sei selbst schon in den Umgang mit jener Welt eingewiesen. Bevor wir aber darüber mehr erfahren sollten, so riet er uns, sei es angebrachter, vorerst noch mehr von unserem eigenen schönen Land zu sehen.

Und nun wollen wir uns der Frage zuwenden, worin die genauen Grenzen unseres Lebensbereiches bestehen. Wir hatten uns früher daran gewöhnt, die Erde als Kugel anzusehen, so daß wir mit unseren Augen den entfernten Horizont erspähen konnten. Bei der Betrachtung der Geistigen Welt müssen wir in vieler Hinsicht die Entfernungsvorstellungen aufgeben, die wir mit den Augen messen, weil die Entfernung durch unsere ungeheuer schnelle Art der Fortbewegung aufgehoben wird. Wer auf Erden vermutete, daß hier alles flach sein müsse, wird durch den Anblick von Anhöhen und sich dahinstreckenden Hügeln eines Besseren belehrt.

Um es nochmals zu sagen: Unsere Luft ist kristallklar, und unsere Sicht ist nicht durch das Instrument eines irdischen Körpers begrenzt. Wir sind nicht darauf beschränkt, unsere Füße am Boden zu halten. Ebenso, wie wir uns kraft unserer Gedanken horizontal bewegen können, wie uns Edwin zu verstehen gab, können wir auch vertikal aufsteigen. Ich muß zugeben, daß Ruth und mir bis jetzt nie der Gedanke daran gekommen war. In mancher Hinsicht waren wir noch auf unsere irdischen Vorstellungen und

Gedankengewohnheiten fixiert. Wenn wir ohne Schaden zu nehmen unter die Wasseroberfläche sinken konnten und uns das sogar noch Vergnügen bereitete, dann müßten wir uns selbstverständlich auch mit gleicher Sicherheit und gleichem Vergnügen in die Luft heben können. Ruth wurde jedoch nicht von dem Wunsch angehalten, diesen Versuch jetzt schon durchzuführen. Sie zog es vor, wie sie sagte, zu warten, bis sie sich vollkommener eingewöhnt habe. Ich teilte ihre Gefühle diesbezüglich rückhaltlos, was bei unserem guten Freund wohlwollendste Heiterkeit auslöste.

Indem ich diese wenigen Besonderheiten anmerke, geschah es doch in Anbetracht dessen, daß die Wissenwollenden der Erdenwelt die Geistige Welt, relativ gesehen, immer in der Höhe oder in der Tiefe ansiedeln. Hier handelt es sich in der Tat um Auffassungen hochwissenschaftlicher Art, und ich bin nicht in der Lage, mich über dieses Thema eingehender zu äußern. Darüber hinaus mußte ich als Bewohner dieses Landes meine ganze Betrachtungsweise seelisch und geistig durchgreifenden und grundlegenden Veränderungen unterziehen trotz der Tatsache, daß ich schon ein wenig vom Jenseits wußte, bevor ich hierher kam. Es ist wirklich von geringer Bedeutung, die genaue Lage der Geistigen Welt mit ihren Sphären oder Ebenen zu kennen.

Wo aber befindet sich die Grenze zwischen der irdischen und der Geistigen Welt? Im Augenblick meines Übergangs, dessen ich mir – wie ihr euch erinnern werdet – voll bewußt war, befand ich mich in jenem Moment in der Geistigen Welt, als ich mich, einem ganz bestimmten Drang nachgebend, von meinem Bett erhob. Folglich müssen die beiden Welten einander durchdringen. Aber als ich mich unter der kundigen Führung Edwins davonbewegte, war ich mir bewußt, daß ich mich in keine bestimmte Richtung hin bewegte. Ich konnte sowohl nach oben, nach unten oder auch geradeaus geglitten sein. Von einer Bewegung konnte man dennoch mit Sicherheit sprechen. Edwin klärte mich späterhin darüber auf, daß wir durch die niedrigen Sphären, jene schrecklichen Welten, gezogen seien und daß wir jedoch aufgrund der höheren Anordnung seines Missionsauftrages, mir bei meinem Übergang in meine Sphäre behilflich zu sein, vollständig vor irgendwelcher sich auszumalenden unangenehmen Beeinflussung geschützt gewesen seien. Wir waren für alle außer für jene aus unserer eigenen Sphäre und aus höheren Sphären vollkommen unsichtbar.

Der Übergang von einer Sphäre in die andere geschieht allmählich, soweit es das äußere Erscheinungsbild betrifft, als auch in anderer Hinsicht. Somit wäre es schwierig, irgendeiner bestimmten Örtlichkeit eine Grenzkennzeichnung zuzuschreiben. Genauso verhält es sich mit den Grenzen unserer eigenen Sphäre. Sie scheinen fast unmerklich ineinander zu verschmelzen.

Edwin schlug vor, um uns ein Bild des Besprochenen machen zu können, daß wir zusammen nach jenen Grenzen, die uns so viele Rätsel aufgaben, aufbrechen sollten. Wir vertrauten uns wiederum seiner Führung an und zogen los.

Alsgleich befanden wir uns auf einer sehr weiten Grasfläche. Doch wir bemerkten beide, daß sich der Untergrund unter unseren Füßen weniger weich anfühlte, ja, er wurde in der Tat, je weiter wir dahinschritten, immer härter. Das wunderschöne Smaragdgrün verschwand schnell, und das Gras erschien in einem trüben Gelb, ganz ähnlich dem irdischen Gras, das von der Sonne verbrannt worden war und dem es am Wasser mangelte. Wir sahen keine Blumen, keine Bäume, keine Behausungen. Alles schien öde und unfruchtbar. Es gab kein Anzeichen für menschliches Leben, und das vegetative Leben schien schnell unter unseren Füßen zu entschwinden, zumal das Gras inzwischen ganz aufgehört hatte und wir auf hartem Boden standen. Wir bemerkten auch, daß die Temperatur beträchtlich gefallen war. Fort war all die angenehme, belebende Wärme. Es lag eine kalte Feuchtigkeit in der Luft, die sich an uns zu klammern schien und uns vor Kälte erschauern ließ. Die arme Ruth hielt sich an Edwins Arm fest, und ich schäme mich nicht, zu sagen, daß ich es ebenso machte und sogar sehr froh war, es tun zu können. Ruth zitterte sichtlich und blieb plötzlich stehen, indem sie uns beschwor, nicht weiterzugehen. Edwin legte seine Arme um unser beider Schultern und sagte, daß wir uns nicht im geringsten zu fürchten brauchten, da er über die Kraft verfüge, uns vollkommen zu beschützen. Er konnte jedoch den Zustand tiefer Niedergeschlagenheit und Beklemmung sehen, der uns befallen hatte, und so drehte er uns sanft herum, legte seine Arme um unsere Taille, und schon saßen wir wieder unter unseren schönen Bäumen mit den prächtigen Blumen um uns herum, und unsere eigene warme Luft umschloß uns wieder mit ihrem himmlischen Balsam.

Es ist vielleicht überflüssig, hinzuzufügen, daß Ruth und ich froh waren, wieder in der Stadt zu sein. Wir waren nur an der Schwelle der niedrigeren Sphären gewesen, aber wir waren weit genug gegangen, um mehr als eine dunkle Ahnung von dem, was jenseits liegt, erhalten zu haben. Ich wußte, daß es noch einige Zeit dauern würde, bis ich nach dort würde vordringen können, und ich konnte jetzt die Weisheit in Edwins Warnung klar erkennen.

Da wir beim Thema dieser geistigen Grenzen waren, konnte ich es trotz der Tatsachen, daß wir unsere Erforschungen vorläufig beendet hatten, nicht unterlassen, Edwin nach den Grenzen der höheren Sphären zu fragen. Ich wußte, daß unmöglich etwas Unerfreuliches mit ihnen verbunden sein könnte. Und so machte ich die Bemerkung, daß wir vergleichshalber und um unsere jüngsten niederdrückenden Erfahrungen nach einer anderen Richtung hin auszugleichen, vielleicht die Grenze, über die unsere himmlischen Besucher zu uns kommen, aufsuchen könnten. Edwin sagte, dagegen gebe es überhaupt nichts einzuwenden, und so brachen wir wiederum auf.

Wieder befanden wir uns plötzlich auf Grassland, aber mit einem auffallenden Unterschied. Der Rasen, auf dem wir dahingingen, war unendlich weicher als der im Inneren unserer Sphäre. Das Grün der Pflanzen war sogar noch leuchtender, als wir es für möglich gehalten hatten. Die Blumen wuchsen in noch größerer Fülle. Und die Stärke der Farben, des Duftes und der gesundheitsspendenden Kraft übertraf alles, was uns bisher begegnet war. Selbst die Luft schien von Regenbogenfarben durchwoben zu sein. An der Stelle, wo wir augenblicklich standen, entdeckten wir nur wenige Behausungen, aber hinter uns erblickten wir einige der statttlichsten und schönsten Häuser, die ich je gesehen habe. In diesen Häusern, so berichtete uns Edwin, lebten wundersame Seelen, die, obwohl sie noch zu unserer eigenen Sphäre gehörten, aufgrund ihres geistigen Fortschritts und besonderer Begabungen und Aufgaben in engem Kontakt zu den höheren Sphären stünden. Ja, sie hätten die volle Befugnis und die erforderliche Voraussetzung, bei verschiedenen Gelegenheiten nach dort selbst Besuche abstatten zu dürfen. Edwin versprach, daß wir, nachdem wir, so viel wir wünschten, von der Stadt gesehen hätten, an eben diese Stelle zurückkehren würden, wo sich dann auch die Gelegenheit ergeben würde, in einem der Häuser sowohl über Ruths als auch über meine zukünftigen Aufgaben sprechen zu können. Er hatte Ruth unter seine besondere Obhut genommen, und sie dankte ihm ihrerseits für seine Freundlichkeit, solches zu tun. Es war mir zu verschiedenen Malen in den Sinn gekommen, mit welcher geistigen Arbeit ich mich beschäftigen könnte, sobald ich mit dem neuen Leben und dem neuen Land genügend vertraut geworden wäre.

Ebenso wie die Kälte an der Grenze der dunklen Sphären unsere Gemüter niederdrückte, so fühlten wir nun im umgekehrten Verhältnis unsere Gemüter erwärmt und mit solch einem Gefühl der Erleichterung durchdrungen, daß wir vor Verwunderung fast gar nichts mehr sagten. Während wir so, eingetaucht in diese Lichtfülle, dahinschritten, fühlten wir uns derart geistig-seelisch gehoben, daß ich mich Edwins Beschreibung der Besuche von Wesenheiten aus höheren Regionen sofort erinnerte und zugleich fast wußte, wie das wohl sein möchte, wenn mir das Glück vergönnt sein würde, solch einen Besuch mitzuerleben. Wer wie wir hier stand, mußte den überwältigenden Wunsch in sich verspüren, nach jener inneren Vervollkommnung zu streben, die einen erst befugt, in einem jener wunderschönen Häuser zu wohnen, wie auch sich für die Ehre zu qualifizieren, einem jener Bewohner höherer Regionen in eben jenem Grenzlande, in welchem wir uns nun aufhielten, zu Diensten sein zu dürfen. Wir gingen ein kleines Stück vorwärts, doch mußten wir bald stehen bleiben. Es gab keine sichtbaren Grenzen, aber wir fühlten, daß wir nicht mehr atmen konnten, wenn wir weiterschritten. Je weiter wir eindrangen, um so mehr verdünnte sich die ganze Luft, so daß wir schließlich gezwungen waren, auf demselben Wege zurückzukehren.

Ich konnte viele Seelen sehen, die in die feinsten Gewänder gekleidet waren, deren zarte Farben kaum zu diesen zu gehören schienen, vielmehr über den Stoff ihrer Gewänder zu schweben schienen, soweit man überhaupt von Stoff noch sprechen kann. Jene, die nahe genug kamen, lächelten uns so freundlich grüßend zu, so daß uns dadurch zu erkennen gegeben wurde, daß wir in keiner Weise störten. Einige winkten uns sogar zu. Mein Freund sagte, daß sie sich über den Zweck unserer Reise im klaren seien und sich uns deshalb nicht nähern wollten. Sie zogen es vor, uns ungestört unsere Erfahrungen mit Freude in uns aufnehmen zu lassen, indem wir die Schönheit und Pracht dieses wunderbaren Grenzlandes bestaunten.

Und so kehrten wir nur zögernd um und fanden uns schnell in der Stadt an unserem früheren Platz unter jenen Bäumen wieder ein. Nach diesem kurzen Besuch fühlten wir uns beide beschwingter denn je, und ich bin sicher, daß es Edwin ebenso erging, obwohl er schon so viel länger als wir in der Geistigen Welt zu Hause war. Nach unserer Rückkehr sprachen wir eine Weile nichts, weil jeder von uns mit seinen eigenen Gedanken beschäftigt war. Als wir dann schließlich unser Schweigen brachen, geschah es, um unseren guten Edwin mit Fragen zu überhäufen. All die vielen Fragen nun einzeln anzuführen, würde zu ermüdend sein. Daher möchte ich im Zusammenhang Edwins Antworten als Ganzes wiedergeben.

Beginnen wir zuerst mit den niedrigen Sphären, deren Schwelle uns so niedergedrückt hatte. Inzwischen habe ich sie in Ruths und Edwins Begleitung besucht und Erkundungsreisen in ihr unternommen, ebenso wie wir sie ja jetzt in unserer eigenen Sphäre unternehmen. Ich möchte an dieser Stelle noch nichts von dem vorwegnehmen, was ich später hinsichtlich unserer dortigen Erfahrungen sagen möchte. Für den Augenblick will ich denn nur berichten, daß, als wir der Grenze einen Besuch abstatteten, direkt und schnell dorthin gelangten und daß wir keine Kenntnis von den dazwischenliegenden Landen, durch die wir kamen, gewonnen hatten. Aus diesem Grunde war unser plötzlicher Umgebungswechsel frappierend. Wären wir nicht so schnell zu unserem Ziel geeilt, hätten wir die Grade der allmählichen Abnahme der sich uns gewiß anbietenden angenehmen und erfreulichen Dinge, die sich in jenen Sphären präsentieren, deutlich erkennen können. Hinsichtlich der Bewegungsfreiheit wird es den Bewohnern dieser allmählich vibrationsmäßig abfallenden Gegenden in entsprechender Weise genauso ergehen wie uns. Sie würden daran gehindert sein, unbefugt in die ihnen übergeordneten Regionen einzudringen, wie es uns ergangen war, als wir die Grenzlande der uns nächsthöheren Sphäre besuchten.

Das Gleiche, was im Hinblick auf unser schnelles Reisen nach den Grenzen der unteren Sphären geschah, gilt auch für jene Reise nach dem Grenzbereich der höheren Sphäre.

Wir durchquerten die Entfernung so schnell, daß wir nicht in der Lage waren, die allmähliche Veränderung in unserer Umgebung wahrzunehmen. Anderenfalls würden wir wahrgenommen haben, wie das Land einen höheren Grad der Vergeistigung und eine zunehmende Intensivierung an

Farbe und Helligkeit annahm, was sich nicht nur in den gegenständlichen Besonderheiten dieser Sphäre bemerkbar machte, sondern auch in der geistigen Ausstrahlung jener, deren Wohnungen an jener Grenze lagen.

Wenn man die niedrigen Sphären besucht, muß man zu seinem eigenen Schutz bestimmte Kräfte und Symbole haben, über die Edwin, wie er uns anvertraute, ausreichend verfügte. Solche Orte sind nicht für Neugierige geeignet, und keiner wäre so töricht, außer aus einem berechtigten Grund, dort einzudringen. Jene, die ohne Ermächtigung allein in jene Richtung ziehen, werden bald von gütigen Seelen, deren Aufgabe es ist, andere vor den Gefahren, die jenseits liegen, zu bewahren, wieder zur Umkehr bewogen. Viele Seelen passieren in Verrichtung ihrer Aufgaben ständig jene traurige Grenze. Tatsächlich waren wir dort auch niemandem begegnet, und diejenigen, die nach dort zu reisen haben, halten sich unterwegs nicht auf, wie wir uns ja ebenfalls direkt zu unserem Ziel begeben hatten.

An der Grenze zu den Höheren Sphären braucht man keine solchen Wächter, die andere vom Überqueren abhalten, weil das Naturgesetz es verhindert. Wenn Bewohner einer niedrigeren Sphäre in eine höhere reisen, geschieht es stets mit Genehmigung, die entweder dem Reisenden oder irgendeiner anderen Person einer höheren Sphäre, die als Begleitung dient, erteilt wird. Im ersten Fall muß sich der Befugte durch Symbole oder Zeichen, die ihm anvertraut sind, ausweisen, woraufhin ihm – sogar ungefragt – jegliche ihm nützliche Unterstützung zuteil werden wird. Viele dieser Symbole besitzen in sich selbst die Macht, den Reisenden vor den überwältigenden Einwirkungen der höheren geistigen Atmosphäre zu schützen. Ein solches Eindringen würde zwar der Seele nicht schaden, doch eine solchermaßen unvorbereitete Seele würde sich in einer ganz ähnlichen Situation befinden wie etwa jemand auf Erden, der nach einem längeren Aufenthalt in völliger Dunkelheit sich plötzlich wieder dem strahlenden Sonnenlicht ausgesetzt sieht. Aber im Gegensatz zu jenem irdischen Sonnenschein, an welchen sich die Augen schnell wieder gewöhnen, vollzieht sich in der höheren Sphäre keine allmähliche Angewöhnung. Dieser „erblindende“ Effekt bleibt für jeden Eindringling aus niedrigen Regionen bestehen, ohne ihm jedoch Schaden zuzufügen oder ihm das Gefühl von Schmerz zu vermitteln. Letzteres würde man ja auch nicht annehmen, da doch jene erlaubten Besuche aus reiner Freude unternommen werden und nicht, um geistiges Stehvermögen und Ausdauer zu testen. Wann immer also eine Reise in jene höheren Sphären unternommen werden soll, ist es in vielen Fällen unumgänglich, daß ein Bewohner jener Regionen seinen „Mantel" über den Begleiter wirft, wie es ja auch Edwin mit uns tat, als er seine beschützenden Arme bei unserer Reise zu den unteren Grenzlanden über uns legte. Das war im wesentlichen das, was uns Edwin in Erwiderung unserer vielen Fragen berichtete. Wir hatten uns nun lange genug ausgeruht. Edwin schlug uns vor, die Besichtigung der Stadt wieder aufzunehmen. Und so erhoben wir uns.

7

Musik

Da die Musik in der Geistigen Welt ein so lebendiges Element darstellt, überrascht es nicht, daß ein großes Gebäude der Ausübung, dem Unterricht und der Pflege jeglicher Art von Musik geweiht ist. Die nächste Halle, in die uns unser Freund führte, war völlig dieser bedeutenden Kunst gewidmet.

Als ich auf Erden war, hielt ich mich niemals für einen Musiker im aktiven Sinne, aber ich schätzte diese Kunst, ohne viel davon zu verstehen. Während meiner verschiedentlichen kurzen Aufenthalte in einer der erzbischöflichen Kathedralen hatte ich großartige Vokalmusik gehört, während ich nur sehr dürftige Kenntnisse durch das Anhören von Orchestermusik gesammelt hatte. Das meiste von dem, was ich in dieser Halle der Musik sah, war mir neu, und ein Großteil davon hing mit technischen Dingen zusammen. Inzwischen habe ich mein geringes Wissen beträchtlich erweitert, denn ich fand heraus, daß, je mehr man hier von der Musik verstand, man desto leichter so viele andere Dinge unseres hiesigen Lebens verstehen konnte, da doch die Musik bei uns eine derart wichtige Rolle einnimmt. Ich behaupte nicht, daß alle in der Geistigen Welt wohnenden Menschen deswegen Musiker werden sollten, um ihre eigene Existenz besser begreifen zu können. Uns eine derartige Bedingung aufzuerlegen stünde nie im Einklang mit den hiesigen Gesetzen. Aber die meisten Personen haben einen verborgenen, ihnen angeborenen musikalischen Sinn, und wenn man diesen fördert, können sie um so mehr Freude daran haben. Letzteres ist im wesentlichen genau das, was auf mich zutraf. Ruth besaß bereits eine umfassende musikalische Ausbildung, und so fühlte sie sich auf dieser Musikschule schnell heimisch. Die Musikhalle folgte dem gleichen weitreichenden System wie die andern Kunsthallen. Die Bibliothek enthielt sowohl Bücher über Musik als auch das breitgefächerte Notenmaterial, das auf Erden von Komponisten geschrieben worden war, die bereits in die Geistige Welt herübergekommen waren oder die noch auf Erden lebten. Die auf Erden sogenannten „Meisterwerke“ waren unter den Musiknoten auf den Regalen komplett vorhanden, und es interessierte mich, zu erfahren, daß es kaum ein Werk gab, das nicht inzwischen vom Komponisten selbst seit seiner Ankunft in der Geistigen Welt überarbeitet worden wäre. Die Gründe für solche Verbesserungen werde ich später darlegen. Parallel zu den anderen repräsentierte die Bibliothek die komplette Musikgeschichte seit ihren frühsten Tagen, und jene, die Noten lesen konnten, ohne sie notwendigerweise auf einem Instrument wiedergeben zu können, jedoch in der Lage waren, sich die Klänge jener gedruckten Noten genau vorzustellen, waren fähig, vor sich den großen Bogen der Fortentwicklung zu sehen, den diese Kunst während der Jahrhunderte durchlief. Wie es scheint, hat der Fortschritt nur langsam stattgefunden, wie ja bei den anderen Kunstrichtungen auch, und abnorme Ausdrucksformen haben sich mit der Zeit eingeschlichen. Es erübrigt sich wohl zu sagen, daß letztere Werke hier nicht dargeboten werden. Dies hat seinen Grund darin, daß inspirierte Komponisten ihre Werke überarbeiten, nachdem sie zu uns gekommen sind.

Ebenfalls barg diese Bibliothek viele von jenen Musikbüchern und Noten, die auf Erden nicht mehr vorzufinden waren oder wegen ihrer Seltenheit für die meisten unzugänglich blieben. Der Sammler von alten Musikinstrumenten und Originalmanuskripten wird hier all jene Dinge finden, die er auf Erden heiß begehrt hatte, die ihm aber zu bewundern oder zu besitzen versagt waren. Hier kann er frei in Werken nachschlagen, die ihm wegen ihrer Kostbarkeit auf Erden niemals in die Hände gegeben worden waren. Viele Räume waren den Studenten vorbehalten, die bei Lehrern, deren Namen weit und breit auf Erden bekannt sind, alles über Musik auf jedem Gebiet, von der Theorie bis zu Praxis, lernen können. Es gibt vielleicht einige Erdenbürger, die jetzt denken, daß so berühmte Musiker ihre Zeit nicht opfern würden, um gewöhnlichen Musikliebhabern das Einmaleins der Musik beizubringen. Doch man muß bedenken, daß Komponisten genau wie die Maler eine andere Einschätzung ihren geistigen Errungenschaften gegenüber einnehmen, nachdem sie in die Geistige Welt herübergekommen sind. Wie wir alle sehen sie hier die Dinge so, wie sie sind, einschließlich ihrer Kompositionen. Sie entdecken sehr schnell, daß sich die Musik der Geistigen Welt in ihrer Klangwirkung von der irdischen Musik unterscheidet. Deshalb sehen sie ein, daß ihr

Wissen über Musik in vielen Fällen radikaler Änderungen unterzogen werden muß, bevor sie damit beginnen können, musikalisch wieder kreativ zu werden. Bezüglich der Musik darf man sagen, daß die geistigen Klangvorstellungen dort beginnen, wo die irdischen aufhören. Es gibt hier Musikgesetze, die auf Erden überhaupt keine Anwendung finden können, weil einerseits die Erde nicht genügend fortgeschritten ist und weil andererseits die Geistige Welt eben eine geistige ist, während die Erde aus Materie besteht. Es ist zweifelhaft, ob die irdische Ebene jemals genügend vergeistigt werden wird, um viele Arten der geistigen Musik aus den höheren Sphären hören zu können. Man hat mir erzählt, daß Veruche mit neuen Tönen auf der irdischen Ebene ausprobiert worden sind, aber das Ergebnis ist nicht nur barbarisch, sondern ebenso kindisch. Irdische Ohren sind nicht auf jene Musik, die im wesentlichen für die geistigen Sphären bestimmt ist, abgestimmt. Durch einen seltsamen Zufall haben irdische Menschen versucht, solche Musik auf ihrer Ebene erklingen zu lassen. Dies wird aber nicht gelingen, bis die Gehörorgane der noch Inkarnierten einer grundlegenden Veränderung unterzogen worden sind.

Die vielen Arten der auf Erden so vertrauten Musikinstrumente konnte man in der Schule der Musik sehen, wo Studenten unterrichtet werden, sie zu spielen. Und auch hier, wo es so sehr auf die Fingerfertigkeit ankommt, ist die Aufgabe, Fertigkeit zu erwerben, niemals anstrengend oder ermüdend, vielmehr eignet man sich hier alles um so vieles schneller als auf Erden an. Sobald Studenten Meisterschaft auf ihrem Instrument erlangt haben, können sie sich einem der vielen Orchester, die es hier gibt, anschließen, oder sie können ihre eigenen Darbietungen auf ihren großen Freundeskreis begrenzen. Es überrascht auf keinen Fall, daß viele das erste bevorzugen, weil sie im Konzert zusammen mit ihren Musikkollegen dazu beitragen, die ergreifende Macht der Musik in größerem Umfang erklingen zu lassen, damit um so mehr Menschen solchen Klangzauber genießen können. Wir waren äußerst interessiert an den vielen Instrumenten, die auf der irdischen Ebene kein Gegenstück haben. Sie sind größtenteils ausschließlich für jene Musik bestimmt, die es eben nur in der Geistigen Welt gibt. Diese Musikinstrumente sind von noch feinerer Art als die irdischen und werden nur mit anderen ihrer Art für die für sie bestimmte Musik verwendet. Somit bleiben die irdischen Instrumente ausschließlich für jene irdischen Musikwerke vorbehalten.

Es ist wohl ganz natürlich, daß dieses Gebäude eine Konzerthalle in sich barg. Dies war ein goßer Saal, der vielen Tausenden bequem Platz bot. Dieser Saal war kreisrund und hatte Sitzgelegenheiten, die sich in ununterbrochenen Reihen nach oben staffelten. Es besteht natürlich keine echte Notwendigkeit, eine solche Halle zu überdachen, aber die Gewohnheit wird, wie in so vielen anderen Dingen, in dieser Sphäre beibehalten. Ich denke da zum Beispiel an unsere eigenen Wohnhäuser. In Wirklichkeit hätten wir sie gar nicht nötig, doch wir lieben sie, wir hatten uns, während wir auf Erden weilten, an sie gewöhnt, sie gehörten zu unseren Lebensgewohnheiten als etwas ganz Selbstverständliches, und also haben wir sie.

Wie wir nun bemerken mußten, war die Musikhalle auf weit ausgedehnterer Fläche ausgebreitet, als jene Gebäude, welche wir bereits gesehen hatten, und der Grund dafür wurde uns bald begreiflich. Im Hintergrund der Halle befand sich das Zentrum der eigentlichen Konzertaufführungen. Es bestand aus einem riesigen Amphitheater, das wie eine große Schale in den Erdboden versenkt war, aber es war so groß, daß seine wahre Tiefe nicht ohne weiteres ersichtlich war. Diejenigen Sitzplätze, die von dem Orchester am weitesten entfernt angebracht waren, befanden sich auf Erdhöhe und wurden umgeben von den wunderschönsten Blumen jeder nur vorstellbaren Farbnuancierung, während sich die Graslandschaft in die Ferne ausbreitete. Zudem wurde dieser sich im Freien befindliche Musiktempel von einer Anzahl der größten und würdevollsten Bäume umgeben. Obwohl die Sitzvorrichtungen von so ausgedehntem Umfang waren, weit mehr, als man sie auf Erden aus praktischen Erwägungen heraus ausführen würde, hatte man selbst auf den entferntesten Plätzen dennoch nicht das Gefühl, zu weit von den Ausführenden entfernt zu sein. Es sei daran erinnert, daß unsere Sichtfähigkeit nicht derart eingeschränkt ist wie jene auf Erden.

Edwin meinte, daß wir vielleicht gern ein Konzert der Geistigen Welt hören würden, und alsgleich unterbreitete er uns einen seltsamen Vorschlag. Wir sollten uns nicht auf den Plätzen im Rund des Konzertamphitheaters niederlassen, sondern lieber unseren Platz in einiger Entfernung wählen. Er sagte, der Grund würde uns bei den ersten Klängen der Musik offenbar werden. Da in Kürze ein Konzert beginnen sollte, folgten wir seinem geheimnisvollen Vorschlag und setzten uns in beträchtlicher

Entfernung von dem eigentlichen Amphitheater ins Gras. Ich war gespannt, ob wir aus dieser Entfernung wohl sehr viel hören könnten, aber unser Freund blieb zuversichtlich. Und tatsächlich gesellten sich uns im gleichen Moment viele andere Menschen hinzu, die zweifellos aus dem gleichen Grund wie wir selbst gekommen waren. Der ganze Platz, der vorher noch, als Edwin uns herbeigeführt hatte, leer gewesen war, wurde jetzt von vielen Menschen eingenommen, von denen einige herumspazierten und andere sich wie wir zufrieden ins Gras setzten. Wir befanden uns an einer herrlichen Stelle mit Bäumen und Blumen und freundlichen Leuten überall um uns herum, und nie zuvor habe ich ein solches Gefühl wahrer Freude empfunden, wie es mich in diesem Moment überkam. Ich war vollkommen gesund und vollkommen glücklich und saß dort mit zwei der wunderbarsten Gefährten, Edwin und Ruth, unbesorgt über Zeit oder Wetter oder auch nur den bloßen Gedanken daran, uneingeschränkt durch jegliche Begrenzung, die in unserem alten verkörperten Leben üblich war. Edwin sagte, wir sollten zum Amphitheater hinübergehen und noch einmal auf die Plätze hinuntersehen. Wir taten es, und zu unserem Erstaunen entdeckten wir, daß das ganze riesengroße Rund mit Menschen besetzt war, wo noch kurze Zeit zuvor keine Seele zu sehen gewesen war. Die Musiker hatten ihre Sitze eingenommen und erwarteten das Erscheinen ihres Dirigenten. Dieses große Publikum hatte sich wie durch Zauber eingefunden, oder zumindest schien es so. Da es offenkundig war, daß das Konzert beginnen sollte, kehrten wir alsgleich zu Edwin zurück. In Beantwortung unserer Frage, wie das Publikum so plötzlich und unbemerkt herbeigekommen sei, erinnerte er mich an die Methode des Zusammenkommens der Gemeinde jener Kirche, die wir in den ersten „Tagen" unserer Erkundungsreise besichtigt hatten. Hinsichtlich dieser Konzertaufführungen mußten die Veranstalter lediglich ihre Gedanken in einer einzigen Gesamtmitteilung an jene Menschen, die besonders an solchen Aufführungen interessiert waren, aussenden, worauf sie sich unverzüglich versammelten. Sobald Ruth und ich unser Interesse und Begehren, diese Konzerte immer miterleben zu wollen, bekundet hatten, würden wir automatisch eine Verbindung hergestellt haben, woraufhin wir feststellen könnten, daß uns diese ausgesendeten Gedanken von bevorstehenden Konzertaufführungen wann auch immer erreichten.

Von dort, wo wir uns befanden, konnten wir natürlich nichts von den

Ausführenden sehen. Jedoch das plötzliche Einhalten aller Gespräche gab uns hinreichend zu verstehen, daß das Konzert nun beginnen würde. Das Orchester setzte sich aus ungefähr zweihundert Musikern zusammen, die auf Instrumenten spielten, welche auf Erden wohlbekannt sind, so daß ich das, was ich hörte, zu würdigen in der Lage war. Sobald die Musik erklang, konnte ich den bemerkenswerten Unterschied zu dem, was ich auf der irdischen Ebene zu hören gewohnt war, feststellen. Die eigentlichen Töne, die von den verschiedenen Instrumenten hervorgebracht wurden, waren unschwer als die alten, mir vertrauten zu erkennen, jedoch war die Tonqualität unendlich reiner, und die Ausgewogenheit und die harmonische Mischung waren vollkommen. Das wiederzugebende Werk war, wie ich hörte, von einiger Länge und würde ohne jegliche Pause dargeboten werden.

Der Eröffnungssatz war, was seine Klangfülle betraf, von verhaltender Natur, und wir bemerkten, daß in dem Moment, da die Musik begann, ein helles Licht vom Orchesterpodium emporstieg und sich etwa auf der Höhe, wo sich die obersten Sitze befanden, eine flache breite Lichtdecke bildete, die das Amphitheater funkelnd überschirmte. Während die Musik weiterspielte, nahm diese breite Lichtdecke an Stärke und Dichte zu und schuf damit eine Art Plattform für das, was folgen sollte. Ich wurde derart durch die Betrachtung dieser außerordentlichen Lichtformung in Beschlag genommen, daß ich kaum sagen konnte, was für eine Musik eigentlich gespielt wurde. Ich war mir zwar des Klanges bewußt, aber das war auch wirklich alles. Plötzlich schossen in gleichen Abständen an der Peripherie des Theaters vier Lichttürme in langen, nach oben hin spitz zulaufenden Strahlen in den Himmel empor. Sie blieben einen Augenblick lang dort oben und senkten sich dann langsam, während dessen sie an Breite zunahmen, bis sie die äußere Erscheinung von vier kreisförmigen Türmen annahmen, von denen jeder mit einer vollkommen gestalteten Kuppel gekrönt war. Inzwischen hatte sich der zentrale Hauptlichtbereich noch mehr verdichtet und begann in der Gestalt einer gewaltigen Kuppel langsam empozusteigen, die das ganze Theater überwölbte. Der Aufstieg dieser Lichtglocke setzte sich weiterhin fort, bis er eine noch größere Höhe als jene der vier Türme erreicht zu haben schien, während sich die allerdelikatesten Farben in jener ätherischen Lichtkonstruktion mannigfaltig brachen. Jetzt konnte ich verstehen, warum Edwin uns vorgeschlagen hatte, außerhalb des eigentlichen Theaters Platz zu nehmen, und ich konnte auch verstehen, warum sich Komponisten genötigt sahen, ihre irdischen Werke zu ändern, nachdem die in der Geistigen Welt angekommen waren. Die Musikklänge, die vom Orchester emporgeschickt wurden, schufen hoch über allen Köpfen diese gewaltigen musikalischen Gedankenformen, und die Gestalt und Vollkommenheit dieser Formen ruhte auf der Reinheit der Musikklänge, der Reinheit der Harmonie und auf einem Unentstelltsein von jeglichem betonten Mißklang. Die Komposition muß harmonisch sein, um eine harmonische Lichtform gestalten zu können. Man darf nicht etwa glauben, daß jede Art von Dissonanz fehlt. Das Fehlen von Dissonanz würde Eintönigkeit schaffen, aber die Dissonanzen werden an berechtigter Stelle eingesetzt und alsbald richtig wieder aufgelöst.

Inzwischen hatte die musikalische Gedankenform anscheinend ihre eigene Höchstgrenze erreicht, da sie dort ohne Schwankungen verharrte. Die Musik ertönte immer noch, und je nach ihrer Aussage veränderte sich die ganze Farbgebung der Kuppel. Zuerst herrschte die eine Farbe vor, dann eine andere, und schließlich vermischten sich die verschiedensten Farben gemäß des Stimmungswechsels oder des Tempos der Musik.

Es ist schwierig, eine angemessene Idee von der Schönheit dieses wunderbaren musikalischen Bauwerks zu vermitteln. Da das Amphitheater unterhalb der Erdoberfläche lag, war nichts vom Publikum, von den Ausführenden oder von der Anlage selbst zu sehen. Und die Kuppel aus Licht und Farbe sah ganz so aus, als ob sie auf dem gleichen festen Boden ruhte wie wir selbst.

Aus meiner Beschreibung dieser Gedankenlichtkonstruktionen mag man entnehmen, daß sie nicht von langer Dauer waren. Doch verweilten sie so lange über dem Ganzen, bis das Konzert in seiner ganzen Länge, wie wir es von der Erde her kennen, zu einem Ende gekommen war. Während dieser Zeit hatten wir den allmählichen Aufbau der äußeren und sichtbaren Musikwirkung beobachtet. Anders als auf Erden, wo man Musik nur hören kann, hatten wir sie dort sowohl gehört als auch gesehen. Wir wurden nicht nur von den Klängen des Orchesterspiels inspiriert, sondern die Schönheit der gewaltigen Formen, die sie entstehen ließen, übte ihren spirituellen Einfluß auf alle aus, die sie sahen oder in ihren Bereich kamen. Wir konnten diesen Einfluß spüren, obwohl wir außerhalb des Theaters saßen. Das Publikum im Zentrum jedoch labte sich an jener Lichtfülle und zog noch weit größeren Nutzen aus dem Glanz der belebenden Strahlen. Bei nächster Gelegenheit würden wir uns ebenfalls in das riesige Auditorium setzen.

Schließlich kam die Musik zu einem großen Finale und verstummte daraufhin. Die Regenbogenfarben verwoben sich weiterhin ineinander. Wir waren gespannt, wie lange dieses musikalische Bauwerk bestehen bleiben würde. Man sagte uns, daß es in der annähernd gleichen Zeit sich wieder auflösen würde, die ein irdischer Regenbogen dazu benötige, also vergleichsweise ein paar Minuten. Wir hatten ein großes Werk gehört, doch wenn eine Anzahl kleinerer Stücke gespielt würde, wäre die Wirkung und die anhaltende Kraft die gleiche, jedoch würden die Lichtgestaltungen in Form und Farbe variieren. Würde solch eine Lichtformation über die Dauer eines gespielten Stückes bestehen bleiben, könnte beim Ertönen eines neuen Werkes die neue Lichtgestaltung mit der verweilenden in Widerstreit geraten, was als Ergebnis dem Auge ein gleiches Ineinander bescheren müßte, wie es dem Ohr ertönt, wenn zwei unterschiedliche und nicht aufeinander abgestimmte Klangkonstruktionen gleichzeitig gespielt würden.

Der erfahrene Musiker bei uns kann seine Kompositionen aufgrund seines Wissens, welche verschiedenen harmonischen und melodischen Klänge die jeweiligen Lichtformen hervorbringen, konzipieren. Er kann in der Tat prächtige Lichtgebäudekonstruktionen auf seinem Musikmanuskript entstehen lassen und weiß dabei sehr wohl, wie das Ergebnis sein wird, wenn die Musik gepielt oder gesungen werden wird. Bei bedachter Ausführung seiner Themen und Harmonien, der Länge des Werkes und seiner verschiedenen Höhepunkte kann er ein majestätisches Lichtgebäude so groß wie eine gothische Kathedrale erstehen lassen. Diese Lichtschöpfungen sind in sich selbst ein wunderbarer Teilbereich in der Musik unserer Geistigen Welt, den wir als musikalische Architektur bezeichnen. Der Student studiert bei uns die Musik nicht nur akustisch, sondern er lernt, sie architektonisch aufzubauen. Letzteres ist eines der fesselndsten und faszinierendsten Studien.

Das, was wir miterlebt hatten, konnte man eine an Größe beachtliche Aufführung nennen. Individuelle Instrumentalisten oder Sänger erzeugen den ihrer Darbietung entsprechenden musikalischen Lichtklang. Ja, es ist tatsächlich unmöglich, hier irgendeine Form der Musik wiederzugeben, ohne daß sich nicht irgendwie Farbformen bildeten. Sie mag vielleicht nicht eine so deutliche Ausprägung, wie wir sie sahen, annehmen, denn diese resultiert aus größerer Erfahrung, aber sie würde nichtsdestoweniger die Wechselwirkung zahlreicher Farben und Farbmischungen verursachen. In der Geistigen Welt ist alle Musik Farbe, und alle Farbe ist Musik. Das eine existiert nie ohne das andere. Darum geben auch die Blumen so angenehme Töne von sich, wenn man sich ihnen nähert, wie man sich an meine früheren Erfahrungen mit Blumen erinnern wird. Das Wasser, das sprüht und Farben aufleuchten läßt, bringt ebenfalls musikalische Klänge der Reinheit und Schönheit hervor. Aber man darf nicht etwa glauben, daß mit dieser strahlenden Farbenfülle in der Geistigen Welt auch ein unaufhörliches Lärmspektakel an Musik verbunden ist. Das Auge ermüdet hier nicht an Farbmannigfaltigkeit. Warum sollten unsere Ohren durch den süßen Klang, den die Farben aussenden, ermüden? Die Antwort heißt: Sie tun es nicht, weil die Klänge völlig mit den Farben und umgekehrt, die Farben mit den Klängen, übereinstimmen. Und die vollkommene Vereinigung von Sicht und Klang ist vollkommene Harmonie.

Harmonie ist hier ein Grundgesetz. Es kann keinen Streit geben. Ich meine damit nicht, daß wir uns in einem Zustand der Vollkommenheit befänden. Wir müßten in einer weit höheren Sphäre leben, wenn wir es wären. Und dennoch leben wir in einer dieser Sphäre angemessenen Vollkommenheit. Wenn wir als Einzelwesen vollkommener als diejenige Sphäre, in der wir leben, werden, verdienen wir es, in ein höheres Dasein aufzusteigen, was wir dann auch tun. Aber während wir sind, wo wir sind, sei es in dieser oder einer höheren Sphäre, leben wir gemäß den Begrenzungen in einem Zustand der Vollkommenheit.

Ich habe ziemlich lange bei unseren musikalischen Erfahrungen verweilt, da doch die Musik in unserem Leben und in der Sphäre, in der wir leben, eine bedeutende Stellung einnimmt. Die ganze Einstellung gegenüber der Musik, an der so viele Menschen auf Erden festhalten, wird einem großen Wandel unterzogen, wenn sie die Geistige Welt betreten. Musik wird von vielen auf Erden lediglich als angenehmer Zeitvertreib, sozusagen als angenehme Zugabe zum irdischen Leben, aber keinesfalls als eine Notwendigkeit betrachtet. Hier ist sie Bestandteil unseres Lebens, nicht, weil wir sie dazu erheben, sondern weil sie Teil des natürlichen Lebens selbst ist, so wie es Blumen und Bäume, Gras und Wasser, Hügel und Täler sind. Sie ist ein Element geistiger Natur. Ohne sie würde ein Großteil an Freude aus unserem Leben entschwinden. Wir brauchen keine Meistermusiker zu werden, um den Musikreichtum, der uns in Farbe und Klang umgibt, würdigen zu können, aber, wie es mit so vielen anderen Dingen bei uns geschieht, akzeptieren wir diese Gotteswunder und erfreuen uns an ihnen, und in dem Genießen dieser Herrlichkeiten glauben wir es uns gestatten zu dürfen, eben jene Erdenbewohner dann zu belächeln, wenn sie immer wieder mit aller Hartnäckigkeit von unserer Welt als einer Welt des Nichts und der Leere sprechen.

Eine Welt der Leere! Welch einen Schock bekommen so viele Menschen bei ihrer Ankunft in der Geistigen Welt. Und wie ungeheuer froh und erleichtert sind sie, wenn sie entdecken, daß diese Welt sich schließlich als höchst angenehm erweist, daß sie kein schreckerregender Ort ist, daß sie nicht aus einem gewaltigen Tempel besteht, in welchem nur Gebete verrichtet und Hymnen gesungen werden, ja, daß sie sich selbst in diesem Lande ihres neuen Lebens ganz und gar heimisch fühlen können. Wenn ihnen diese freudige Erkenntnis gekommen ist, werden viele von ihnen daran erinnert, daß jene verschiedenen Berichte über dieses Leben, die von Zeit zu Zeit den Irdischen medial durchgegeben werden, von ihnen als „zu materiell" abgetan wurden. Und wie erfreut sind sie, wenn sie entdecken, daß es dennoch so ist. Was ist es sonst, wenn es nicht „Materie" sein darf! Die Musiker, die wir spielen hörten, spielten auf sehr realen und festen Instrumenten sehr reale Musik. Der Dirigent war eine ganz reale Person, der sein Orchester mit einem sehr materiellen Stab dirigierte. Allerdings war der wunderschöne musikalische Farbdom nicht so sehr materieller Natur wie die Umgebung oder die Mittel, welche ihn hervorbrachten, und zwar genau in dem gleichen Verhältnis, wie ein irdischer Regenbogen zur Sonne und der Feuchtigkeit steht, die ihn verursachen.

Ich habe mich nicht gescheut, auch auf die Gefahr hin, auf den Leser ermüdend zu wirken, wenn ich wiederholt auf jenen befremdend anmutenden Trugschluß zu sprechen kam, mit der Irdische die Geistige Welt, in der ich lebe, als verschwommen oder gar als Schattenreich bezeichnen. Es ist eigenartig, daß die Köpfe einiger Irdischer danach trachten, jeden Baum, jede Blume und alle anderen zigtausend Großartigkeiten aus der Geistigen Welt zu verbannen. Hinter einer solchen Haltung steckt so etwas wie Überheblichkeit, eine Eigenschaft übrigens, die ganz allein der irdischen

Welt eigen zu sein scheint. Wenn aber ein solcher Verneiner in die Geistige Welt herüberkommt, und er beharrt weiterhin auf seiner Meinung, daß nichts von allem Schönen in dieser Welt existieren darf, so wird es ihm anheimgestellt, von aller Wunderbarkeit und Freude getrennt zu sein, indem er zu irgendeinem öden Ort geführt wird, wo seine Sinnesreize nicht durch solche irdischen Dinge wie Bäume, Blumen, Wasser und sogar Menschen beleidigt werden sollen. Dort mag er sich in seligen Gedanken ergehen, wo ihn „himmlisches" Nichts umgibt, von welchem er meint, es sei dem Himmel angemessen. Niemand wird hier gegen seinen Willen zu irgend etwas gezwungen, das heißt auch, daß ihn niemand an einem Ort zu leben nötigt, den er für sich nicht zutreffend hielte. Ich will jedoch nicht mit der Behauptung zurückhalten, daß es nicht lange währen wird, bevor eine solche Seele ihre Zurückgezogenheit aufgibt und den anderen der Hiesigen in ihrer Freude miteinstimmt, welche die Wunderbarkeiten des Himmels Gottes auslösen.

Der Erdenwelt haftet ein Fehler an – von ein oder zwei anderen abgesehen –. Ich spreche von der sich angemaßten ungeheuren Vorrangstellung über irgendeine andere Welt, respektive der Geistigen Welt. Wir könnten sicherlich darüber nur lächeln, wenn sich unser Lächeln nicht immer dann in Traurigkeit verwandelte, sobald wir die Verzweiflung der Neuangekommenen sehen, die letztendlich mit der ewigen Wahrheit jenseits allen Zweifelns konfrontiert werden. Dann geschieht es sehr oft, daß wir von Mitleid gepackt werden. Doch wir werfen niemandem etwas vor. Die Vorwürfe kommen von ganz allein, denn solche macht eine Seele sich selbst.

Was hat eigentlich das hier Bemerkte, so könnte man fragen, noch mit unseren musikalischen Erlebnissen zu tun? Eben dies, daß ich nach nahezu allen neuen Erlebnissen eben jene Gedanken hatte und diese sehr oft auch Ruth und Edwin gegenüber äußerte. Ruth wiederholte oft meine Worte, und Edwin stimmte mit mir immer überein, obwohl natürlich das, was wir erlebten und sahen, für ihn schon längst nicht mehr neu war. Aber auch er zeigte sich über so viele Dinge noch erstaunt, wie wir es übrigens alle sind, seien wir erst gerade angekommen oder lebten wir hier schon viele Jahre, gemessen natürlich an der Erdenzeit.

Als wir nach dem Konzert unseren Weg fortsetzten, deutete Edwin mit dem Zeigefinger auf die Häuser der Lehrer, die in den verschiedenen

Hallen des Lernens unterrichteten. Sie bevorzugen es, nahe ihrer Wirkungsstätte zu wohnen. Jene Häuser waren zumeist schlichter Art, und es würde vergleichsweise einfach gewesen sein, den jeweiligen Beruf seines Eigentümers zu erraten, denn dieser ergebe sich, wie uns gesagt wurde, aus den jeweiligen Hinweisen am Haus und um das Haus herum. Edwin fügte hinzu, daß wir jederzeit von ihnen willkommen geheißen würden, sollten wir je den Wunsch verspüren, bei irgendeinem dieser Professoren einzukehren. Die Unansprechbarkeit, die normalerweise solchen Gelehrten auf Erden anhaftet, verfliegt, sobald diese in unsere Welt einkehren. Gleicherweise erfahren alle Werte eine drastische Umwandlung. Die hiesigen Lehrer haben etwa nicht ihre Forschungen aufgegeben, weil sie selbst unterrichten. Vielmehr bleiben sie Forscher und Lernende und geben ihren Schülern das weiter, was sie sich selbst angeeignet haben. Einige von ihnen haben sich weiterentwickelt und sind in höhere Regionen aufgestiegen. Jedoch ist ihnen ihr Interesse an ihrer früheren Sphäre geblieben, weshalb sie immer wieder zurückkehren, um ihre Freunde zu besuchen und sie in ihrem Lernen zu unterstützen.

Doch haben wir schon viel über das Musikleben erzählt. Edwin wartete darauf, uns zu anderen wichtigen Orten der Stadt zu führen.

8

Pläne für künftige Arbeit

Ein kurzer Gang führte uns zu einem großen rechteckigen Gebäude, welches, wie uns unser Freund informierte, die Halle der Wissenschaft war. Meine freundliche Begleiterin und ich wußten nicht, wie Wissenschaft, so wie wir das Wort immer auf Erden verstanden hatten, einen Platz in der Geistigen Welt haben konnte. Jedoch sollten wir bald vieles hinzulernen, und an erster Stelle die Tatsache, daß die irdische Welt der Geistigen Welt für alle bedeutenden wissenschaftlichen Entdeckungen, die im Laufe der Jahrhunderte gemacht wurden, zu danken hat.

Die Laboratorien der Geistigen Welt sind jenen der irdischen Ebene um viele Jahrzehnte voraus, und es wird Jahre dauern, bevor es gestattet wird, viele umwälzende Entdeckungen an die Erdenwelt durchzugeben, weil die Erde noch nicht genügend fortgeschritten ist.

Weder Ruth noch ich hatten irgendeine große Neigung zu Wissenschaft und Technik, und Edwin, der unseren Geschmack in dieser Richtung kannte, schlug vor, daß wir dieser besonderen Halle nur ein paar Augenblicke widmen sollten.

In der Halle der Wissenschaft war jedes Gebiet der wissenschaftlichen und technischen Forschung, des Studiums und der Entdeckung erfaßt. Hier konnte man so viele jener Menschen antreffen, deren Namen auf Erden feste Begriffe geworden sind und die, seit sie in der Geistigen Welt leben, ihr Lebenswerk zusammen mit ihren Kollegen und unter Hinzuziehung aller erstaunlichen Möglichkeiten, die ihnen unsere Welt bietet, fortgesetzt haben. Hier können sie endlich jene Geheimnisse aufdecken, die ihnen auf Erden Rätsel geblieben waren. So etwas wie persönliche Konkurrenz gibt es nicht mehr. Auch braucht man sich keinen Namen mehr zu schaffen, wie auch die vielen materiellen Nachteile für immer aufgegeben sind. Daraus folgt, daß, wo ein solches harmonisches Zusammenwirken von Gelehrten besteht samt ihren unbegrenzten Forschungsmöglichkeiten, die Ergebnisse entsprechend groß sein müssen. In den vergangenen Zeitaltern sind alle epochemachenden irdischen Erfindungen und Entdeckungen aus der Geistigen Welt hervorgegangen. Aus sich selbst vermag der inkarnierte Mensch nur sehr wenig zu tun. Die meisten Erdenbewohner neigen zu der Ansicht, die fortschrittlichen Erfindungen ihren Erfindern und somit dem menschlichen Wirken zugute zu schreiben. Aber darin unterliegen sie einem großen Irrtum. Der Wissenschaftler ist im wesentlichen Visionär. Selbst wenn sein Visionsvermögen nur im begrenzten Maß vorhanden ist, so ist es doch nichtsdestoweniger vorhanden. Und unsere eigenen geistigen Wissenschaftler vermögen es daher – und tun es auch bereitwillig –, ihre irdischen Kollegen mit den Ergebnissen ihrer Forschung vermittels der intuitiven Einwirkung vertraut zu machen. In vielen Fällen wird dort, wo zwei Menschen am gleichen Problem arbeiten, derjenige, der in der Geistigen Welt beheimatet ist, seinem Kollegen, der noch auf Erden weilt, weit voraus sein. Ein Hinweis des Ersteren genügt sehr oft, um den Letzteren auf die richtige Spur zu bringen. Und das Ergebnis ist dann eine Entdeckung oder Erfindung zum Nutzen der Erdenmenschheit. In so vielen Fällen hat die irdische Menscheit auf diese Weise Nutzen gezogen, aber ach, in so vielen Fällen hat sie durch die teuflische Pervertierung jener Entdeckungen auch Leid und Widerwärtigkeiten erlitten. Jede Erfindung, die von der Geistigen Welt durchgegeben wird, zielt auf den Vorteil und auf den spirituellen Fortschritt der Erdenbewohner. Wenn aber pervertierte Wissenschaftler eben jene mitgeteilten Dinge zur Zerstörung ihrer Mitmenschen benutzen, dann muß der Erdenmensch die Schuld bei sich selber suchen. Deshalb behaupte ich, daß die Erdenwelt geistig noch nicht weit genug fortgeschritten ist, um mit vielen weiteren erstaunlichen Erfindungen beschert zu werden, die hier bereits vorliegen. Sie stehen jedoch bereit und warten auf Durchgabe. Würden diese aber der Erde in ihrem gegenwärtigen Zustand durchgegeben werden, würden sie von gewissenlosen Menschen mißbraucht werden.

Die Menschen der irdischen Ebene haben es in ihrer Hand, dafür zu sorgen, daß neue Erfindungen einzig und allein zu ihrem geistigen und materiellen Wohl eingesetzt werden. Wenn die Zeit kommt, da wirklich wahrer spiritueller Fortschritt erreicht ist, kann die Erde eine Flut neuer Erfindungen und Entdeckungen erwarten, die von den Wissenschaftlern und Technikern der Geistigen Welt durchgegeben werden wird. Aber bevor jene Zeit erreicht sein wird, hat die irdische Ebene noch einen langen und leidensvollen Weg zu gehen. Doch in der Zwischenzeit werden die Wissenschaftler unserer Welt ihre Forschungen fortsetzen.

Wir Bürger der Geistigen Welt brauchen die vielen Erfindungen der irdischen Welt nicht. Ich glaube, ich habe zur Genüge darauf hingewiesen, daß unsere Gesetze von denen der Erde völlig verschieden sind. Wir können nichts mit Erfindungen anfangen, die unsere Reisegeschwindigkeit erhöhen, wie es bei euch der Fall ist. Unsere eigene Fortbewegungsmethode ist so schnell wie der Gedanke, weil die Gedankenkraft die eigentliche Triebkraft ist. Auch brauchen wir keine Lebensrettungsmethoden, weil wir unzerstörbar sind. Wir benötigen keine der unzähligen Erfindungen, die euer Leben leichter, bequemer und erfreulicher machen, weil unser Leben all das – und mehr als das! – schon ist. Aber in dieser Halle der Wissenschaft arbeiten viele, viele Eifrige für die Verbesserung der irdischen Ebene mittels ihrer Forschungen und bedauern, daß der Erde so vieles nicht gegeben werden kann, weil die Menschheit noch nicht verantwortungsvoll genug mit dem Erforschten umzugehen in der Lage ist.

Man erlaubte uns drei, den Fortschritt, der auf dem Gebiet der mechanischen Fortbewegung gemacht worden war, zu sehen, und wir waren erstaunt über die diesbezügliche Weiterentwicklung, die seit den Tagen, da wir auf der irdischen Ebene weilten, bereits erreicht worden war. Aber dies ist nichts im Vergleich zu dem, was noch kommen wird. Wenn der Mensch seinen Willen auf den rechten Weg lenkt, werden die erstaunlichen Belohnungen, die er im materiellen Fortschritt gewinnen wird, kein Ende haben. Aber der materielle Fortschritt muß mit dem geistigen Fortschritt Hand in Hand gehen. Doch bevor das nicht erreicht ist, wird es der Erdenwelt nicht gestattet sein, der vielen Erfindungen teilhaftig zu werden.

Die Allgemeinheit der Erdenmenschen ist sehr dickköpfig. Sie weisen jeden Übergriff auf ihr Gehege zurück oder darauf, was sie vermessen als ihr Gehege beanspruchen. Es war niemals beabsichtigt, daß die Resultate der Erforschungen unserer Wissenschaftler der Erde mitgeteilt werden, um nur wenigen unter Ausschluß aller anderen zugute zu kommen. Jene Irdischen, die solche Weitergaben nur für sich genutzt haben, werden feststellen, daß sie einmal einen sehr hohen Preis für die kurze Spanne ihres irdischen Wohlstandes zahlen müssen. Es war auch nicht beabsichtigt, daß unsere und eure Welt, wie sie es heute sind, in Gedankenaustausch und gegenseitiger Verbindung so weit voneinander entfernt sein sollten. Zweifellos wird der Tag kommen, da unsere beiden Welten in enger Wechselbeziehung zueinander stehen werden und wo die Verbindung zwischen beiden eine Selbstverständlichkeit des Lebens sein wird. Dann wird der große Reichtum der Geistigen Welt der irdischen offenstehen, um der ganzen Erdenmenschheit von Nutzen sein zu können.

Der Anblick so großer Aktivität von seiten meiner Mitbewohner dieser Sphären hatte mich über meine eigene zukünftige Arbeit zum Nachdenken gebracht und darüber, welche Form sie annehmen sollte. Ich hatte keine bestimmten Ideen bezüglich dieser Angelegenheit, und so erwähnte ich Edwin gegenüber meine Schwierigkeit. Ruth schien sich ähnliche Sorgen zu machen. So hatten wir beide zum erstenmal seit unserer Ankunft einige Gefühle, die uns etwas beunruhigten. Unser alter Freund war darüber nicht im geringsten überrascht. Wie er sagte, wäre er überraschter gewesen, wenn wir anders empfunden hätten.

Es sei ein bei allen früher oder später sich ebenfalls einstellendes Gefühl, innerlich gedrängt zu sein, zum Wohle der anderen etwas Nützliches zu tun. Dieses beklemmende Gefühl wurde nicht etwa dadurch ausgelöst, daß wir uns in der Besichtigung unseres Landes schon sattgesehen hätten. Vielmehr wurde uns bewußt, daß wir etwas Selbstsüchtiges damit verbanden. Ewin versicherte uns, daß wir, so wir es wünschten, weiterhin unbegrenzt unsere Erkundigungsreisen fortsetzen könnten und daß keiner unser müßiges Herumwandern kritisieren oder darüber ein tadelndes Wort verlieren würde. Man würde es als eine Angelegenheit betrachten, die nur uns allein etwas anginge. Wir empfanden jedoch beide, daß wir die Frage unserer zukünftigen Tätigkeit gern geklärt hätten, und folglich baten wir diesbezüglich unseren guten Freund um Weisung. Edwin schlug allsogleich vor, daß wir uns zu den Grenzen der höheren Sphären begeben sollten, wo wir uns, wie er schon früher gesagt hatte, mit der betreffenden Angelegenheit befassen könnten. Und so verließen wir die Halle der Wissenschaft und befanden uns wieder an der Peripherie unserer Sphäre.

Wir wurden von Edwin zu einem sehr schönen Haus geleitet, das seinem Aussehen und der Lage nach ganz offenbar von höherem Rang als die weiter im Inneren des Landes gelegenen war. Die Luft war verfeinert, und soweit ich bemerken konnte, befanden wir uns jetzt annähernd an der gleichen Stelle wie bei unserem ersten Besuch an dieser Grenze. Edwin führte uns mit der größten Selbstverständlichkeit in das Haus und hieß uns willkommen. Sobald wir eintraten, wußte ich instinktiv, daß er uns in seinem eigenen Haus begrüßte. Seltsamerweise hatten wir uns niemals nach seinem Haus oder danach, wo es liegen mochte, erkundigt. Er sagte, er habe unsere Gedanken absichtlich von einem solchen Thema ferngehalten, aber, wie ich glaube, handelt es sich hierbei eher um die ihm eigene Zurückhaltung. Ruth war entzückt von allem, was sie sah, und schalt ihn, daß er uns nicht viel eher alles darüber erzählt hatte. Das Haus war ganz und gar aus Stein erbaut, und obwohl es dem Auge etwas kahl erscheinen mochte, strahlte es doch aus jeder Ecke Freundlichkeit aus. Die Räume waren nicht groß, sondern von mittlerem Ausmaß und ganz für Edwins Zwecke geeignet. Es gab eine Menge bequemer Stühle und mehrere gefüllte Bücherregale. Aber was uns am nachdrücklichsten auffiel, war das allgemeine Gefühl der Ruhe und des Friedens, welches das ganze Haus erfüllte.

Edwin bat uns Platz zu nehmen und es uns bequem zu machen. Es bestände kein Anlaß zur Eile und wir könnten unser Problem ausführlich besprechen. Am Anfang gab ich offen zu, daß ich keine besonderen Vorstellungen darüber hatte, was ich tun könnte. Als ich auf Erden war, hatte ich das Glück gehabt, meinen eigenen Neigungen folgen zu können, und folglich hatte ich ein arbeitsreiches Leben gehabt. Aber mein Werk war zumindest in einer Hinsicht mit dem Ende meines irdischen Lebens beendet. Edwin fragte mich, ob ich nicht vielleicht gern mit ihm zusammenarbeiten würde. Seine Aufgabe bestehe hauptsächlich darin, sich um die neuangekommenen Seelen zu kümmern, deren religiöse Glaubensrichtung die gleiche war wie diejenige, der wir vormals auf Erden anhingen, aber die im Gegensatz zu uns noch nicht imstande waren, die Wahrheit über die Veränderung, die mit ihnen geschehen war, und das Unwirkliche so vieler Dinge ihrer Religion zu erkennen.

So sehr mir der Vorschlag meines Freundes gefiel, so fühlte ich mich doch nicht geeignet genug, eine solche Aufgabe zu übernehmen. Aber Edwin tat meine Bedenken mit einer Handbewegung ab. Er sagte, ich solle auf jeden Fall zuerst einmal mit ihm arbeiten. Wenn ich mich an die Aufgabe gewöhnt hätte, könnte ich sie selbständig fortführen, wenn ich es so wünschte. Da er aus Erfahrung sprach, sagte Edwin, daß zwei oder mehr Menschen – und hierbei warf er einen Blick auf Ruth – einer einzelnen Seele oft weit größere Hilfe geben könnten, als einer, der völlig allein arbeite. Das Gewicht vieler scheine größere Überzeugungskraft auf einen auszuüben, der besonders halsstarrig an seinen alten irdischen religiösen Vorstellungen festhielte. Da Edwin glaubte, daß ich ihm von großem Nutzen sein und seine eigene Tatkraft vermehren könnte, nahm ich sein Angebot, mich ihm anzuschließen, mit Freuden an. Und an dieser Stelle beschloß auch Ruth, sich selbst als weiterer Anwärter in seinen Dienst einstellen zu lassen, vorausgestzt, daß er zustimme. Edwin nahm ihr Angebot dankbar an. Er sagte, es gebe vieles, was eine junge Frau tun könne, und wenn wir drei in so vollkommener Harmonie und Freundschaft zusammen arbeiteten, seien wir in der Lage, gemeinsam ein nützliches Werk zu vollbringen. Ich war mehr als froh, daß Ruth sich uns anschließen wollte, weil es zugleich bedeutete, daß unsere glückliche Gesellschaft nicht aufgelöst werden würde.

Es gab jedoch eine andere Sache, an die ich dachte, und die betraf das gewisse Buch, von dem ich wünschte, es nicht geschrieben zu haben, während ich auf Erden weilte. Der Gedanke, daß es noch fortbestand, machte mich zwar nicht unglücklich, aber ich wollte frei davon sein. Und obwohl mein neues Werk mir schließlich zweifellos jenen vollkommenen Seelenfrieden bringen würde, spürte ich, daß ich diese Angelegenheit möglichst bald zu bereinigen wünschte. Edwin wußte, worauf ich anspielte, und er erinnerte mich daran, was er bereits über die Schwierigkeiten der Verbindung mit der irdischen Welt gesagt hatte. Damals hatte er darauf hingewiesen, daß wir für mein Vorhaben höheren Rat ersuchen sollten. Wenn ich es also immer noch wünschte, mit der irdischen Welt in Verbindung zu treten, sollten wir jetzt um Führung und Rat bitten, um somit die ganze Frage meiner zukünftigen Tätigkeit klären zu können.

Edwin verließ uns dann und zog sich in einen anderen Raum zurück. Kaum hatte ich einen Augenblick mit Ruth über unsere neue Tätigkeit gesprochen, als unser Freund zurückkehrte und einen sehr auffallend aussehenden Mann mitbrachte, der, wie ich wußte, auf Edwins Ruf hin aus einer höheren Sphäre gekommen war. Er schien keiner unserer Landsleute zu sein. Meine Vermutung erwies sich als richtig, da er, wie Edwin uns später erzählte, auf Erden ein Ägypter gewesen war. Er sprach unsere eigene Sprache perfekt. Edwin stellte uns vor und erläuterte meine Wünsche und die möglichen Schwierigkeiten ihrer Erfüllung.

Unser Besucher besaß eine sehr ausgeprägte Persönlichkeit, und er vermittelte einem den bezwingenden Eindruck von Ruhe und Ausgeglichenheit. Man konnte sich vorstellen, daß er immer freundlich und sanftmütig war.

Wir setzten uns alle gemütlich hin, und Edwin machte ihn mit dem Umfang meines Wissens, die Verbindung mit der irdischen Welt betreffend, vertraut. Der Ägypter stellte einige Überlegungen an. Unser Besucher sagte, wenn ich so fest entschlossen sei, mich der irdischen Ebene zuzuwenden, um durch meine diktierenden Worte jene Situation rückgängig zu machen, die mir Anlaß zu so viel Reue gab, so würde er alles tun, um mir zu helfen, mein Ziel zu erreichen. Es sei allerdings nicht möglich, schon in den nächsten „Jahren" das, was ich vorhatte, auszuführen. Aber in der Zwischenzeit möge ich seine feste Zusicherung entgegennehmen, daß ich schließlich in der Lage sein würde, die gesuchte Verbindung aufzunehmen, und diesbezüglich gab er mir sein Versprechen. Wenn ich Geduld hätte, käme alles, wie ich es wünschte. Ich sollte die ganze Angelegenheit den Händen jener überlassen, die diese Dinge leiteten, und alles würde in Ordnung gehen. Die „Zeit" – um einen irdischen Ausdruck zu benutzen – würde bald vergehen, und das Vorkommen bestimmter Ereignisse würde in der Zwischenzeit den gesuchten Weg ebnen und die erforderliche Gelegenheit schaffen.

Es sei erinnert, daß ich nicht allein darum bat, zur irdischen Ebene zurückzukehren, um zu versuchen, die Tatsache, daß ich noch lebte, der Nachwelt mitzuteilen, sondern was ich beabsichtigte, war zu versuchen, etwas rückgängig zu machen, von dem ich wünschte, es nie getan zu haben. Und dies war eine Aufgabe, die, wie ich mir vorstellen konnte, nicht in einem Augenblick vollbracht werden konnte. Was ich auf Erden geschrieben hatte, konnte ich niemals ungeschrieben machen, aber ich konnte mein Gewissen beschwichtigen, daß ich an die Menschen auf Erden jene Wahrheit weitergab, die ich hier inzwischen kennengelernt hatte.

Der freundliche Ägypter erhob sich dann, und wir schüttelten einander die Hände. Er beglückwünschte uns noch über die Art, wie wir uns in die neuen Bedingungen eingelebt hätten, wünschte uns Freude für unsere wann immer aufzunehmende neue Arbeit und gab mir schließlich das wiederholte Versprechen, daß meine von mir gehegten speziellen Wünsche sicherlich in Erfüllung gehen würden. Ich versuchte ihm meine Dankbarkeit für alle seine Hilfe auszudrücken, aber er wollte davon nichts hören. Und im Handumdrehen war er verschwunden. Wir blieben noch eine Weile zurück und sprachen über unsere Pläne. Meinerseits war ich begierig, unsere Arbeit sogleich aufzunehmen.

Man darf nicht etwa auf den Gedanken verfallen, daß wir Teil einer Kampagne waren, um Leute zu bekehren, wie solches auf Erden vonstatten gehen mag. Wir versuchen nicht, uns in jemandes Glauben einzumischen oder seine Weltanschauung zu ändern. Wir stehen nur mit Antwort auf religiöse Fragen zu Diensten, wenn man es von uns verlangt oder wenn wir sehen, daß wir dadurch einen bestimmten Nützlichkeitszweck erreichen können. Auch bringen wir unsere „Zeit" nicht damit zu, herumzulaufen, um zu missionieren. Doch wenn der Ruf um Hilfe an uns dringt, so sind wir sofort zur Stelle. Jeder wird einmal um Antwort bitten, wenn der Hunger nach geistiger Aufklärung groß wird. Dies ist dann jeweils der Wendepunkt im Leben von sehr vielen Seelen, die durch falsche Ansichten, seien sie religiöser oder anderer Natur, gefangen oder zurückgehalten worden waren. Die Religion ist nicht verantwortlich für alle mißgeleiteten Ideen!

Es gibt erstaunlicherweise eine Anzahl von „Gestorbenen", die es gar nicht merken, daß sie gestorben sind und ihren physischen Körper wie auch die irdische Welt verlassen haben. Hartnäckig wollen sie nicht glauben, daß sie nun, wie man auf Erden sagt, „tot" sein sollen. Nur verschwommen sind sie sich der Tatsache bewußt, daß irgendeine Änderung mit ihnen vorgegangen sein muß, doch um was es sich dabei eigentlich gehandelt hat, vermögen sie nicht zu sagen. Einige von ihnen können nach einigen Erklärungen oder demonstrierten Beweisen begreifen, was eigentlich passiert ist. Andere hingegen bleiben dickköpfig. Sie werden erst nach längerem Nachdenken überzeugt werden können. In letzteren Fällen sind wir oft gezwungen, solche Seelen einige Zeit allein zu lassen, um ihnen Gelegenheit zum Nachdenken zu gewähren. Wir wissen es sogleich, wenn jene Seelen uns wieder herbeiwünschen, um unsere Meinung zu hören. In mancher Hinsicht ist es eine ermüdende Arbeit, wobei ich das Wort „ermüdend" ganz und gar im Sinn eingeschränkt aufgefaßt haben möchte.

Ruth und ich waren gegenüber Edwin mehr als dankbar für seine entgegenkommende Hilfe in unseren Angelegenheiten, und ich war es im besonderen Maße nicht allein ihm, sondern auch dem Ägypter gegenüber, da sie es mir großartigerweise in Aussicht stellten, mit der Erdenwelt in Verbindung treten zu dürfen. Hinsichtlich unseres Entschlusses, mit Edwin zusammen zu arbeiten, bemerkte er, daß wir bisher nur unseren eigenen Daseinsbereich – wenn auch nur einen ganz kleinen Teil davon – gesehen hätten und daß wir nur davon profitieren würden, wenn wir der dunklen Sphäre einen Besuch abstatten würden. Ruth und ich wetteiferten geradezu in den Versicherungen, daß wir nun bereits über genügend Selbstvertrauen verfügten, um allem widerstehen zu können, was uns an dem Bevorstehenden unerfreulich erscheinen könnte. Natürlich sollten wir unter dem unmittelbaren Schutz und Geleit unseres alten Freundes bleiben. Es erübrigt sich hinzuzufügen, daß wir ohne diese Zusicherung es nicht gewagt hätten, dorthin zu gehen, auch wenn es uns erlaubt gewesen wäre.

Wir verließen Edwins wunderschönes Haus, durchzogen schnell unsere eigene Sphäre und befanden uns bald wieder an der Grenze zu den unteren Sphären. Edwin gemahnte uns daran, daß wir, wie schon zuvor, wiederum jenen Kältschauer verspüren würden, doch daß wir durch eigene Willensanstrengung diesen umgehen könnten. Er ging in unserer Mitte, indem Ruth und ich sich jeweils an einem seiner Arme hielten. Er drehte sich uns zu, sah uns an und war augenscheinlich zufrieden mit dem, was er sah. Ich schaute auf Ruth und stellte fest, daß ihr Kleid ebenso wie Edwins eine eintönige, sich dem Grau annähernde Farbe angenommen hatte. Als ich nun auf meine Bekleidung schaute, bemerkte ich an ihr einen ähnlichen Farbwechsel. Dies war ganz sicher ein verblüffendes Ereignis. Doch unser Freund erklärte sogleich, daß diese Eintrübung unserer natürlichen Farben gemäß eines natürlichen Gesetzes vonstatten gehe und nicht etwa bedeute, daß wir nun das, was wir bisher gewonnen hatten, verloren haben würden. Die praktische Anwendung eines solchen Gesetzes beabsichtige, daß wir zum einen in der uns so unterschiedlich gearteten Umwelt nicht als Andersartige beargwöhnt würden und daß wir zum andern jene dort in der Dunkelheit lebenden Seelen nicht mit unserem Licht blendeten, so daß sie uns nicht sehen könnten.

Wir schritten über einen Streifen unfruchtbaren Landes. Der Boden fühlte sich unter unseren Füßen hart an. Hier gab es nichts Grünes mehr.

Der Himmel war eintönig und dumpf. Und die Temperatur hatte drastisch abgenommen. Doch fühlten wir in uns eine Wärme, die dem entgegenwirkte. Vor uns konnten wir nur eine große Nebelbank entdecken, die an Dichte zunahm, je näher wir kamen, bis wir schließlich in sie hineingetaucht waren. Diese Nebelschwaden zogen in schweren nassen Streifen an uns vorbei, und sie fühlten sich nahezu an, als ob die Hand des „Sensenmannes" nach uns greife. Plötzlich zeichnete sich in dem Nebel eine Gestalt ab, die auf uns zukam. Sie war die erste Person, die wir bisher getroffen hatten. Diese erkannte Edwin und begrüßte ihn freundlich. Unser Führer stellte uns jenem Mann vor und erläuterte ihm unser Vorhaben. Jener entgegnete, daß er sich uns gerne anschließen wolle, könne er doch vielleicht von einiger Hilfe sein. Wir akzeptierten nur allzugern sein freundliches Anerbieten. Somit nahmen wir unsere Reise wieder auf, und nach dem wiederaufgenommenen Durchqueren dieser Schwaden bemerkten wir, daß sie sich teilten und immer mehr abnahmen, bis sie schließlich ganz und gar verschwunden waren. Nun konnten wir unsere Umgebung klar erkennen. Die Landschaft war im höchsten Maße öd. Hier und dort erblickten wir eine Behausung von der armseligsten Art. Wir näherten uns einer von ihnen, um sie eingehender in Augenschein zu nehmen.

Es war ein rechteckiges kleines, niedriges Haus ohne jegliche Verzierung, das ganz und gar nicht einladend aussah. Trotz seines schlichten Aussehens verbreitete es eine düstere Atmosphäre, und es schien uns mehr und mehr zurückzustoßen, je weiter wir uns ihm näherten. Nirgends entdeckten wir irgendein Lebenszeichen, weder an den Fenstern noch irgendwo sonst. Auch gab es keinen Garten. Dieses Haus lag da ganz für sich, einsam und verlassen. Edwin und unser neuer Freund kannten offenbar dieses Haus samt seinem Bewohner sehr gut, denn an der Haustür angekommen, klopfte Edwin dagegen, und ohne eine Antwort abzuwarten, öffnete er die Tür, trat ein und winkte uns, ihm zu folgen. Also traten auch wir ein und sahen uns alsbald in der armseligsten aller armseligen Wohnstätten. Es gab nur weniges an Möbelstücken, und diese befanden sich ebenfalls im erbärmlichsten Zustand. Irdische Augen hätten mit dem ersten Blick erkannt, daß hier die Armut regierte, und ein jeder würde sich selbstverständlich dazu angehalten fühlen, welche Hilfe auch immer anzubieten. Doch für unsere Augen offenbarte sich hier die Armut der

Seele, denn diese äußere Erbärmlichkeit beruhte auf geist-seelischen Zusammenhängen. Auch wenn wir in unserem Mitgefühl zu helfen alarmiert waren, so war es dennoch von anderer Art, wußten wir doch, daß hier materielle Hilfe nichts bezwecken konnte. Die Kälte schien uns hier im Inneren noch größer als draußen zu sein, doch entströmte sie, wie uns gesagt wurde, aus dem Besitzer dieses Hauses selbst.

Wir begaben uns in einen Hinterraum und entdeckten dort den Hausbewohner auf einem Stuhl. Dieser machte keinen Versuch, sich zu erheben oder uns willkommen zu heißen. Ruth und ich verblieben im Hintergrund, während die anderen beiden vortraten, um mit dem widerborstigen Wirt zu sprechen. Er mochte etwa gerade den Zenit seines Lebens überschritten haben. Von ihm ging noch etwas aus, das an seine einstige Wohlhabenheit erinnerte. Seine Kleidung, die er trug, war offensichtlich vernachlässigt, doch ob dies auf Gleichgültigkeit oder auf andere Gründe zurückzuführen sei, war ich – im Licht meiner irdischen Erinnerung – unfähig, zu sagen. Als Edwin uns vorzukommen bat, um uns als neue Besucher vorzustellen, hörten sich die Worte dieses Mannes wie eine Beschimpfung an. Und nach einigen Augenblicken wetterte er uns ziemlich zusammenhangslos an. Doch konnten wir aus allem verstehen, daß er sich als einen solchen darstellte, der unter einem Komplex der Ungerechtigkeit litt. Edwin erklärte ihm kurz und bündig, daß er Unsinn rede, da es in der Geistigen Welt keine Ungerechtigkeit gebe. Daraus entspann sich ein hitziges Streitgespräch, das heißt, daß nur unser Wirt der hitzige Redner war, denn Edwin benahm sich ruhig und gefaßt, ja, er war in Wahrheit bewundernswert freundlich. Oft warf ersterer Blicke nach Ruth, deren sanftes Gesicht das ganze stinkige Loch zu erleuchten schien. Ich schaute ebenfalls auf Ruth, die mich beim Arm erfaßt hatte. Ich bemerkte, wie dieser eigenartige Mann von ihr beeinflußt wurde, während sie sich nichts anmerken ließ.

Schließlich beruhigte er sich und schien viel zugänglicher geworden zu sein, worauf er und Edwin noch etwas von privaterer Natur miteinander besprachen. Als diese Unterredung beendet war, sagte er zu Edwin, daß er über das Besprochene nachdenken wolle und daß sein Besucher, so er wolle, zurückkehren und sogar seine Freunde wieder mitbringen könne. Daraufhin erhob er sich vom Stuhl, begleitete uns zur Tür und verabschiedete uns. Und ich bemerkte, daß er drauf und dran war, beinahe leutselig zu werden. Doch er schaffte es nicht. Es kam mir so vor, als ob er davor zurückschreckte, sich uns von einer guten Seite zu zeigen. Er verharrte an der Haustür und beobachtete unser Weggehen, bis wir wohl aus seiner Sicht geraten waren.

Edwin äußerte sich sehr erfreut über unseren Besuch, und daraufhin erzählte er uns einige Einzelheiten über jenen eigenartigen Mann.

Jener befand sich, wie Edwin uns nun darlegte, schon seit einer geraumen Weile in der Geistigen Welt, nachdem er auf Erden ein erfolgreicher Geschäftsmann gewesen war, „erfolgreich" in dem Sinne, wie man auf Erden bestimmte Leute zu beurteilen pflegt. Er hatte an nichts anderes als an Geldverdienen gedacht und nutzte alle Tricks dafür aus, sofern er dadurch nicht mit dem Gesetz in Konflikt geraten konnte. Er war in seiner Geschäftspraxis mit anderen rücksichtslos und nahm in den Augen anderer den Status eines unnahbaren Gottes ein. In seinem Haus mußten sich ihm alle und alles unterwerfen. Er machte großzügige Geldgeschenke für die Wohlfahrt, natürlich mit dem einzigen Gedanken, sich dadurch größte Vorteile und Ansehen zu verschaffen. Auch unterstützte er seine eigene Kirche bereitwilligst mit regelmäßigen Geldgeschenken. Er kam sich wie ein Schmuckstück der Kirche vor und wurde in der Tat von allen Gemeindemitgliedern hoch geschätzt. Auf seine Kosten ließ er das Kirchengebäude erweitern, und eine Kapelle wurde sogar nach ihm, dem Spender, benannt. Aber bei allem, was Edwin über ihn zu berichten hatte, wurde es ganz offensichtlich, daß er wohl kaum in seinem ganzen Leben eine uneigennützige Tat ausgeführt hatte. Bei allen seinen Handlungen trat das Motiv der Selbstverherrlichung offen zu Tage. Als er aber als „Erfolgreicher" starb, wechselte er in die Geistige Welt hinüber, ohne für sein Seelenheil etwas mitgebracht zu haben.

Und sein Kummer ergab sich aus der „Ungerechtigkeit", daß er, der seinem Dafürhalten nach doch so ein vorbildhaftes Leben geführt hatte, jetzt zu einem solchen Leben in äußerstem Schmutz verdammt sein sollte. Er weigerte sich, einzusehen, daß er sich zu diesem Zustand selbst verdammt hatte und daß man keinen anderen als sich selbst dafür verantwortlich machen konnte. Er schuldigte die Kirche an, daß sie ihn hinters Licht geführt habe, indem sie ihn glauben machte, daß seine Freigiebigkeit hinsichtlich Kirchenspenden ihm nachhaltigst im Jenseits zugute gehalten würde. Er wollte immer noch nicht einsehen, daß bei allem

Handeln das Motiv zählt und daß ein glücklicher Platz im Jenseits nicht mit harter Münze zu erwerben ist. Ein kleiner Dienst an einem sterblichen Mitbürger, willentlich und von Herzen geleistet, errichtet ein größeres Gebäude zur Ehre Gottes, als es große Summen Geldes vermögen, die man in Steine und Zement für den Kirchenbau hineinsteckt, welcher im Grunde nur den Menschen verherrlicht mit ganz besonderer Hervorhebung des Spenders.

Dieser Mann befand sich gegenwärtig in einer Stimmung der Wut, die dadurch noch vergrößert war, da ihm niemals auf Erden ein Wunsch abgeschlagen worden war. Er war auch niemals mit einem solch entwürdigenden Leben wie dem jetzigen konfrontiert worden. Seine Schwierigkeit wuchs dadurch, daß er nicht wußte, wen er eigentlich für dieses Mißgeschick anzuklagen hätte. Anstatt ihn im Jenseits mit hoher Belohnung zu empfangen, hatte man ihn in diese Tiefen verbannt. Er hatte noch keine wirklichen Freunde getroffen, denn solche, die wie er der gleichen Gesellschaftsschicht zugehörten, schien es hier nicht zu geben, die er in seiner Angelegenheit um Rat befragt haben könnte. Edwin hatte versucht, ihn zur Vernunft zu bringen, aber jener befand sich, wie schon seit langer Zeit, in einem Zustand, in welchem er nicht mit sich vernünftig reden lassen wollte. Nur wenige Besucher sprachen bei ihm vor, da er sie abstieß, und obgleich Edwin schon viele Male bei ihm eingekehrt war, war das Ergebnis immer das gleiche geblieben, nämlich das hartnäckige Anklammern an den Gedanken der ihm widerfahrenen Ungerechtigkeit.

Bei jenem letzten Besuch Edwins in unserer und in der Gegenwart des Freundes, der sich uns angeschlossen hatte, hatten sich schon verborgene Hinweise einer sich anbahnenden Meinungsänderung abgezeichnet. Diese zeigten sich nicht am Anfang unseres Besuches, doch gegen dessen Ende waren Anzeichen zu sehen, daß jener Mann von seiner starren Haltung sich ein wenig zu lösen begann. Edwin schrieb diesen letzten Umstand in gleicher Weise der beruhigenden Gegenwart Ruths zu wie auch seinem eindringlichen Gespräch. Er war auch zuversichtlich, daß, sollten wir auf dem Rückweg nochmals bei jenem Mann einkehren, wir ihn in einem ganz und gar veränderten Gemütszustand vorfinden würden. Er würde natürlich nicht schon so schnell zugeben wollen, daß der Fehler nur bei ihm zu suchen sei, doch würde die Zeit Wunder wirken.

Ruth war natürlich erfreut, so schnell schon mitgewirkt haben zu können, obwohl sie jedes Lob von sich wies, da sie doch, wie sie meinte, nichts anderes getan habe, als bloß dabeistehende Beobachterin gewesen zu sein. Edwin jedoch erklärte ihr, die jede äußerlich geleistete Teilnahme abstritt, daß sie ein aufrichtiges Mitgefühl und Mitleid mit diesem Unglücklichen empfunden habe, was jenem – denn seine häufigen Blicke wiesen darauf hin – auch nicht entgangen sei. Er hatte also jenes Mitempfinden gefühlt, wiewohl er auch den eigentlichen Grund dafür nicht durchschaute. Und Ruth bat mich nun, sie darin mit Worten zu unterstützen, daß ihr geringer Beitrag wirklich nicht viel zu dessen Besserung bewirkt haben könnte, hätte Edwin nicht lange und unermüdlich auf jenen eingeredet.

Dies war unsere erste Begegnung mit einem der Unglücklichen der unteren Sphären, und ich habe sie deswegen ein wenig ausführlicher geschildert. In mancher Hinsicht handelte es sich hier noch um einen unkomplizierten Fall, wenn ich ihn mit solchen vergleiche, mit denen wir später noch zu tun haben sollten. Indem ich also jenen Fall ausführlicher schilderte, beabsichtigte ich doch zugleich, dem Leser eine Einführung in unsere zukünftige Arbeit zu geben. Doch gegenwärtig wurde von uns nichts anderes erwartet, als daß wir die dunklen Bereiche als Beobachter erkundeten.

Wir vier setzten unseren Weg fort. Wir konnten keinen Pfad erkennen, und der Untergrund wurde entschieden steiniger. Das Licht verflüchtigte sich immer schneller vom Himmelszelt, das sich schwer und schwarz über uns abzeichnete. Nichts und niemand begegnete uns. Wir sahen keine Seele, kein Haus, noch irgendein Anzeichen von Leben. Der ganze Umkreis schien farblos und verlassen, so daß wir glaubten, in einer anderen Welt zu wandern. Nur ganz verschwommen konnten wir nach einer geraumen Weile vor uns etwas ausmachen, das irgendwelchen Behausungen ähnlich sehen mochte. Dorthin lenkten wir nun also unsere Schritte.

Die Landschaft bestand nun aus nichts anderem als aus Felsen. Hier und dort entdeckten wir sitzende Menschen, die ihre Köpfe nach unten hängen ließen. Sie schienen beinahe erstarrt zu sein, doch in Wahrheit steckten sie mit ihren Gedanken tief in Trübsinn und Verzweiflung. Sie nahmen überhaupt keine Kenntnis von uns, als wir an ihnen vorbeikamen, und alsbald erreichten wir jene Behausungen, die wir aus der Ferne erkannt hatten.

9

Die dunklen Sphären

Als wir diese Behausungen von nahem sahen, stellte es sich heraus, daß es sich um nichts weiter als um elende Hütten handelte. Sie waren erschütternd anzusehen, aber es war noch unendlich erschütternder, wenn man bedachte, daß diese die Früchte menschlichen Lebens auf Erden waren. Wir betraten keine dieser Baracken, obwohl es draußen widerwärtig genug war. Außerdem war es fürs erste nicht sinnvoll, hineinzugehen. Stattdessen erklärte uns Edwin einiges.

Einige der Bewohner, so sagte er, lebten hier oder in dieser Gegend, gemessen an irdischer Zeit, Jahr für Jahr. Sie selbst hätten keinen Zeitbegriff, und ihr jetziges Dasein sei in eine unabsehbare Dauer von Dunkelheit gehüllt, die durch niemanden als durch ihre eigene Schuld herbeigeführt wurde. Gar viele gute Seelen seien in diese finsteren Sphären eingedrungen und hätten versucht, für jene eine Rettung aus der Dunkelheit zu bewirken. Einige seien erfolgreich gewesen, andere aber nicht. Der Erfolg hinge nicht so sehr von dem Retter als vielmehr von dem zu Rettenden ab. Wenn letzterer keinen Lichtschimmer in seinem Geist aufweise, keinen Wunsch, auf dem geistigen Weg einen Schritt voranzutun, dann könne nichts, buchstäblich nichts getan werden. Der Drang nach „Licht" müsse aus der gefallenen Seele selbst kommen. Und wie tief seien einige gefallen! Man dürfe niemals annehmen, daß jene, die nach irdischem Urteil geistig versagten, tief gefallen seien. Viele von ihnen hätten überhaupt nicht versagt, sondern seien in Wirklichkeit wertvolle Seelen, deren gerechter Lohn sie auf unserer Seite erwarte. Andererseits gebe es solche, deren Leben – aus spiritueller Perspektive betrachtet – verwerflich zu nennen sei, während an ihrem äußeren Wandel nichts beanstandet werden könne. So halte man manche Priester schon allein deswegen, weil sie im kirchlichen Gewand steckten, zu Unrecht für der Vergeistigung sich zugekehrte Seelen. Doch Scheinheilige könnten Gott nicht zum Narren halten, indem sie auf Erden die Heiligen spielten, während ihr Gebaren nichts als eine hohle Farce an Heiligkeit und Gottergebenheit gewesen sei. Hier stünden sie nun enthüllt als das, was sie wirklich seien. Aber Gott, den sie so lange lächerlich gemacht hätten, strafe nicht. Sie bestraften sich selbst.

Die Menschen, die in diesen elenden Hütten, an denen wir vorbeikamen, lebten, waren nicht unbedingt jene, die auf Erden in den Augen der irdischen Menschen ein Verbrechen begangen hatten. Es befanden sich ebenfalls dort viele Menschen, die, ohne Schaden getan zu haben, niemals, niemals auch nur einem einzigen Sterblichen auf Erden irgend etwas Gutes angetan hatten, Menschen also, die völlig für sich selbst gelebt hatten, ohne einen Gedanken für andere gehegt zu haben. Solche Seelen beteuern immer wieder, daß sie keinem einen Schaden zugefügt hätten. Aber sie hatten sich selbst geschadet. So wie die Bewohner der höheren Sphären sich für all die Schönheiten ihrer Sphären selbst qualifizierten, so bewirkten die Bewohner dieser niedrigen Sphären die widerwärtigen Lebensbedingungen ihrer Geistigen Welt ebenfalls selbst. In den niedrigsten Sphären gab es kein Licht, keine Wärme, keine Vegetation, keine Schönheit. Aber es gibt Hoffnung, Hoffnung darauf, daß jede Seele selbst dort sich weiterentwickeln wird. Es steht in der Macht jeder Seele, sich weiterzuentwickeln, und nichts außer ihr selbst steht ihr dabei im Weg. Es mag für sie Abertausende von Jahren dauern, bis sie sich auch nur einen Zentimeter spirituell erweitert, aber es ist ein Zentimeter in der richtigen Richtung.

Mir kam zwangsläufig der Gedanke an die Lehre von der ewigen Verdammnis, die bei den dogmatischen Kirchen so beliebt ist, und an das ewige Feuer der sogenannten Hölle. Wenn man diesen Ort, an dem wir jetzt waren, Hölle nennen konnte – und zweifellos würden es die Theologen tun –, so gab es mit Sicherheit nichts, was auf Feuer, Hitze oder dergleichen hindeutete. Im Gegenteil! Wir fanden dort nur eine kalte modrige Atmosphäre vor. In der Geistigen Welt bedeutet Vergeistigung (Spiritualität) Wärme. Mangel an Spiritualität bedeutet Kälte. Die ganze phantastische Lehre vom Höllenfeuer – ein Feuer, das brennt, aber nie verzehrt – ist eine der allerdümmsten und unwissendsten Lehren, die je von gleichermaßen dummen und unwissenden Geistlichen ersonnen wurden. Keiner weiß, wer dies tatsächlich wirklich erfand, aber von der Kirche wird es als Lehre immer noch strikt aufrecht erhalten. Selbst die geringste Bekanntschaft mit dem Leben in der Geistigen Welt enthüllt sofort die äußerste Unmöglichkeit dieser Lehre, weil sie gegen die Gesetze geisten Lebens verstößt. Mehr an gegenüberstellenden Fakten will ich an dieser Stelle nicht anführen. Hingegen möchte ich kurz aufzeigen, welch eine zum Himmel schreiende Gotteslästerung hinter solchen theologischen Höllenvorstellungen steckt.

Als Edwin, Ruth und ich auf Erden waren, verlangte man von uns, zu glauben, daß Gott, der Vater des Universums, Menschen bestraft, tatsächlich bestraft!, indem er einige von ihnen dazu verurteilt, für alle Ewigkeit in den Flammen der Hölle zu brennen. Kann man sich eine gröbere Verunglimpfung Gottes vorstellen? Zu solcher aber bekennt sich die christliche Kirche. Die Kirchen – welcher Konfession auch immer – haben ein monströses Konzept vom Ewigen Vater des Himmels erstehen lassen. Zum einen verwandelten sie Ihn in einen Riesen an Bestechlichkeit. Bestochen und somit zur Vergebung veranlaßt werden konnte Er bei einfachen Vergehen durch oberflächliches Beichten, bei großen Sünden, aber vor allem durch große Geldsummen, die für die Erbauung von Kirchen und Kapellen zu Seiner Ehre bestimmt waren. Wichtig dabei war, daß man in kriecherischer Weise so tat, als ob man in Seelenzerknirschung Ihn um Vergebung bitte, Ihn beleidigt zu haben, wobei auch betont werden mußte, wie sehr man Ihn fürchte. Gott sollte man also fürchten, Er, der doch ganz und gar Liebe ist! Zum anderen war der Gott der Kirchen jemand, der ohne die geringsten Bedenken arme Menschenseelen einer Ewigkeit der schlimmsten Marter, jenem Verbrennen in unauslöschlichem Feuer, überantwortete. Man lehrte uns oberflächlich, um Gottes Barmherzigkeit zu bitten. Der Gott der Kirche ist ein Wesen mit ungewöhnlichen Launen. Er muß ständig versöhnlich gestimmt werden. Es ist keinesfalls gewiß, daß, so wir Ihn um Gnade gebeten haben, Er uns diese auch gewähren wird. Er muß gefürchtet werden, weil Er sich in jedem Augenblick an uns rächen kann. Wir wissen nicht, wann Er strafen wird. Er ist rachsüchtig und unversöhnlich. Er hat angeblich solche Banalitäten angeordnet, die in Kirchenlehrsätzen und Dogmen festgehalten werden, deren Inhalt jedoch nicht auf einen großen, sondern einen sehr kleinen Geist schließen lassen. Er hat das Tor zur Erlösung so eng geschaffen, daß wenige, sehr wenige Seelen je in der Lage sein werden, hindurchzugehen. Er ist es, so sagen sie, der auf Erden Seine große Organisation, die Kirche nämlich, geschaffen habe, die allein über die höheren Wahrheiten informiert sei. Dabei verhält es sich doch so, daß eben jene Kirchen praktisch nichts über das Leben in der Geistigen Welt wissen, dennoch es aber wagen, den im Fleische wohnenden Seelen die „ewigen“ Gesetze zu diktieren und zu behaupten, ihnen seien die Gedanken des Großen Vaters des Universums offenbar, ja, sie wagen es sogar, Seinen Namen zu schmähen, indem sie Ihm Eigenschaften unterschieben, die Ihm unmöglich zu eigen sein können. Was wissen solch dumme und kleine Geister von dem großen und allmächtigen Vater der Liebe? Wohlgemerkt: der „Liebe“! Ist diese Liebe etwa mit jenem soeben aufgezählten Höllengreuel zu vereinen? Entspricht diese Liebe nicht viel eher jenem Himmel, in welchem wir drei leben? Jenem Himmel voller Schönheit, einem Himmel von mehr Schönheit, als es sich der irdische Mensch je vorzustellen vermag, einem Himmel, von welchem ich euch nur einen kleinen Teil beschrieben habe, einem Himmel, in welchem alle Herzen von Frieden, gegenseitigem Wohlwollen und Liebe regiert werden. Solche Eigenschaften sind es, an die sich die unsrigen halten und die vor allem den Vater im Himmel in Seiner Liebe zu aller Menschheit erkennen lassen.

Wie verhält es sich aber mit den niedrigeren Sphären, den dunklen Orten, die wir jetzt besuchten? Eben die Tatsache, daß wir sie wirklich aufsuchten, hat mich dazu veranlaßt, in dieser Weise zu sprechen. Während ich in dieser Dunkelheit stand, war ich mir einer großen Wirklichkeit des ewigen Himmels bewußt, daß nämlich die hohen Sphären des Himmels für jede sterbliche Seele, die auf Erden geboren worden ist oder noch geboren werden soll, offenstehen. Die Entwicklungsmöglichkeiten sind unbegrenzt, und sie sind das Recht jeder Seele. Gott verurteilt niemanden. Der Mensch verurteilt sich selbst, aber die Selbstverurteilung bleibt nicht für ewig, denn es ist jeder Seele selbst anheimgegeben, wie schnell sie sich geistig entwickeln möchte. Jedes geistige Wesen haßt allein die niedrigen Sphären um des Elends willen, das dort herrscht. Und aus diesem Grunde gibt es große Organisationen, die jeder einzelnen Seele, die in den finsteren Bereichen lebt, helfen, sich aus ihnen ins Licht zu erheben. Und diese Aufgabe wird durch zahllose Zeitalter hindurch fortgesetzt werden, bis jede einzelne Seele aus diesen schrecklichen Orten herausgeholt wurde und bis schließlich alles so sein wird, wie es der Vater des Universums geplant hat.

Ich fürchtete, daß ich ein wenig zu lange von meinem Erlebnisbericht abgeschweift bin. Also will ich sofort zu unserer Reise zurückkehren. Ihr werdet euch erinnern, daß ich die vielen himmlichen Düfte und Wohlgerüche, die aus den Blumen steigen und die Lüfte durchziehen, erwähnte. Hier an diesen dunklen Orten war genau das Gegenteil der Fall. Unsere Nasen wurden anfangs von ekelerregenden Gerüchen heimgesucht, von Gerüchen, die uns an faulendes Fleisch in der irdischen Welt erinnerten. Sie waren zum Sichübergeben, und ich fürchtete, es würde sich herausstellen, daß Ruth und ich sie in der Tat nicht aushalten könnten. Aber Edwin sagte uns, wir sollten in der gleichen Weise, wie wir die Kälte gemeistert hätten, verfahren, indem wir uns einfach der Empfänglichkeit ihnen gegenüber willentlich verschlössen, so daß wir uns ihrer Existenz gar nicht mehr bewußt wären. Wir beeilten uns, es zu tun, und waren auch darin ganz und gar erfolgreich.

Auf unseren Reisen durch unsere eigene Sphäre können wir all die zahllosen Wohnungen und Schönheiten wie auch die erfreulichen Gespräche mit ihren Bewohnern genießen. Hier in diesen dunklen Landen ist alles öde und verlassen. Der sehr schwache Lichtgrad wirft einen Schatten auf das ganze Gebiet. Gelegentlich konnten wir einen flüchtigen Blick auf die Gesichter einiger der vorbeigehenden Unglücklichen werfen. Einige waren unverkennbar böse und verrieten das lasterhafte Leben, das sie auf Erden geführt hatten. Einige ließen den Geizhals, den Habgierigen oder die brutale Bestie erkennen. Es gab hier Menschen fast jeglicher Nuancierung irdischen Lebens, von der gegenwärtigen irdischen Zeit bis weit zurück in die Jahrhunderte der Vergangenheit. Und hier trafen wir solche, deren berüchtigte Namen wir in jenen unentstellten Geschichtswerken der von uns vordem besuchten Bibliotheken gelesen hatten. Edwin und sein Freund sagten uns, wir würden entsetzt sein über die Liste von den in der Geschichte wohlbekannten Namen von Menschen, die tief unten in diesen widerwärtigen Bereichen lebten, Menschen zum Beispiel, die abscheuliche und böse Taten im Namen der heiligen Religion oder zur Vermehrung ihres eigenen jämmerlichen materiellen Nutzens begangen hätten. Viele dieser Schufte waren unnahbar, und sie würden es vielleicht für zahllose weitere Jahrhunderte hinweg bleiben, bis sie sich aus eigenem Wünschen und Bemühen heraus in Richtung des Lichts spirituellen Wachsens zubewegten.

Während wir so dahingingen, konnten wir ganze Gruppen scheinbar wahnsinniger Seelen sehen, die auf ihrem Wege nach einem voraussichtlich bösen Vorhaben, so sie den Weg dorthin fanden, an uns vorüberkamen. Ihre Körper boten das äußere Erscheinungsbild der schrecklichsten und abstoßendsten Mißbildungen und Entstellungen, welche absolute Widerspiegelungen ihrer bösen Gedanken waren. Viele von ihnen schienen alt an Jahren zu sein, aber ich erfuhr, daß, obwohl solche Seelen sich dort vielleicht schon seit vielen Jahrhunderten aufhielten, nicht die vergehende Zeit, sondern ihre bösen Gedanken ihre Gesichter derart entstellt hatten.

In den höheren Sphären verjüngt die Schönheit der Gedanken die Gesichtszüge, streicht die Zeichen irdischen Kummers, irdischer Nöte und Sorgen hinweg und präsentiert dem Auge jenes Stadium physischer Reife, die wir zu der Zeit unseres irdischen Lebens hatten, als wir, wie man sagt, in der Vollreife unseres Körpers standen.

Die vielfältigen Geräusche, die wir an ihrem rauhen Gelächter bis hin zum schrillen Schreien einer Seele in Pein, die an ihr durch ebensolche bösartigen Menschen, wie sie selbst es war, verursacht wurde, hörten, stimmten mit der schrecklichen Umgebung überein. Ein- oder zweimal wurden wir von einigen mutigen Seelen angesprochen, die dort unten mit ihrer Aufgabe beschäftigt waren, diesen gequälten Menschen zu helfen. Sie freuten sich, uns zu sehen und mit uns sprechen zu können. In der Dunkelheit konnten wir sie sehen, und sie konnten uns sehen, aber wir alle waren unsichtbar für die anderen, weil wir alle mit dem gleichen Schutz für die dunklen Lande versehen waren. In unserem Falle gab Edwin auf uns als Neuankömmlinge acht. Aber von jenen, deren Aufgabe mit der Seelenrettung verknüpft war, verfügte jeder über seine eigenen Schutzmittel.

Wenn ein Priester oder Theologe auch nur einen Schimmer von den Dingen, die Edwin, Ruth und ich hier sahen, hätte, würde er niemals wieder behaupten wollen, daß Gott, der Vater der Liebe, jemals einen Menschen zu solchen Schrecken verurteilen könnte. Derselbe Priester, wenn er diese Orte sähe, würde es nicht einmal über sich selbst bringen, irgend jemanden nach dorthin abzuurteilen. Sollte er deshalb schon gütiger und barmherziger sein als unser Vater der Liebe? Nein! Der Mensch selbst qualifiziert sich für seine Lebensbedingungen, die ihn nach seinem Übergang in die Geistige Welt erwarten.

Je mehr wir in diesen dunklen Gefilden sahen, desto mehr wurde mir klar, wie phantasiegeprägt doch die Lehre jener christlichen Kirche, der ich auf Erden zugehörte, ist, wenn sie sagt, daß jener Platz, den sie die ewige Hölle nennt, von dem Fürsten der Dunkelheit regiert werde, dessen ganzes Bestreben darauf ziele, eine jede Seele unter seine Gewalt zu bringen, und daß es aus dessen Königreich kein Entkommen mehr gebe. Kann es überhaupt eine solche Wesenheit wie den Fürsten der Finsternis geben? Es sei durchaus denkbar, so könnte man vielleicht sagen, daß es eine Seele gebe, die unendlich schlechter als all die anderen sei und die man deshalb als eben jenen König des Bösen betrachten könne. Edwin sagte, daß überhaupt nichts auf eine solche Figur hindeute. Jene Wesen aus den höheren Sphären, die jeden Zoll der niedrigen Sphären durchquert hatten, hätten kein derartiges Wesen entdeckt. Dann gebe es auch noch jene, die über ein ungeheuer großes Wissen verfügten und die nachdrücklich bestätigten, daß die Existenz einer solchen Schreckperson in der Tat jeder Grundlage entbehre. Zweifellos gebe es eine ganze Anzahl derer, die zusammengenommen sehr viel bösartiger sein könnten als andere ihresgleichen. Die Idee, daß ein König der Finsternis existiert, dessen unmittelbare Funktion darin besteht, den Himmelskönig zu bekämpfen, ist dumm, primitiv und sogar barbarisch. Der Teufel als Einzelwesen existiert nicht, doch könnte man eine böse Seele einen Teufel nennen. Und so gesehen, gibt es viele, viele Teufel. Gemäß der Lehre einer der gängigen Kirchen ist es allein diese üble Bruderschaft, die von allen Abgeschiedenen der Geistigen Welt allein zur Erde zurückzukehren vermögen. Wir können nur mit Recht den Unsinn solcher Lehren belächeln. Es ist ja nichts Ungewöhnliches, daß auch eine wundersame und erhabene Seele Teufel genannt wird. Wir bewahren noch unseren Sinn für Humor, und es belustigt uns sehr, wenn wir manchmal hören, wie ein dummer, geistig blinder Geistlicher öffentlich erklärt, von den jenseitigen Dingen zu wissen, während er in Wirklichkeit völlig unwissend ist. Die Menschen unserer Welten haben breite Rücken, und sie können die Last solch irrigen Blödsinns tragen, ohne etwas anderes als Mitleid mit solch armen blinden Seelen zu empfinden.

Ich beabsichtige nicht, auf diese dunklen Sphären noch ausführlicher einzugehen, zumindest nicht im Augenblick. Die Methode der Kirche, die Menschen in Schrecken zu versetzen, ist nicht unsere Methode in der Geistigen Welt. Lieber wollen wir noch bei den Schönheiten unserer Welt verweilen und versuchen, etwas von den Herrlichkeiten zu zeigen, die eine jede Seele, wenn ihr irdisches Leben beendet ist, empfangen kann. Es bleibt jeder einzelnen Seele ganz persönlich überlassen, ob ihr dieses wunderbare Land früher oder später erschlossen sein wird.

Wir hielten eine kurze Beratung ab und beschlossen, daß wir nun gerne wieder in unsere eigene Sphäre zurückkehren würden. So machten wir den Weg zurück zum Nebelland, durchquerten es schnell, und alsbald befanden wir uns wieder in unserem eigenen himmlischen Land, wo wir uns von der warmen, balsamartigen Luft einhüllen ließen. Unser Freund, der uns durch die dunklen Sphären begleitet hatte, verließ uns nun, nachdem wir ihm unseren Dank für seine gütigen Dienste zum Ausdruck gebracht hatten. Mir kam es dann in den Sinn, daß es höchste Zeit sei, einmal wieder mein Haus aufzusuchen. Und somit bat ich Ruth und Edwin, mit mir zu kommen, weil ich nicht den Wunsch verspürte, allein oder von ihrer angenehmen Gesellschaft getrennt zu sein. Ruth hatte mein Heim noch nicht gesehen, aber, wie sie sagte, habe sie oft daran gedacht, wie es wohl aussehen würde. Mir kam ebenfalls der Gedanke, daß ein bißchen Obst aus dem Garten nach unserem, wenn auch kurzem Besuch in den niedrigen Sphären uns doch sicherlich jetzt gut tun würde.

Alles befand sich in meinem Hause in vollkommener Ordnung, und zwar genau so, wie ich es verlassen hatte, als ich auf Reisen ging, als ob sich ständig jemand darum gekümmert hätte. Ruth brachte ihre volle Anerkennung über alles, was sie sah, zum Ausdruck und gratulierte mir zur Wahl meines Heims.

In Beantwortung der Frage nach der unsichtbaren Kraft, die für die gute Ordnung im Hause während meiner Abwesenheit verantwortlich war, stellte Edwin selbst eine Gegenfrage: Was sollte die Ordnung deines Hauses stören? Es kann ja keinen Staub geben, da es doch überhaupt keinen Verfall irgendeiner Art gibt. Es kann kein Schmutz vorhanden sein, weil es hier in der Geistigen Welt nichts gibt, was ihn verursachen könnte. Die Haushaltspflichten, die auf der irdischen Ebene nur allzu vertraut sind und uns oftmals lästig vorkommen mögen, existieren hier überhaupt nicht. Die Notwendigkeit, den Körper mit Nahrung zu versorgen, wurde mit dem Verlassen unseres physischen Körpers aufgegeben. Die Verschönerungen des Heims, wie die Behänge und Polstermöbel, benötigen keinerlei

Erneuerung, weil sie nicht verderben. Sie bleiben so lange, bis wir zugunsten von etwas anderem auf sie verzichten können. Gibt es also noch irgendeine Haushaltsarbeit zu tun? Was sollte uns also darin hindern, aus dem Haus zu spazieren, ohne vorher Türen und Fenster zu verschließen? Schlösser gibt es ja hier sowieso nicht. Wann immer wir zurückkehren wollen, werden wir alles so vorfinden, wie wir es verlassen hatten. Wir können vielleicht einen Unterschied feststellen, eine Verbesserung. Wir könnten zum Beispiel entdecken, daß uns ein Freund während unserer Abwesenheit besucht und ein Geschenk für uns hinterlassen hatte, vielleicht einige wunderschöne Blumen oder ein anderes Zeichen der Freundlichkeit. Im übrigen werden wir feststellen, daß unser Haus selbst uns willkommen heißt und unser Gefühl, zu Hause zu sein, erneuert.

Ruth hatte für sich allein das ganze Haus inspiziert. Wir kennen hier keine stumpfsinnigen Förmlichkeiten, und außerdem hatte ich sie gebeten, das ganze Haus zu dem ihrigen zu machen, wann immer sie zu kommen wünsche und darin zu tun, was immer sie möchte. Der antike Stil des Baus reizte ihren künstlerischen Sinn, und sie weidete sich an der alten Holzvertäfelung und dem Schnitzwerk vergangener Zeit. Letzteres waren meine eigenen Verschönerungen. Schließlich kam sie in meine kleine Bibliothek und war sehr daran interessiert, auf den Regalen meine eigenen Werke sehen und in die Hand nehmen zu können. Ein Buch davon mußte sie besonders gefesselt haben, denn sie las darin, als ich eintrat. Sie sagte, daß allein schon der Titel ihr vieles verriete. Und dann fühlte ich, wie ihre liebe Anteilnahme zu mir herüberströmte, weil sie von meinem großen Vorhaben wußte, und sie bot mir alle Hilfe an, die sie mir in Zukunft hinsichtlich der Verwirklichung dieses Zieles geben könnte.

Sobald sie ihre Besichtigung des Hauses beendet hatte, versammelten wir uns im Wohnzimmer, und Ruth stellte Edwin eine Frage, die auch ich seit einiger Zeit zu stellen vorgehabt hatte. Gab es irgendwo ein Meer? Wenn es Seen und Ströme gab, sollten dann vielleicht nicht auch Ozeane vorhanden sein? Edwins Antwort erfüllte sie mit Freude. Natürlich gebe es Meer und Meeresküsten, die unvergleichlich schön seien. Ruth bestand sofort darauf, zu einem Meersstrand geführt zu werden. Und also brachen wir unter Edwins Führung sogleich auf.

Wenig später wanderten wir durch eine wunderschöne offene Landschaft, und das Gras unter unseren Füßen kam uns wie ein grüner Teppich vor. Es gab zwar hier keine Bäume, aber dafür entdeckten wir viele Gruppierungen von gesund aussehenden Sträuchern, und natürlich wuchsen überall Blumen in Hülle und Fülle. Schließlich kamen wir an eine Bodenerhebung, und wir fühlten instinktiv, daß sich hinter dieser das Meer ausbreiten mußte. Ein kurzer Gang führte uns zum Rande des Graslandes, und dann bot sich unseren Blicken das herrlichste Panorama eines Ozeans dar.

Der Anblick war einfach großartig. Niemals hatte ich erwartet, ein solches Meer zu erblicken. Seine Farbe war die vollkommenste Widerspiegelung des Himmelblaus darüber, aber zusätzlich spiegelte es eine Unzahl von Regenbogenfarben in jeder kleinen Welle wider. Die Oberfläche des Wassers war ruhig, aber diese Ruhe bedeutete noch keinesfalls, daß das Wasser leblos war. So etwas wie lebloses oder abgestandenes Wasser gibt es nicht in unserer Welt. Von dort aus, wo wir uns befanden, konnte ich in der Ferne Inseln von beträchtlichem Ausmaß sehen, Inseln, die höchst verlockend aussahen und natürlich von uns besucht werden mußten. Unter uns dehnte sich ein wunderschöner Strand aus, auf dem wir einige Menschen, am Rande des Wassers sitzend, entdeckten. Auf dem prächtigen Meer trieben in unterschiedlichsten Entfernungen großartige Boote, obwohl ich ihnen, wie ich glaube, nicht voll gerecht werde, wenn ich sie nur Boote nenne. Es wäre wohl zutreffender, sie Schiffe zu nennen. Ich war neugierig, wem diese schönen Schiffe gehörten. Und Edwin ließ uns wissen, daß auch uns selbst ein solches gehören könnte, wenn wir es wünschten. Viele der Besitzer wohnten auf ihnen und verfügten über kein anderes Heim als eben ihr Schiff. Sie seien damit völlig zufrieden. Auf ihren Fahrzeugen könnten sie immer leben, denn hier herrsche ja ewiger Sommer.

Ein kurzer Gang einen angenehm sich schlängelnden Weg hinunter führte uns zu dem sandigen Meeresstrand. Edwin unterrichtete uns, daß dieser Ozean keine Gezeiten kenne und daß er im Vergleich zu irdischen Meeren an keiner Stelle tief sei. Da es hier keine Stürme gebe, sei das Wasser immer ruhig und habe, so wie alles Wasser in diesen Sphären, eine angenehm warme Temperatur, so daß keine Kälte oder gar ein Frösteln bei den Badenden hervorgerufen werden könne. Natürlich trügen seine

Wellen jedermann, und es besitze keine einzige nachteilige Eigenschaft, sondern es sei im Gegenteil lebenserhaltend. In seinem Wasser zu baden hieße, eine vollkommene Offenbarung geistiger Kraft zu erfahren.

Der Sand, auf dem wir dahingingen, hatte nichts mit den unangenehmen Eigenschaften gemeinsam, die mit einem Sandstrand auf der Erdenebene verbunden sind. Es war niemals ermüdend, weiterzugehen. Obwohl er genauso wie irdischer Sand aussah, war er unter den Füßen doch fest in seiner Beschaffenheit, auch wenn er sich in der Hand weich anfühlte. In der Tat erinnerten diese Eigenschaften eher an einen gutgepflegten Rasen als an einen Sandstrand, da die Sandkörner dem Druck des Fußes nicht nachgaben. Wir nahmen einige Hände voll Sand und ließen ihn durch unsere Finger laufen. Groß war unsere Überraschung, als wir entdeckten, daß an ihm jede Spur von Körnigkeit fehlte. Vielmehr fühlte er sich eher wie weicher Puder an. Doch bei näherer Betrachtung stellte es sich dennoch heraus, daß er zweifellos fest war. Es handelte sich hier für uns um eines der seltsamsten Phänomene, die uns bisher begegnet waren. Edwin erklärte diesen Umstand damit, daß wir mit diesem besonderen Beispiel eine sorgfältigere Untersuchung dessen, was wir erblickten, durchführten, als wir es bis dahin bei anderen Dingen getan hätten. Er fügte hinzu, so wir beschlössen, eine genaue Untersuchung all dessen, was wir sähen, durchzuführen – sei es der Boden, auf dem wir dahingingen, sei es die Substanz, aus der unsere Häuser gefertigt seien oder die abertausend anderen Gegenstände, welche in der Geistigen Welt ihre Heimat haben –, daß wir in einem Zustand fortwährender Überraschung leben würden und daß wir damit gewiß eine kleine Vorstellung – aber eben eine nur kleine Vorstellung – von der Größe des Großen Geistes, dem Großen Geist im Universum, der diese und jede andere Welt aufrechterhält, erhalten würden. In der Tat stellten die großen Wissenschaftler der irdischen Ebene, wenn sie herüberkämen, um in der Geistigen Welt hinfort zu leben, fest, daß sie es mit einer vollständig neuen Welt zu tun hätten, die es mit ganz anderen Voraussetzungen zu erforschen gelte. Sie begännen von neuem, jedoch komme ihnen all ihre große irdische Erfahrung zugute. Und welche Freude bereite es ihnen, zusammen mit ihren wissenschaftlichen Kollegen die Geheimnisse der Geistigen Welt zu erforschen, deren Daten zu sammeln, ihr neues Wissen mit dem alten zu vergleichen und zum Nutzen anderer die Ergebnisse ihrer Forschungen und Entdeckungen festzuhalten. Und bei all ihren Erforschungen ständen ihnen die unbegrenzten Mittel der Geistigen Welt zur Verfügung. Freude beflügele ihre Arbeit.

Unser kleines Experiment mit dem Sand veranlaßte uns, unsere Hände ins Meer zu tauchen. Ruth erwartete, daß es völlig nach Salz schmecke, aber zu ihrer Überraschung war es nicht so. Soweit ich beurteilen konnte, hatte es überhaupt keinen Geschmack. Das Meer war eher aufgrund seines Ausmaßes und des sich an ihm weithin angrenzenden Landes als solches zu bezeichnen. Doch ähnelte sein Wasser demjenigen der Bäche und Seen. Dem allgemeinen Erscheinungsbild nach war die ganze Wirkung dem irdischen Ozean völlig unähnlich, was unter anderem auf die Tatsache zurückzuführen ist, daß es hier keine Sonne gibt, die ihr Licht aus jeweils nur einer Richtung herabsendet und durch den eigenen Stellungswechsel auch den Einfall des Lichtes verändert. Das sich ausbreitende Licht von der großen zentralen Quelle allen Lichtes in der Geistigen Welt ist unveränderlich und unbeweglich und beschert uns einen ewigen schönen Tag. Doch darf man nicht glauben, daß diese Unveränderlichkeit des Lichtes gleichbedeutend mit einem eintönigen und unveränderlichen Bild von Land oder See ist. Ständig gehen Veränderungen vor sich, Veränderungen der Farbe, wie sie sich der Erdenmensch nicht erträumen könnte. Unsere Augen können viele wunderbare Dinge in dieser unserer Geistigen Welt erblicken, wie sie die Augen des inkarnierten Menschen niemals zu sehen bekommen, es sei denn, er verfüge über die Gabe der Hellsichtigkeit.

Wir wollten sehr gerne eine der Inseln besuchen, die wir in der Ferne sehen konnten. Ruth glaubte, es sei ein schönes Erlebnis, in einem der hübschen Schiffe, die nahe am Ufer lagen, über das Meer zu gleiten. Aber es erhob sich die Schwierigkeit hinsichtlich eines uns zur Verfügung stehenden Fahrzeuges, das heißt, es schien uns beiden nur, als ob sie sich erheben könnte. Wenn diese Schiffe, wie ich gehört hatte, sich in Privatbesitz befanden, müßten wir zunächst einen der Besitzer kennenlernen. Edwin jedoch ersah, wie groß Ruths Wunsch auf eine Schiffsreise war. Und somit erklärte er zu ihrer übergroßen Freude, was wir zur Erfüllung ihres Wunsches anzustellen hätten.

Eines dieser eleganten Schiffe schien einem seiner Freunde zu gehören. Doch hätte es sich anders verhalten, würden wir bald festgestellt haben, daß wir bei jedem ihrer Besitzer gern an Bord gesehen wurden, wenn wir uns ihnen nur vorstellten, sofern wir uns an jene Förmlichkeit halten wollten, obwohl sie unnötig war. Hatten wir nicht stets, wo immer wir auch hinkamen, jenen freundlichen Empfang und die Versicherung, willkommen zu sein, erhalten? Warum sollte denn dann im Falle der Schiffseigentümer von der allgemeinen Regel der Gastlichkeit, die in der Geistigen Welt herrscht, abgewichen werden? Edwin lenkte unsere Aufmerksamkeit auf eine sehr schöne Jacht, die nahe am Ufer vor Anker lag. Von dort, wo wir uns befanden, sah es so aus, als hätte man ihr viel Aufmerksamkeit gewidmet. Unsere Annahme wurde hinterher bestätigt. Sie hatte ein überaus stattliches Aussehen, und ihr stromlinienförmiger Bau ließ darauf schließen, daß man mit ihr eine hohe Geschwindigkeit erzielen könne. Sie glich, von außen gesehen, einer irdischen Jacht.

Edwin sandte dem Besitzer mit seinen Gedanken eine Botschaft hinüber und erhielt in Erwiderung eine sofortige Einladung für uns alle. Wir verschwendeten deshalb keine weitere Zeit und befanden uns im Nu an Deck des überaus anmutigen Schiffes und wurden mit großem Willkommen von unserem Gastgeber begrüßt, der uns sofort mitnahm, um uns seiner Frau vorzustellen. Sie war sehr liebreizend, und es war deutlich zu sehen, daß die beiden ein vollkommenes Paar bildeten. Unser Gastgeber konnte verstehen, daß Ruth und ich begierig darauf waren, uns diese Jacht anzusehen. Und da er von Edwin wußte, daß wir uns noch nicht lange in der Geistigen Welt befanden, freute er sich um so mehr, sein Eigentum uns zeigen zu können.

Unsere ersten Beobachtungen aus der Nähe zeigten uns, daß viele Vorrichtungen und Zubehör, die für irdische Schiffe unentbehrlich sind, hier fehlten, so zum Beispiel jener unerläßliche Anker. Da es keine Stürme, Gezeiten oder Strömungen in unseren Gewässern gibt, ist ein Anker überflüssig, obwohl man uns erzählte, daß einige Schiffseigentümer ihn nur noch der Zierde halber verwendeten, wiewohl auch deswegen, weil sie glaubten, ihre Schiffe seien ohne ihn nicht vollständig. An Deck befanden sich guteingerichtete Wohn- und Gesellschaftsräume. Ruth war, wie ich sehen konnte, enttäuscht, überhaupt keine Vorrichtungen zum Antrieb des Schiffes entdecken zu können, weshalb sie daraus schloß, daß diese Jacht nicht imstande sei, sich aus eigener Kraft bewegen zu können. Ich teilte ihre Enttäuschung. Aber Edwin zwinkerte mit dem Auge, was mir genug bedeutet haben sollte, daß die Dinge in der Geistigen Welt nicht immer so sind, wie sie zu sein schienen. Unser Gastgeber hatte unsere Gedanken empfangen, und sofort führte er uns nach oben auf die Kommandobrücke. Wie erstaunt waren wir, als wir entdeckten, daß wir uns langsam und sanft vom Ufer fortbewegten. Die anderen lachten fröhlich über unser Verdutztsein, und wir liefen zur Reling, um unsere Fortbewegung durch das Wasser zu beobachten. Es gab nun keinen Zweifel mehr. Wir bewegten uns wirklich fort, und das Schiff nahm während der Fahrt an Geschwindigkeit zu. Sogleich kehrten wir zur Kommandobrücke zurück und baten um eine augenblickliche Erklärung dieser scheinbaren Zauberei.

10

Ein Besuch

Unser Gastgeber erzählte uns, daß die Macht der Gedanken in der Geistigen Welt nahezu unbeschränkt sei. Je mehr man an Kraft für eine bestimmte Anstrengung oder Gedankenkonzentration aufwende, desto größer sei der Erfolg. Unsere persönliche Art der Fortbewegung sei diejenige mittels der Gedankenkraft, und wir könnten die gleiche Art der Fortbewegung ebenfalls auf die von den Erdbewohnern so benannten „leblosen Dinge" übertragen. Natürlich gebe es in der Geistigen Welt nichts, was unbelebt sei. Daraus ergebe es sich, daß unsere Gedanken auf all die unzähligen Dinge ihren Einfluß ausüben könnten, aus denen die Geistige Welt zusammengefügt sei. Die Schiffe unterstünden dem Gedanken, zu schwimmen und sich auf dem Wasser fortzubewegen. Sie würden, wie unser Gastgeber ausführte, von der Lebenskraft bewegt, die bei uns alle Dinge in Bewegung hielte. Und so wir es wünschten, unsere Schiffe auf dem Wasser zu bewegen, so hätten wir mit gezielter Absicht praktisch nur jene Lebenskraft anzuzapfen, und unsere Gedanken produzierten schon das gewünschte Ergebnis der Fortbewegung. Wir könnten, so wir es wünschten, unsere befreundeten Wissenschaftler ersuchen, uns mit ausgezeichneten Maschinen zu versorgen, die unsere Schiffe in Bewegung versetzten. Und sicherlich wären diese nur allzu erfreut, uns dienlich sein zu dürfen. Aber so uns diese Maschinen an Ort und Stelle zur Verfügung stünden, würde ja wiederum eine konzentrierte Gedankenkraft vonnöten sein, um sie mit einer Antriebsenergie zu versehen. Warum sollten wir also diesen Umweg einschlagen, wenn wir auf dem direkten Wege ein ebenso gutes Ergebnis bewirken könnten?

Trotzdem dürfe nicht angenommen werden, so belehrte er uns weiter, daß ein jeder ein Schiff allein schon dadurch zu bewegen in der Lage sei, indem er daran denke, daß es sich bewegen solle. Dazu bedürfe es, wie bei so vielem, eines erforderlichen Wissens samt seiner Umsetzung für die Anwendung sowie auch der Erfahrung in der Ausübung solcher Kunst.

Eine natürliche Veranlagung komme einem bei solchen Dingen sehr zustatten, und er, unser Gastgeber, habe diese Fertigkeit in einer sehr kurzen Zeit meistern können. Sei einem aber erst einmal diese Fertigkeit zu eigen geworden, werde man von dem äußerst befriedigenden Gefühl getragen, Dinge in Bewegung setzten zu können allein durch eben jene Kraft der Gedanken, und sogar in einer Art, wie es vielleicht auf irgendeine andere Weise gar nicht möglich sei. So vollkommen es uns auch gelinge, uns mit Gedankenschnelle durch die Regionen zu bewegen, werde doch das Wunderbare dieser ganzen Geistigen Welt uns noch dadurch vergrößert, indem auf ganz einfache Art solch ein großes Objekt wie dieses Schiff in Bewegung gesetzt werden könne. Unser Gastgeber betonte, daß es sich bei dem von ihm Geäußerten natürlich nur um seine private Meinung handele und man sie nicht für allgemein verbindlich betrachten dürfe. Sein Enthusiasmus über die Wunder dieser Welt wurde noch von jenem für die See und seiner Liebe zu den Schiffen überboten.

Wir bemerkten, daß er sein Schiff in gewöhnlicher Weise mit einem Steuerrad lenkte. Dieses Steuer, wie er sagte, reiche von allen Gerätschaften aus, um das Schiff zu lenken. Er könne, wenn er wolle, auch von dieser alten Steuermethode ablassen und die Steuerung wie die Bewegung allein durch Gedankenkraft bewerkstelligen. Aber er bevorzuge noch die alte Methode der Handsteuerung, da sie ihm körperliche Ertüchtigung verschaffe, die für ihn ein Vergnügen bedeute. Habe er erst einmal das Schiff in Bewegung versetzt, könne er auf weitere Gedankenkonzentrierung verzichten, bis er das Schiff wieder anzuhalten wünsche. Allein der Wunsch, es zum Stillstand zu bringen, sei es allmählich oder sofort, würde das Schiff gehorchen lassen. Vor Unfällen brauche man sich nicht in acht zu nehmen, denn sie könnten sich unmöglich in unseren Regionen ereignen.

Während der ganzen Zeit, als unser Gastgeber Ruth und mir so vieles erklärte, Edwin aber sich mit der Gattin des Schiffsbesitzers unterhielt, hatte die Geschwindigkeit der Jacht immer mehr zugenommen, und wir bewegten uns auf eine der Inseln zu. Das Gefährt schob sich mit vollkommen gleichbleibender Bewegung durch das Wasser. Natürlich konnte es von keinem Vibrieren der Maschinen erschüttert werden, jedoch konnte man die genaue Bewegung durch das Wasser in Gedanken mitempfinden, während die Geräusche der sanften Wellen, durch die das Schiff glitt, die lieblichste Musik und Tonharmonie erzeugten, wie auch die vielen Farben des aufsprühenden Wassers sich immer wieder in neue Farbtönungen verwandelten. Wir entdeckten auch, daß bei unserem Dahingleiten das aufgewühlte Wasser sich schnell wieder beruhigte, ohne eine Fahrrinne zu hinterlassen. Unser Gastgeber handhabte seine Kunst meisterhaft. Indem er das Schiff beschleunigte oder verlangsamte, konnte es durch den veränderten Wasserandrang die überraschendsten Veränderungen von Farbspiel und Musik erzeugen, so daß das großartige Flimmergefunkel der See davon zeugte, wie sehr sie eigentlich lebendig war. Sie reagierte auf jede Bewegung des Schiffes so, als ob sie sich im vollen Einklang miteinander befänden, was sie ja auch tatsächlich waren.

Ruth geriet geradezu in einen Freudentaumel und eilte zu unseres Gastgebers Frau, um ihr mit aller Begeisterung über ihre neuen Entdeckungen zu berichten. Letztere, die für Ruths Gefühle volles Verständnis zeigte, war gleicherweise wie sie über alles angetan, obwohl es sich für sie um keine Neuheiten im Sinne von allerersten Erlebnissen handelte. Dennoch, wie sie sagte, könne sie doch nie, wie auch immer sie mit ihrem Zuhause auf dem Schiff vertraut sei, über die wunderartigen Gottesgaben zu staunen aufhören, die den Bewohnern dieser Lande soviel an Schönheiten und Freuden bescherten.

Inzwischen hatten wir uns schon so weit der Insel genähert, daß wir sie ganz deutlich in Augenschein nehmen konnten. Unser Schiff änderte seinen Kurs und folgte der Küstenlinie. Nachdem wir so eine Weile dahingeglitten waren, lenkten wir in eine kleine Bucht, die einen malerischen Naturhafen bildete.

Die Insel stand in nichts hinter unseren Erwartungen zurück. Es gab nur wenige Häuser, die ganz und gar den Charakter von Ferienhäusern widerspiegelten. Aber die große Attraktion dieses Ortes waren die zahlreichen Bäume, von denen keiner zu groß geraten war, obwohl sie ohne Ausnahme von Lebenskraft strotzten. In ihren Zweigen konnten wir ganze Scharen der wunderschönsten Vögel entdecken, deren Gefieder geradezu ein Aufruhr an Farbe repräsentierte. Einige schwangen sich durch die Lüfte, andere – es waren die größeren unter ihnen – liefen in majestätischer Haltung über den Boden. Sie begleiteten uns auf unseren Spaziergängen, und so wir unsere Hände vor uns ausstreckten, konnten wir damit rechnen, daß sich ein kleiner Vogel darauf niederließ. Sie schienen uns zu kennen und wußten auch, daß ihnen unmöglich irgendein Leid zugefügt werden könne. Sie müssen nicht ständig nach Nahrung Ausschau halten, noch müssen sie sich vor natürlichen Feinden, wie es auf der Erdenebene der Fall ist, in acht nehmen. Sie waren wie wir selbst Teil der ewig währenden Geistigen Welt, die sich hier ebenso wie wir ihres ewigen Lebens erfreuten. Die Tatsache, daß sie sich dort befanden, war wiederum eine der zigtausend Dinge, die uns zu unser aller Freude dargeboten werden.

Die Vögel mit ihrem großartigen Gefieder waren offensichtlich denen ähnlich, die man auf Erden in den Tropen zu sehen bekommt, doch die meist dann erst von den Menschen bestaunt werden können, wenn sie in die Geistige Welt gelangen. Durch den vollkommenen Temperaturausgleich bedingt, sind sie in der Lage, auch mit solchen zusammenzuleben, deren Gefieder weniger auffallend ist. Die ganze Zeit über sangen und zwitscherten sie in einer Tonsymphonie. Solche Töne zu hören konnten wir trotz der Vielzahl an Stimmen nicht überdrüssig werden, zumal die Gefiederten auf eigenartige Weise in Harmonien zu singen wußten, gegen die sie niemals verstießen, obwohl einige von den kleineren Vögeln in höchsten Tonlagen sangen. Was aber diese von den irdischen Vögeln, die ihr Leben nach ihrem „Tode" bei uns fortsetzen, im besonderen Maße unterschied, war ihre freundschaftliche Zutraulichkeit, die uns in Entzücken versetzte. Wir fühlten uns ebenso wie sie als Bestandteil eines ungehinderten Lebens, und wir verstanden einander. Denn wenn wir etwas sagten, konnten wir entdecken, daß sie genau wußten, wovon wir sprachen. Und auf irgendeine feinfühlige Art schien es, als würden wir ebenfalls ihre Gedanken erraten. Wenn wir zum Beispiel irgendeinen bestimmten Vogel anriefen, verstand er uns und flog herbei.

Unsere Freunde hatten selbstverständlich all das schon früher erlebt, doch war es für Ruth und mich ein neues und ganz wunderbares Erlebnis. Und ich dachte daran, daß, so ich nur über all dies vorher einmal gründlich nachgedacht, also meinen Kopf ein wenig angestrengt hätte, ich auch sicherlich zu der Erkenntnis gekommen wäre, daß wir hier irgendwann solchen Wundern begegnen mußten. Denn warum, so fragte ich mich, sollte der Große Vater des Himmels all die wunderschönen Vögel allein für die Erde geschaffen haben, zumal sie dort oft in Gegenden lebten, in die kaum ein Mensch gelangte, um sich an ihnen erfreuen zu können? So es aber einem solchen gelang, jener Vogelpracht in den Urwäldern der Erde ansichtig zu werden, war es nicht zugleich sein Los, sein Leben dort zu verlieren? Sollten denn der weitaus ausgedehnteren Geistigen Welt all jene wunderschönen Dinge vorenthalten sein, die man auf der Erde bewundern konnte? Die Antwort darauf war das, was sich vor uns präsentierte. In der Überheblichkeit und Selbstüberschätzung ist der Grund dafür zu sehen, denn der Erdenmensch denkt, daß die Schönheit auf Erden ganz allein zu seiner Freude geschaffen worden sei. Er glaubt, daß er über das Monopol der Freude verfüge. Sobald er aber in unsere Welt überwechselt und seine Augen öffnet, wird ihm bewußt werden, daß er im Grunde niemals zuvor gesehen hat, wie schön die wahre Schönheit eigentlich wirklich sein kann. Dann wird er vielleicht zum erstenmal in seinem Leben still und bescheiden. Diese Verhaltenswiderfahrung ist Ergebnis der ersten Lektionen nach dem Erwachen in der Geistigen Welt, und, so darf man mir glauben, so mancher Schock wird einem dabei versetzt werden.

Das enorme Farbgefunkel all dieser von uns bestaunten Vögel war eigentlich für einen einzigen Besuch schon beinahe zu viel. Diese Pracht war einfach nicht zu beschreiben, weshalb ich auch davon Abstand nehmen möchte. Wir spazierten durch wunderschöne Haine. Wir kamen an so manchem Bach vorbei, in welchem das Wasser in murmelnden Tönen musizierte. Wir überquerten Lichtungen von samtartigem Gras. Es kam uns so vor, als befänden wir uns ganz und gar in einem Märchenland. Auch begegneten wir einigen Menschen, die uns einen Gruß zuriefen oder uns zuwinkten. Sie alle fühlten sich in diesem Vogelparadies glücklich. Wir erfuhren, daß dieser Inselteil allein den Vögeln vorbehalten war und daß deshalb keine anderen Tiere dort eindrangen. Diese Regelung bestand nicht etwa, weil irgendeine Gefahr, daß sie zu Schaden kommen könnten, bestanden hätte, denn so etwas wäre hier unmöglich. Doch der Grund dafür liegt darin, daß die Vögel unter ihresgleichen noch glücklicher waren.

Schließlich begaben wir uns wieder zu jenem Schiff und stachen in See. Wir waren daran interessiert, zu erfahren, wie unser Gastgeber zu seinem schwimmenden Zuhause gekommen war. Solch ein kunstgerecht angefertigtes Schiff erforderte auf jeden Fall Fachleute, welche die Pläne ausarbeiteten und die Herstellung durchführten. Er erklärte uns, daß in der

Geistigen Welt ein Schiff unter eben denselben Bedingungen erschaffen würde wie unser eigenes Haus oder jedwedes andere Gebäude. Als Voraussetzung gelte allein, daß man sich das Recht für einen solchen Besitz vorher erworben habe. Dies konnten wir einsehen. Was geschah aber mit jenen vielen Menschen bei uns, die auf Erden Schiffe aller Art entworfen oder gebaut hatten, sei es, daß sie von jener Arbeit lebten oder sie als Freizeitbeschäftigung ausführten? Müßten vor allen letztere bei uns nicht auf ihr Hobby verzichten? In der Geistigen Welt, so bekamen wir als Antwort, seien alle Voraussetzungen dafür gegeben, daß sie ihre Arbeiten, sei es als Haupt- oder Nebenbeschäftigung, fortführen könnten. Viele bauten solche Wasserfahrzeuge aus reiner Schaffensfreude, und sie bereiteten somit vielen anderen eine Freude, die ebenfalls eine Vorliebe für die See und die Schiffe hätten. Ihr Vergnügen sei ihre Arbeit, und ihre Arbeit sei ihr Vergnügen.

Die Aufgabe, solch ein Fahrzeug herzustellen, erfordert höchste technische Kenntnisse, und die verschiedenen Anwendungsmöglichkeiten dieser Welt, die sich so ganz von den irdischen Techniken unterscheiden, müssen beherrscht wErden. Haben wir erst einmal uns das Recht für den Besitz eines Bauwerks erworben, stehen uns die vielen fachkundigen Freunde bei dessen Herstellung gerne zur Verfügung. Als wir auf Erden waren, konnten wir uns in Gedanken die Gestalt von einem gewünschten Garten, Haus oder was auch immer vorstellen. Hier jedoch wird solch eine vorgestellte Form mit Hilfe der Fachleute in eine konkrete Realität verwandelt.

Unsere Rückfahrt war ebenso angenehm wie unsere Hinfahrt. Als wir uns beim Aussteigen von unseren Gastgebern verabschiedeten, versicherten sie uns, daß wir zu jeder Zeit, wann immer es uns beliebe, wiederum ihre Gäste sein dürften, um mit ihnen alle Freuden des Seelebens zu genießen.

Als wir am Sandstrand einhergingen, erinnerte uns Edwin an jenes große Gebäude inmitten der Stadt und fügte hinzu, daß dort in Kürze der Besuch eines Wesens aus höheren Regionen stattfinden würde, zu welchem Ereignis sich in dem mit einer Kuppel überdachten Tempel viele Menschen einfinden würden. Und er fragte uns, ob wir gerne daran teilnehmen wollten. Er erläuterte weiterhin, daß es sich nicht im eigentlichen Sinne um einen Gottesdienst handele, zu welchem jene hohe Persönlichkeit in unserer Welt erschiene, denn solche Gottesdienste müßten nicht bewußt inszeniert werden, entstünden sie doch spontan aus dem Herzen. Jedoch würde jener hohe Besucher nicht nur sein eigenes Licht erstrahlen lassen, sondern auch jenen Glanz der himmlischen Sphäre, die er repräsentiere. Wir drückten ihm sofort unseren Wunsch aus, mit ihm an jenem Ereignis teilnehmen zu wollen, waren wir uns doch gewiß, daß er, der uns bisher immer geleitet und behütet hatte, uns ebenfalls dorthin begleiten würde.

Alsbald wanderten wir auf der breiten Allee, aus Bäumen und Gärten bestehend, entlang, und mischten uns in jene Menschenscharen, die offenbar aus gleichem Grunde wie wir sich in dieselbe Richtung bewegten. Seltsam zu sagen, obwohl wir uns unter so vielen Menschen befanden, hatten wir – anders als auf Erden – dennoch nicht das Gefühl, in einer Menschenmasse mitzuwandern. Im Gegenteil. Ich fühlte mich großartig, und Ruth erging es ebenso. Vielleicht hatten wir zuerst angenommen, daß wir jetzt wieder von unsern alten irdischen Gefühlen heimgesucht würden, jener Furcht nämlich, daß in einer solch immensen Menschenmenge eine Unruhe entstehen könnte, wie wir es von der Erde her kennen. Ich denke da an Anrempelungen und Geschrei, besonders dann, wenn eine Vorstellung oder Versammlung vorbei ist und alles dem Ausgang zustrebt. Solche Gedanken hier zu hegen, war einfach lächerlich. Ruth und ich lachten nun darüber. Edwin tat ein gleiches, da er erraten haben mußte, welchen Gedankengängen wir für Augenblicke nachgegangen waren. Wir fühlten, da wir ja davon überzeugt waren, daß alles gut gehen würde und daß ein jeder hier wußte, was er zu tun oder wohin er zu gehen hatte, daß weiterhin sich hier niemand aus Gründen des Stärker- oder des Bevorzugtseins hervortun wollte. Wir fühlten, daß man mit unserem Dabeisein im Tempel rechnete und daß uns dort auch eine persönliche Begrüßung bevorstand. War all das nicht genug, jedes Gefühl der Unbehaglichkeit und der Bedenklichkeit zu zerstreuen?

Überdies bestand unter allen eine geistige Eintracht, wie sie auf Erden wohl selbst bei Menschen gleichen Glaubens nicht zu finden ist. Gibt es überhaupt eine irdische Religion, zu der sich all ihre Anhänger uneingeschränkt bekennen? Nein, so etwas gibt es nicht. Auf Erden hält man es für wichtig, um Gott zu danken und Ihn anzubeten, eine ganze Reihe von

Ritualien, Förmlichkeiten und Zeremonien zu absolvieren gemäß gewissen Dogmen und eigenartigen Glaubensvorstellungen, über die ebenso viele verschiedene Ansichten existieren, wie es verschiedene Glaubensbekenntnisse gibt.

Ich habe schon über das Vorhandensein von Religionsgemeinschaften der verschiedenen Glaubensbekenntnisse gesprochen. Demzufolge bleibt auch bei uns noch einiges zu wünschen übrig. Doch wenn die Erdenbewohner einmal erleuchtet werden sollten, werden auch die noch bei uns vorhandenen Glaubensgemeinschaften verschwinden. Eben jene Blindheit und Dummheit auf der Erdenwelt ist der Grund für ihr fortdauerndes Vorhandensein bei uns. Man gewährt ihnen Toleranz, doch haben sie sich ebenfalls tolerant zu geben, sonst würden sie aufgelöst werden. Sie dürfen niemals versuchen, andere Menschen dazu zu überreden oder gar zu zwingen, irgend etwas ihrer irrigen Doktrinen glauben zu sollen. Sie haben unter sich zu bleiben, sind aber in der Ausübung ihrer Religion ganz und gar frei. Die Wahrheit offenbart sich einem jeden von ihnen, sobald er nach dem Gottesdienst den Fuß über die Kirchenschwelle nach draußen setzt, nicht aber nach dem Hineinschreiten. Wenn letzten Endes jemand die Nichtigkeit seines betreffenden eigentümlichen Kirchenglaubens eingesehen hat, trennt er sich sehr schnell von seinen anderen Glaubensgenossen, und mit voller Freiheit und Wahrheit, die nicht mehr an Glaubensvorstellungen oder kirchliche Vorschriften gebunden ist, wendet er sich an seinen Himmlichen Vater mit Worten, wie sie ihm in den Sinn kommen, frei und unversehrt, losgelöst von aller Litanei, doch einfach und mit ganzem Herzen gesprochen.

Jedoch besitzen wir unsere Tempel, wo wir jene großen Botschafter aus den höheren Regionen empfangen, Tempel also, die dazu geeignet sind, des Vaters Boten zu empfangen, damit sie unseren vereinigten Dank und unsere Anliegen zu der „Großen Quelle von allem“ mit hinausnehmen. Wir halten nicht blind unseren Gottesdienst wie auf Erden ab.

Als wir uns dem Tempel näherten, konnten wir fühlen, wie unser Körper in der Tat mit einer geistigen Kraft aufgeladen wurde. Edwin erklärte uns, daß das immer der Fall sei, da die gewaltige Kraft, die von einem höheren Besucher mitgebracht werde, innerhalb eines weiten Kreises um den Tempel herum unveränderlich bleibe. Deshalb also stand dieser Tempel völlig isoliert von allen anderen Gebäuden. Gärten allein umgaben ihn, auf denen sich ein Meer an Blumen ausbreitete, die sich, wie es beinahe schien, so weit, wie das Auge schauen konnte, erstreckten und eine Galaxie an leuchtenden Farben in großen Streifen und Massen darboten, wie man es sich auf Erden niemals vorstellen könnte. Zudem erklang die himmlichste Musik, und wunderbarster Duft drang in unsere Nasen, so daß wir von all dem so angetan waren und uns ganz rein und innerlich gehoben vorkamen, so, als befänden wir uns in einer anderen Sphäre.

Das Gebäude selbst war ein Prachtwerk. Es war stattlich und groß und war in sich selbst eine Inspiration. Es schien aus edelstem Kristall gefertigt zu sein, obwohl jenes nicht durchsichtig war. Massive Säulen waren poliert, so daß sie strahlten wie die Sonne, während jede Rille ihre leuchtenden Farben verströmte, so daß das ganze Bauwerk zu einem Tempel des Lichtes wurde. Niemals hätte ich ein solches Gefunkel für möglich gehalten, denn die Oberflächen reflektierten nicht nur das Licht in der uns begreiflichen Weise, nein, aus ihnen entströmte ein eigenes Licht, das wir spirituell erfühlen konnten.

Edwin geleitete uns zu unseren Sitzen, von denen wir wußten, daß sie für uns bestimmt waren, so wie man zu einem bei sich zu Hause stehenden vertrauten Lieblingsstuhl geht und sich auf ihn setzt.

Über uns wölbte sich die große Domkuppel, die im purstem Golde erstrahlte, in welchem sich Hunderte von Farben aus dem ganzen übrigen Gebäude widerspiegelten. Aber der Mittelpunkt aller Aufmerksamkeit befand sich am Kopf des Tempels auf einem aus Marmor gefertigten Hochaltar. Ich gebrauche hier letzteres Wort allein aus dem Grund, da mir kein anderes an dessen Stelle einfallen will. Dieser war von einem niedrigen Geländer umgeben, das nach dort eine Öffnung ließ, wo sich die Treppenstufen nach unten anschlossen. Wir hörten die Musikklänge, aber von wo sie eigentlich zu uns drangen, konnten wir nicht ermitteln, da keine Musizierenden zu sehen waren. Doch die Musik wurde offenbar von einem Orchester, nur aus Streichern bestehend, gespielt, denn wir konnten kein anderes Orchesterinstrument heraushören.

Jener Hochaltar, der eine beachtliche Breite hatte, war angefüllt von vielen Wesenheiten höherer Regionen. Doch in ihrer Mitte verblieb ein offener Platz, der, wie ich vermutete, für unseren hohen Besucher freigelassen werden sollte. Wir hatten uns inzwischen alle gesetzt und flüsterten leise miteinander. Plötzlich wurden wir einer stattlichen Manneserscheinung mit ganz schwarzem Haar gewahr, neben der, zu meinem höchsten Erstaunen, sich jener freundliche Ägypter befand, den wir in Edwins Haus an der Grenze unserer eigenen Sphäre angetroffen hatten. Für jene, die bereits einem solchen Besuch beigewohnt hatten, bedeutete das Erscheinen dieser beiden das alsbaldige Eintreffen jener hohen Persönlichkeit, weshalb wir uns nun alle erhoben.

Alsdann erblickten wir vor unseren Augen zuerst ein Licht, das uns beinahe blendete. Doch nachdem wir uns darauf konzentrierten, gewöhnten wir uns sofort daran und fühlten uns wohl. Wie ich später herausfand, verhielt es sich umgekehrt, denn das Licht stellte sich auf unsere Augen ein. Das heißt, seine Frequenzen verringerten sich, so daß es sich auf die Frequenzen unserer Welt einvibrierte. Es wuchs an Umfang, an dessen Enden sich eine goldene Farbtönung manifestierte, während es im Zentrum immer lichter wurde. Darin nun erblickten wir die Umrisse unseres Besuchers, der immer mehr an Gestalt zunahm. Als deren Dichtigkeit zugenommen hatte, erkannten wir, daß es sich um einen jungen Mann, das heißt um einen auf geistige Weise verjüngten Mann, handelte, von dem wir wußten, daß er über die drei für uns unvorstellbaren hohen, allumfassenden und allgenügenden Eigenschaften verfügte, nämlich über Weisheit, Wissen und Reinheit. Seine Erscheinung glänzte vor jenseitiger Schönheit. Sein Haar war aus Gold, während er auf seinem Kopf ein funkelndes Diadem trug. Sein Gewand war von gazeartiger Qualität, und es bestand aus einem ganz weißen Umhang, in dessen Saum ein Goldband gewoben war, während von seinen Schultern ein Mantel aus dem reichsten kerulischen Blau herabhing, der in Brusthöhe mit einer großen rosaroten Perle befestigt war. Seine Bewegungen waren majestätisch, als er seine Arme emporhob und uns seinen Segen entbot. Er verharrte schweigend in dieser Stellung, während wir unsere Gedanken zu Ihm hinaufschickten, der uns mit einem solch wunderbaren Wesen beehrt hatte. Wir dankten Ihm und sandten unsere Wünsche aus. Was mich betrifft, so hatte ich ebenfalls ein Anliegen, und also brachte ich es in Gedanken vor.

Ich kann euch unmöglich auch nur einen Bruchteil von jener geistigen Verzückung wiedergeben, die mir, wenn auch räumlich etwas entfernt von der Gegenwart dieses himmlischen Gastes, zuteil wurde. Aber ich kann jetzt sagen, daß ich während seiner Anwesenheit nicht lange im Tempel gesessen haben konnte, als sich eine nahezu in mir alles umstürzende Bewußtseinserhellung vollzog, indem ich erkennen mußte, daß ich mich noch ganz, ganz unten auf der Leiter der geistigen Evolution und Höherentwicklung befand. Und dennoch wußte ich, daß er mir, wie uns allen Gedanken der Ermutigung, der guten Hoffnung und der Freundlichkeit von höchsten Maßen zukommen ließ, die mich in meinem Gefühl bestärkten, nie und nimmermehr daran zu zweifeln, von meinem Streben nach dem höchsten geistigen Reich abzulassen, und die mir weiterhin versicherten, daß auf mich nützliche Arbeit im Dienste der Menschheit wartete und daß mir bei deren Durchführung die Hilfe aller in den Geistigen Welten Lebenden zur Verfügung stünde, wie sie sich ja jeder einzelnen Seele anbietet, die für das Heil der Menschen zu arbeiten willens ist.

Und mit einer abschließenden Segnung entzog sich dieses glänzende und wahrhaft königliche Wesen unseren Augen.

Wir verharrten auf unseren Sitzen. Erst nach und nach leerte sich der Tempel. Ich dachte noch gar nicht daran, mich zu erheben. Und Edwin bedeutete mir, daß wir, solange es uns beliebe, sitzen bleiben könnten. Das Gebäude war daher nach einiger Zeit nahezu vollends entleert, als ich die Gestalt des Ägypters auf uns zukommen sah. Er begrüßte uns aufs herzlichste und fragte mich, ob ich die Güte hätte, mit ihm gehen zu wollen, da er die Absicht habe, mich seinem „Meister“ vorzustellen. Ich dankte ihm für sein anhaltendes Interesse an mir.

Und wie groß war meine Verwunderung, als er mich vor jenen Mann geleitete, der mit ihm zuvor jene erhobene Plattform betreten hatte. Bisher hatte ich ihn nur von meinem Platz aus erspähen können. Aber nun aus der Nähe entdeckte ich, daß seine Augen mit dem Rabenschwarz seiner Haare übereinstimmten, die um so mehr noch hervorstachen, als seine Gesichtszüge etwas blaß ausfielen. Sein Gewand setzte sich aus blauen, weißen und goldenen Farben zusammen, die ebenfalls auf einen sehr hohen Rang schließen ließen, wenn sie auch nicht von jener Intensivität wie bei jenem Hauptbesucher waren. Ich hatte den Eindruck, mich in Gegenwart eines weisen Mannes zu befinden, was er wirklich auch war. Zudem zeichnete er sich durch einen großen Sinn für Spaß und Humor aus. (Ich möchte an dieser Stelle darauf hinweisen, daß Spaß und Humor nicht und niemals das einzige Vorrecht der Erdenbewohner sind oder sein werden, wie auch immer sie sich ein solches Monopol zugestehen mögen und wie sehr sie auch dazu geneigt sind, uns jegliche Art von herzerfrischender Heiterkeit absprechen zu wollen. Wir werden auch weiterhin trotz ihrer möglichen Mißbilligung zu lachen fortfahren!)

Der freundliche Ägypter stellte mich seinem Meister vor, und jener nahm meine Hand in die seine, lächelte mich in einer solchen Art an, daß meine Gefühle der Schüchternheit sich völlig verflüchtigten. Er goß, ganz einfach gesprochen, Selbstsicherheit in mich hinein und schuf dadurch für mich einen Zustand völliger Vertrautheit. Man könnte ihn, ohne dabei den Respekt vor ihm einschränken zu wollen, den vollkommenen Gastgeber nennen. Als er zu mir sprach, war seine Stimme wunderbar artikuliert, sanft im Klang und äußerst freundlich. Seine Worte erfüllten mich mit Freude, auch wenn sie mich in Verwunderung versetzten: „Mein geliebter Meister, den du gerade gesehen hast, bat mich, dir auszurichten, daß dein Gebet erhört wurde und daß dein Wunsch erfüllt wird. Fürchte nichts. Denn Versprechen, die hier gemacht werden, gehen immer in Erfüllung." Dann bat er mich, daß ich noch eine Zeitlang auf die Erfüllung meines Wunsches warten möge, denn eine Kette von Ereignissen habe notwendigerweise vorher noch stattzufinden, ehe die genauen Bedingungen geschaffen sein würden, meine Wünsche in die Tat umsetzen zu können. Die Zeit würde aber, wie er hinzufügte, bald kommen, und ich könne in der Zwischenzeit mit der beabsichtigten Arbeit im Verein mit meinen Freunden fortfahren. So ich zu irgendeiner Zeit nach Rat verlangen sollte, könnte mein guter Edwin immer unseren ägyptischen Freund verständigen, dessen Hilfe allzeit zu meinen Diensten stehen würde. Daraufhin segnete er mich, und ich war auf einmal allein, allein mit meinen Gedanken und der fest verankerten Erinnerung, umgeben noch von dem Hauch unserer erleuchteten Besucher.

Ich ging zu Edwin und Ruth zurück und erzählte ihnen das soeben Erlebte. Beide zeigten sich über meine mir zuteil gewordene Botschaft, die aus solch einer hohen Quelle zu mir gekommen war, hoch erfreut. Ich verspürte nun das Verlangen, nach meinem Haus zurückzukehren, und fragte sie, ob sie mich begleiten wollten. Wir versetzten uns sofort in mein

Haus, und ich begab mich alsgleich in mein Bibliothekszimmer. Auf einem der Regale befand sich jenes gewisse Buch, das ich auf Erden verfaßt hatte und von dem ich nun wünschte, daß es nie geschrieben worden wäre. Ich nahm das Buch, welches sich unmittelbar daneben befand, heraus und ließ die so geschaffene Lücke frei. Gemäß meines erhörten Gebetes sollte diese Lücke einst mit einem anderen Buch gefüllt werden, einem Buch, das nach meinem Überwechseln in die Geistige Welt geschrieben sein würde und das davon Zeugnis ablegen sollte, daß ich die Wahrheit gesehen hatte.

Und wir drei hakten uns ein und spazierten hinaus in den Garten und damit auch in den himmlischen Sonnenschein der Ewigkeit.

Zweiter Teil

Die Unsichtbare Welt

1

Die Blumen

Nachdem ich in der Geistigen Welt angekommen war, gehörte es zu einer meiner ersten Erfahrungen, daß ich mir einer Traurigkeit bewußt war. Sie entsprang zwar nicht aus mir heraus, denn ich war vollkommen glücklich, aber es war die Traurigkeit von anderen. Ich wollte unbedingt wissen, woher sie wohl rühren mochte.

Edwin erklärte mir, daß diese Traurigkeit von der Erde zu mir dringe und durch die zurückgebliebenen und über meinen Tod Trauernden verursacht werde. Doch dieses Gefühl in mir ließ allmählich nach, da, wie Edwin mich belehrte, die Irdischen mich schnell zu vergessen begannen. Letztere Tatsache machte mich sehr demütig, ja, ich empfand Demut wie wohl nie zuvor.

Ich hatte mir, so darf ich euch versichern, auf Erden einen nicht unbedeutenden Namen geschaffen. Doch die Entdeckung, das sich das Angedenken an mich sehr schnell aus den Köpfen der Erdenmenschen verflüchtigte, verursachte mir dennoch keinen Schmerz. Ich hatte wohl durch meine Bücher und meine Predigten weithin gewirkt. Doch jetzt mußte ich mir eingestehen, daß all mein Wirken in Wahrheit nur mikrobenhaft klein war. Man beschrieb mir die Gefühle von denen, die auf Erden höchste Gunst und weitesten Ruhm genossen hatten, jetzt aber, nachdem sie ihren Erdenkörper zurückgelassen hatten, entdecken mußten, daß ihnen ihr Ruhm und ihre Beliebtheit bei den Irdischen nicht in die Geistige Welt nachgefolgt war. Alle Bewunderung, die sie auf Erden genossen hatten, war auf einmal wie weggeblasen. Natürlich sind solche Seelen sehr traurig darüber, sich ihrer irdischen allgemeinen Anerkennung verlustig zu sehen, und sie werden von einem Gefühl des Verlassenseins heimgesucht, das desto schmerzlicher war, je mehr ihnen gewiß wurde, wie schnell die Erdenwelt sie eigentlich wieder vergessen hatte. Hielt sich meine irdische Berühmtheit in Grenzen, war es mir dennoch gelungen, mir bei meinen Glaubensgenossen einen bedeutenden Namen errungen zu haben.

Mein Übergang in diese Welt war ruhig und friedlich vonstatten gegangen, und es hatten sich keinerlei unangenehme Begleiterscheinungen in den Weg gestellt. Es bedeutete keinen Schmerz für mich, die Erde verlassen zu müssen. Denn an diese band mich im Grunde nichts anderes als meine Arbeit. In dieser Beziehung war ich im höchsten Maße gesegnet. Edwin erzählte mir von anderen, deren Hinübergang äußerst schmerzlich verlief und deren geistiger Verfassungszustand nach ihrer Ankunft bei uns noch viel schmerzlicher war. Viele von denen, die auf Erden sehr viel galten, mußten erkennen, daß sie bei uns ganz unbedeutende Seelen waren. Und viele, die sich auf Erden keinen Namen geschaffen hatten, durften zu ihrer übergroßen Freude wahrnehmen, daß sie ihrer spirituellen Qualität wegen bei uns schon sehr bekannt waren. Aber für jene, die für den ewigen Sonnenschein und das ewige Licht bestimmt sind, bedeutet eine solche Freude erst den Anfang zu vielen Freuden.

Ich habe euch schon einen Einblick in jene Regionen der Dunkelheit und der Halbdunkelheit gegeben, in denen alles kalt, öd und unfruchtbar ist und wo bestimmte Seelen wohnen. Aber auch jenen dort steht es offen, sich aus dem Dunkel ans Licht emporzuarbeiten. Es hängt alles von ihrem eigenen Wunsch ab und dem Willen, dahingehend an sich zu arbeiten. Viele aus den höheren Bereichen tauchen aus ihren Himmeln hinab, um in diesen düsteren Regionen zu versuchen, einigen der Unglücklichen dabei behilflich zu sein, sich aus ihrem Unglück zu befreien. Sie versuchen, ihnen den Weg zu zeigen, der zum Licht und zur spirituellen Weiterentwicklung führt.

Es war mir vergönnt gewesen, mit Edwin und Ruth jene dunklen Orte zu besuchen, die jenseits des Nebelbandes liegen, das sie von dem Licht trennt. Ich beabsichtige nicht, euch jetzt schon wieder in jene Bereiche des Elends und der Freudlosigkeit zu führen. An einer anderen Stelle hoffe ich, euch noch einen Bericht unserer weiteren Erlebnisse dort unten geben zu können. Im Augenblick denke ich an andere und angenehmere Dinge, über die ich gerne sprechen möchte.

Es gibt viele Seelen auf der Erdenebene, die sich darangemacht haben, hinter die Geheimnisse des Lebens zu kommen. Sie stellen die verschiedensten Theorien auf, die angeblich dies oder das erklären, Theorien, die zeitweilig sogar als große Wahrheiten angesehen werden. Einige dieser

Hypothesen sind jedoch unendlich weit von der Wahrheit entfernt, andere sind völlig sinnlos. Aber es gibt auch Leute, die jegliches Eigendenken zurückweisen, da sie dickköpfig glauben, daß es, solange sie Inkarnierte sind, ihre Bestimmung ist, nichts von dem Leben in der Geistigen Welt, das ihnen bevorsteht, wissen zu sollen. Sie sind der festen Ansicht, daß es nicht Gottes Wille ist, daß man über solche Dinge spricht, da man erst nach seinem Tod alle Dinge erfahren wird.

Diese zwei extremen Überzeugungen stehen sich gegenüber. Die eine wird von den Theoretikern vertreten und die andere von den Anhängern der „geschlossenen Pforte". Die Mitglieder beider Gedankenschulen werden von nachhaltigen Schocks heimgesucht, sobald sie die Geistige Welt betreten, um dort für immer zu leben. Die Anhänger von eigenartigen Theorien sehen diese zu Scherben fallen, angesichts der vor ihnen sich offenbarenden Wahrheit. Sie entdecken, daß das Leben in der Geistigen Welt bei weitem nicht so kompliziert ist, wie sie es sich ausgedacht hatten. In so vieler Hinsicht ist es weit einfacher als das Leben auf Erden, denn bei uns gibt es keine Probleme mehr, die ständig die Erdenmenschen heimsuchen und sie ängstigen. Ich denke dabei zum Beispiel an religiöse oder politische Probleme, die durch alle Zeitalter hindurch soziale Unruhen heraufbeschworen haben, von denen einige sogar noch bis heute auf der Erdenebene nachwirken. Der Student okkulter Studien begeht sehr leicht die gleichen Irrtümer wie ein Student der Theologie. Er stellt ebenso dogmatische Glaubenssätze auf wie jene, die von den orthodoxen Kirchen vertreten werden, Glaubenssätze also, die gleicherweise weit von der Wahrheit entfernt sind.

Die Dauer, die ich bisher in der Geistigen Welt verbracht habe, ist im Vergleich zu jener, die einige der wirklich großen Seelen dort schon zugebracht haben und mit denen mich zu unterhalten es mir vergönnt war, äußerst gering. Doch durch sie habe ich Einblicke erhalten in ihren großen Wissensschatz. Ich habe von ihnen Dinge vernommen, die über mein eigenes Verstehen hinausgingen. Was bleibt mir zusammen mit Millionen anderen übrig, als in völliger Zufriedenheit darauf zu warten, daß der Tag kommen möge, an welchem mein Wissen und Verstehen so weit fortgeschritten ist, daß ich die hehren Wahrheiten begreifen kann.

Ein Gegenstand, der einige Rätsel aufgibt, betrifft die Blumen, die bei uns blühen. Einige von euch werden fragen: Warum gerade die Blumen? Welchen Sinn oder Zweck erfüllen sie? Haben sie irgendeine symbolische Bedeutung?

Stellen wir doch einmal die gleiche Frage hinsichtlich der Blumen, die auf Erden wachsen, an die Erdbewohner: Welche besondere Bedeutung haben die Blumen der Erdenebene? Haben sie irgendeine symbolische Bedeutung? Die Antwort auf beide Fragen heißt: nein! Die Blumen sind der Erdenebene gegeben worden, um an ihrer Verschönerung mitzuhelfen und um jenen zur Freude zu dienen, die sie anschauen. Die Tatsache, daß sie noch andere nutzvolle Eigenschaften haben, ist ein zusätzlicher Grund für ihr Vorhandensein. Blumen sind in ihrem Wesen schön. Der Oberste Schöpferische Geist hat sie erschaffen und uns als kostbares Geschenk gegeben, damit sie uns mit ihren Farben, in ihrer Gestalt und durch ihren Duft einen unendlich kleinen Ausdruck des Großen Geistes verschaffen mögen. Ihr besitzt diese Kostbarkeiten auf Erden. Sollten wir in der Geistigen Welt dieser Kostbarkeiten beraubt sein, weil man bei euch zu denken beliebt, Blumen könne es nur auf Erden geben, oder weil man weiterhin keine absonderliche tiefe Meinung hinter ihrem Vorhandensein sehen kann?

Wir haben hier die großartigsten Blumen, von denen einige wie die uns vertrauten Kirschblüten der Erdenebene aussehen, andere wiederum sind nur in der Geistigen Welt beheimatet. Doch alle sind gleichermaßen wundervoll. Sie bewirken in uns, die wir von ihnen umgeben sind, eine nie endende Freude. Sie sind göttliche Schöpfungen, und jede von ihnen atmet die reine Luft der geistigen Natur. Sie werden von ihrem Schöpfer versorgt, worin wir auch mit unserer Liebe mithelfen, die wir über sie ergießen. Würden wir nichts an ihnen finden – was natürlich eine unmögliche Annahme ist –, würden sie von uns genommen werden. Und welche Herrlichkeit könnte wohl ihre Stelle übernehmen? Womit könnte man wohl den großen Reichtum an Farben ersetzen, den die Blumen präsentieren?

Wir besitzen hier nicht nur die kleinen Blumen. Bei uns gibt es jeden blühenden Baum oder Busch, an den wir uns von Erden her noch erinnern können. Sie alle blühen in Fülle und perfekter Pracht, und zwar ebenso wie jene Bäume und Sträucher, die nur in der Geistigen Welt vorhanden sind. Sie befinden sich immer in Blüte, sie verdorren oder sterben nie. Die

Blütendüfte erfüllen die Luft. Wir alle atmen sie ein wie ein Stärkungsmittel. Alle geistige Natur ist spirituell eins mit uns, und wir sind eins mit ihr.

Sobald wir zum erstenmal der Blumen und Bäume samt allem Herrlichen der geistigen Natur ansichtig werden, fällt uns sofort etwas auf, was die irdische Natur nie zu besitzen schien, und das ist die allen Dingen innewohnende Intelligenz. Irdische Blumen, obgleich sie leben, reagieren von selbst nicht, wenn jemand nahe an sie herantritt. Doch hier verhält es sich ganz anders. Blumen der Geistigen Welt sind unzerstörbar, und das sollte uns sofort zu denken geben, daß mehr in ihnen enthalten ist als bloßes Leben. Die Blumen in der Geistigen Welt wie auch alle anderen Arten der Natur sind vom Großen Vater durch Seine wirkenden Kräfte in den Geisteswelten geschaffen worden. Sie sind Teile des gewaltigen Lebensstromes, der von Ihm ausgeht und der durch alle Arten der Pflanzenwelt hindurchströmt. Dieser Strom hält niemals inne, er ist auch keinen Schwankungen unterworfen, und er wird darüber hinaus noch von der Bewunderung und Liebe genährt, die wir Bewohner der Geistigen Welt dankbaren Herzens über diese erlesenen Geschenke des Vaters ergießen. Sollte man sich etwa über unsere Bewunderung und Liebesbezeigung verwundern, wenn selbst die kleinste Blüte, die wir zwischen unseren Händen halten, in uns solch einen Strom magnetischer Kraft, solch einen belebenden Impuls und solch einen bis ins Mark dringenden Auftrieb bewirkt, während wir wissen, daß solche Kräfte, die für unser Wohlbefinden bestimmt sind, direkt von der Quelle alles Guten kommt? Nein, keine andere Bedeutung ist hinter den Blumen in der Geistigen Welt zu suchen als die sich darin manifestierende Schönheit des Vaters des Universums, und sicherlich genügt diese Bedeutung. Er hat keine befremdende Bedeutung in seine fehlerlose Schöpfung hineingewoben. Warum also sollten wir es dann tun?

Eine große Anzahl von Blumen sind nicht zum Pflücken gedacht. Indem wir sie abbrechen, vernichten wir sie nicht, aber wir durchtrennen etwas, das sich in direktem Kontakt mit dem Vater befindet. Natürlich ist es möglich, Blumen zu pflücken, und keine verheerende Katastrophe würde entstehen, wenn man es täte. Aber wer auch immer sie pflücken würde, würde es sicherlich von Herzen tief bedauern. Man denke zum Beispiel an einen kleinen Gegenstand, den man besitzt und über allen anderen irdischen Dingen liebhat. Und jetzt denke man, daß man ihn mutwillig zerstöre. Es würde einen äußerst traurig machen, wenn auch der eigentliche Wert ganz und gar geringfügig wäre. Derart würden die Gefühle sein, wenn man achtlos jene geistigen Blumen abbrechen würde, die nicht zum Pflücken bestimmt sind.

Aber es gibt eine große Zahl von Blumen und Blüten, die dazu da sind, gepflückt zu werden. Und viele von uns pflücken sie und nehmen sie mit in unsere Häuser, und zwar in eben der gleichen Art und aus dem gleichen Grund, wie wir es auf Erden taten.

Diese abgebrochenen Blumen halten sich bei uns frisch, solange wir sie bei uns haben möchten. Sobald unser Interesse an ihnen abnimmt, lösen sie sich auf, ohne irgendwelche welke Überbleibsel zurückzulassen, denn in unserer Welt eines ewigen Lebens kann es keinen Tod geben. Wir stellen ganz einfach fest, daß unsere Blumen verschwunden sind. Doch wir können, so wir wollen, uns sofort erneut wieder welche pflücken.

2

Der Boden

Um eine den Tatsachen entsprechende Idee des Bodens, auf dem wir gehen und auf welchen unsere Häuser und Gebäude errichtet sind, zu erhalten, müßt ihr eure Vorstellungen von allen weltlichen Vergleichen befreien. Als erstes, wir besitzen keine Straßen, wie man sie auf Erden kennt. Wir verfügen in unseren Städten und sonstwo über genügend Straßenpassagen, die jedoch nicht mit einer kompakten Unterlage bepflastert sind, um ihnen Härte und Ausdauer für das Befahren eines ständigen Verkehrsstromes zu gewährleisten. Wir haben keinen Verkehr, und unsere Straßen sind versehen mit den dicksten und grünsten Grasflächen, die sich dem Fuß so angenehm weich darbieten wie eine Moosfläche. Auf solcher Unterlage also wandeln wir einher. Das Gras wächst nie über eine bestimmte Höhe hinaus, so daß es immer kurz ist. Und trotzdem handelt es sich um lebendiges Gras. Es übersteigt nie die dem Fuß angenehme und nützliche Höhe und erscheint dem Auge immer als vollkommener Rasen.

An solchen Stellen, wo kleine Wege verlaufen und das Gras nicht angebracht erscheint, haben wir auch Bepflasterungen, wie wir sie von Erden her kennen. Jedoch sind sie aus unterschiedlichstem Material gefertigt. Die Unterlage ist meistenteils aus einem steinartigen Material hergestellt, ohne aber die gewöhnliche und langweilige Farbstumpfheit aufzuweisen. Es ähnelt eher einem alabasterartigen Material, aus welchem so viele Gebäude gefügt sind. Die Farben wechseln sich ab, aber sie alle ähneln delikaten Pastellfarbnuancierungen.

Auf diesem Stein ist es ebenso wie auf dem Gras sehr angenehm zu gehen, obwohl er natürlich nicht gleichermaßen weich ist. Aber dieses Material besitzt eine gewisse Qualität, ja, wenn man so sagen will, eine Elastizität, etwas von einer Federung also, die einigen Hölzern auf Erden eigen ist, welche man zur Herstellung von Fußböden verwendet. Mir will kein passenderer Vergleich einfallen, um euch die Unterschiede zwischen irdischem und geistigem Gestein klarzumachen.

Natürlich wird man auf diesen Steinwegen niemals eine Abnutzung an Farbe oder dergleichen finden können. Sie behalten auf immer ihre anfängliche Frische. Oft läuft man auf solchen Wegen, deren Bepflasterung ein Netz der wunderschönsten Muster aufweist, die aus den verschiedensten Farbmaterialien hergestellt und in Harmonie auf ihre Umwelt abgestimmt sind.

Je weiter man sich den höheren Sphären nähert, desto durchscheinender werden diese Gehwege in ihrem Charakter, so daß es scheint, als verlören sie an ihrer soliden Festigkeit, obwohl sie hart genug bleiben.

Sobald man sich aber den Grenzen der unteren Sphären nähert, wirkt der bepflasterte Untergrund massiver im Aussehen, die Farben verschwinden, bis das Weggestein schließlich bleiern und undurchsichtig geworden ist und sich ausnimmt wie äußerste Härte, nahezu gleich dem Granit der Erdenebene.

Unsere Privathäuser werden von Rasenflächen, Bäumen und Blumenbeeten umgeben, durch die sich kurzgewachsene Rasenwege und solche Steinpfade winden, wie ich sie gerade beschrieben habe. Aber nackte Erde entdeckt man höchst selten, wenn überhaupt. In der Tat kann ich mich nicht daran erinnern, irgendein Brachland gesehen zu haben, denn hier kennt man keine Vernachlässigung aufgrund von Gleichgültigkeit oder Trägheit oder aufgrund von irgendeiner anderen Ursache, wie es uns von der Erde her noch allzu vertraut ist. So wir uns das Recht erworben haben, ein Haus in der Geistigen Welt besitzen zu dürfen, lebt in uns sogleich der anhaltende Wunsch, alles in Ordnung zu halten, wenn nicht sogar noch seine Schönheit zu vermehren. Und darin finden wir keine Schwierigkeit, denn die Schönheit reagiert auf Anerkennung und Wertschätzung und gestaltet sich dementsprechend. Je mehr Beachtung wir ihr schenken, desto mehr reagiert sie darauf, indem sie sich schöner und schöner darstellt. Die Schönheit in der Geistigen Welt ist keine Abstraktion. Sie ist eine lebendige Kraft.

Der Blick von meinem Haus geht auf grüne Felder hinaus, auf geschmackvolle Häuser, die zwischen Bäumen und Gärten wundervoll gelegen sind. Und in der Ferne kann ich sogar die Stadt erkennen. Doch nirgendwo entdecke ich irgendeinen häßlichen Landstrich unfruchtbaren oder verwahrlosten Bodens. Jeder Zentimeter, der sich dem Auge darbietet, ist gut bewachsen, so daß sich die ganze Landschaft ausnimmt wie ein Aufstand an Farben, die von dem leuchtenden Smaragdgrün des Grases bis zu der Vielfarbenpracht der Gartenblumen reichen, gekrönt von jenem Blau, mit dem der Himmel darüber versehen ist.

Man möchte wohl gerne wissen, aus welcher Substanz der eigentliche Boden besteht, auf welchem die Blumen und Pflanzen wachsen. Ist es irgendeine Art von Erde? Natürlich handelt es sich um Erde. Doch besitzt sie nicht die gleichen mineralischen Eigenschaften wie jene der Erdenebene, denn man muß sich immer der Tatsache eingedenk bleiben, daß das Leben bei uns unmittelbar aus der Großen Quelle entströmt. Der Erdboden verändert sich an Farbe und Dichte in den verschiedenen Gegenden, wie es sich ja auf Erden gleichermaßen verhält. Ich habe allerdings unseren Erdboden noch nicht genau untersucht, wie ich ja auch dem irdischen Erdboden nie eingehendes Interesse zollte. Jedoch versuche ich es, euch eine kleine Idee seines Aussehens und seiner Charaktereigenschaften zu vermitteln.

Als erstes kann ich sagen, daß seine Erde völlig trocken ist, denn ich konnte keine Spur von Feuchtigkeit erkennen. Ich fand heraus, daß sie durch meine Hand rann, wie es auf Erden trockener Sand zu tun pflegt. Ihre Farben reichen in alle Schattierungen hinein, doch niemals nähern sich diese den dunkelgetönten Erdbodenfarben der Erdenebene. An einigen Stellen ist sie feinkörniger als an anderen, wo man schon von einer relativen Grobkörnigkeit sprechen könnte.

Eine der unerwarteten Eigenschaften dieses Erdbodens ist die Tatsache, daß er, trotzdem man ihn weich und frei durch die Hand laufen lassen kann, im Normalzustand eine zusammenhaltende Qualität aufweist, derzufolge er gleichermaßen wie der irdische Erdboden allem, was auf ihm wächst, einen festgefügten Untergrund gewährt.

Die Erdbodenfarbe wird von derjenigen Farbe bestimmt, welche die jeweilige Pflanze auf ihr trägt. Auch hierbei brauchen wir nach keiner hintergründigen Bedeutung zu forschen. Der einzige Grund dafür, daß die Farbe des Bodens der Farbe der Blumen angepaßt ist, ist der einer inspirierten Harmonie, nämlich einer Harmonie für das Auge, für den Geist und einer lieblich klingenden Harmonie für das Ohr. Könnte es einen besseren Grund dafür geben oder einen einfacheren?

Ganz gewiß besteht die Geistige Welt nicht aus einer verwirrenden Anzahl von tiefgründigen und komplizierten Rätseln, die zu lösen nur ganz wenigen vorenthalten bleibt. Sicherlich gibt es auch Geheimnisvolles wie auf der Erdenebene. Und ebenso wie es gescheite Köpfe auf der Erdenebene gibt, die solche Geheimnisse lüften können, so gibt es hier noch größere, ja weit, weit gescheitere Köpfe, die uns dann mit einer Antwort zur Verfügung stehen, wenn wir bereit dazu sind, sie erhalten beziehungsweise sie verstehen zu können.

Doch gibt es viele Leute auf der Erdenwelt, die ganz ernsthaft daran glauben, daß wir uns in der Geistigen Welt in einem andauernden Zustand inbrünstigster religiöser Hinwendung befinden, daß weiterhin jeder begleitende Umstand des geistigen Lebens, jede Art und Stufe der persönlichen Aktivität, jedes Atom, aus der diese große Geistige Welt zusammengesetzt ist, irgendeine heilige und andächtige Bedeutung habe. Solch eine törichte Ansicht ist weit von der Wahrheit entfernt. Durchforscht eure Welt. Könnt ihr darin etwa solch unnatürliche Ideen erkennen, die sich auf die Mehrdeutigkeit des Lebens beziehen sollen? Ein wunderschöner Sonnenuntergang auf der Erde hat keinen religiösen Zusammenhang. Warum sollten dann also unsere Blumen – um ein Beispiel anzuführen – noch irgendeine andere hintergründige Bedeutung für das Vorhandensein haben als die Funktion, die ich euch schon genannt habe? Nämlich: sie sind nichts weiter als ein übergroßes Geschenk des Vaters an uns alle zur Vermehrung unserer aller Freude.

Es gibt immer noch sehr viele Seelen auf Erden, die feierlich sich zu jenem Glaubensartikel bekennen, daß man im Paradies, wie sie es nennen, nichts anderes tut, als unaufhörlich Psalmen, Hymnen und spirituelle Weisen zu singen. Nichts könnte irreführender sein. Die Geistige Welt ist eine Welt der Aktivität und nicht eine Welt der Trägheit, sie ist eine Welt der Nützlichkeit und nicht eine solche der Nutzlosigkeit. Nichts ist in unserer Welt nutzlos. Alles dient einem gesunden Sinn und Zweck. Weder der Sinn noch der Zweck mögen einem anfangs erkennbar scheinen, aber das ändert nichts an der Wahrheit der Tatsache.

Bei uns gibt es keine Langeweile als mutmaßlicher Dauerzustand. Es soll gelegentlich vorgekommen sein, daß sich Leute gelangweilt haben, aber gerade das führt gewöhnlich zum ersten oder zum zweiten Schritt hinsichtlich der spirituellen Entwicklung, indem man einer nützlichen Arbeit nachkommt. Es gibt unendlich viele Aufgaben hier, denen man nachkommen kann, ebenso wie es ungeheuer viele Seelen gibt, die sie ausführen. Aber es gibt auch immer noch Platz für eine neue Seele. Und so wird es auf ewig bleiben. Lebe ich denn nicht in einer Welt, die unbegrenzt und zugleich unbegrenzbar ist?

Wir bewohnen kein Land, das allem äußeren Anschein nach einen ewigen Sonntag darstellt. Tatsächlich gibt es bei uns keinen Sonntag, und in der großen Planung der Geistigen Welt scheint er nicht vorgesehen worden zu sein. Wir haben es nicht nötig, nachdrücklich an den Großen Vater des Universums erinnert zu werden, indem wir einen Tag Ihm vorbehalten, während wir Ihn für den Rest der Woche vergessen. Bei uns gibt es keine Woche. Wir wohnen im ewigen Tag, und unsere Gedanken sind vollkommen und andauernd Seiner Gegenwart bewußt, indem wir in allem, was uns umgibt, Seine Hand und Seinen Geist erkennen.

Ich bin ein wenig abgewichen von dem, was ich euch eigentlich berichten wollte, aber es scheint nützlich zu sein, auf gewisse Dinge meines Berichtes mit Nachdruck einzugehen, da so viele Seelen auf Erden fast einen Schock erleiden, wenn ihnen erzählt wird, daß die Geistige Welt eine solide Welt aus Masse ist, auf der sich wirkliche lebende Menschen befinden. Sie glauben, daß eine solche Tatsache viel zu materiell, viel zu erdhaft sei. Doch tatsächlich ist die Geistige Welt mit ihrer Landschaft, ihren Häusern und Gebäuden, ihren Flüssen und Seen und ihren empfindenden und denkenden Seelen nur einen Schritt von der Erdenwelt entfernt.

Unsere Welt ist keine Welt des ewigen Sichausruhens. Natürlich bietet sie allen, die sie brauchen, genügend Gelegenheit, um sich auszuruhen. Doch sobald man sich genug ausgeruht und erholt hat, macht sich in einem wieder der Wunsch breit, einer vernünftigen und nützlichen Arbeit nachzugehen. Und Gelegenheit dazu findet man überall.

Doch jetzt möchte ich wieder zu den bestimmten Eigenarten des Erdbodens in unserer Welt zurückkehren.

Wenn wir uns den dunklen Regionen nähern, wie ich es schon früher beschrieben habe, können wir feststellen, daß sich die Körnigkeit und Farblichkeit des Erdbodens verflüchtigt. Sie wird stattdessen dick, schwer und feucht, bis sie schließlich ganz und gar in Stein und Fels überwechselt. Was immer für ein Gras darauf wachsen mag, es sieht gelblich und dürr aus.

So wir uns aber den höheren Regionen nähern, werden die Bestandteile des Erdbodens feinkörniger und seine Farben delikater, als ob sie durchsichtig wären. Wenn man auf der Schwelle dieser höheren Sphären wandert, wird man sich der Elastizität unter den Füßen gewahr, die dem Boden dort eigen ist, doch ist diese Elastizität ebenso der betreffenden Umwelt als den Eigenschaften des dortigen Bodens zuzuschreiben.

Bei näherer Betrachtung findet man heraus, daß der feinkörnigen Erde in Farbe und Form nahezu juwelenartige Qualitäten eigen sind. Die Erdteilchen sind nie unförmig, sondern ihr Aussehen folgt einem bestimmten geometrischen Plan.

Ruth und ich griffen manchmal in den Erdboden hinein und ließen die Körner in einem angenehmen Strom durch unsere Finger rinnen. Wie sie nun darniederrieselten, erzeugten sie die süßeste Musik, als ob sie auf winzige Musikinstrumente purzelten, indem sie deren Saiten Melodien entlockten.

Ein gutes Ohr wird auch am irdischen Meeresstrand viele Melodien hören können, wenn das Wasser sich am Strand ergießt und wieder zurückfließt. Aber in unserer Welt bedarf es keines geschulten Gehörs, um die reichen Harmonien zu erlauschen, wenn unser Boden spricht und singt.

Die dort erzeugten Töne variieren ebenso mannigfaltig, wie die Farben und die Elemente variieren. Die Töne sind dort vorhanden, um von wem auch immer gehört zu werden. Sie können willentlich durch die gleiche Art, wie ich sie eben beschrieben habe, erzeugt werden.

Wie ist dies alles möglich?, so werdet ihr fragen.

Farben und Töne – letztere sind musikalische Töne – sind in der Geistigen Welt austauschbare Bezeichnungen. Indem wir auf irgendeine Weise Farben herstellen, produzieren wir zugleich musikalische Töne. Und umgekehrt, indem wir ein Instrument spielen oder indem wir singen, erzeugen wir Farben. Jede dieser Schöpfungen wird allein von dem Können des Instrumentalisten oder des Sängers bestimmt. Ein Meister auf seinem Instrument wird während seines Vortrages über sich die wundervollste Gedankenform entstehen lassen, die sich in ihrer Farbenprächtigkeit und in ihren Farbnuancierungen genau an die Musik hält, die er vorträgt. Ein Sänger kann einen ähnlichen Effekt erzeugen gemäß der Reinheit seiner Stimme und der Qualität des Musikstückes. Eine Gedankenform, die auf solche Weise entsteht, wird nicht sehr groß sein. Sie wird relativ bescheiden ausfallen. Aber beim Ertönen eines vollen Orchesters oder eines großen Chores bildet sich eine größere Gedankenform, die natürlich den gleichen Gesetzen untersteht.

Die musikalische Gedankenform produziert selbst noch keinen Ton. Denn sie ist das Ergebnis der Töne und entsteht allein aus ihnen heraus. Obwohl die Musik Farben erzeugt und umgekehrt Farbe Musik, ist doch jede auf die sich ergebenden Formen begrenzt. Diese reproduzieren sich nicht weiterhin in einer fortdauernden oder allmählich abnehmenden Wechselwirkung von Farbe und Ton.

Man denke jedoch nicht etwa, daß bei all der riesigen Mannigfaltigkeit an Farben, die sich aus den Aberhunderten von Möglichkeiten in der Geistigen Welt ergeben, unsere Ohren unaufhörlich mit Musikgeräuschen bombardiert werden und wir dementsprechend in einem ewigen Dahingewoge von Musik leben, das ununterbrochen auf uns eindringt. Es gibt wohl wenige Geister – wenn überhaupt –, die möglicherweise einen ewig anhaltenden Andrang von Tönen aushalten könnten, wie schön sie auch immer klingen mögen. Wenn wir nicht in Ruhe und aller Stille aufatmen könnten, würde dieser Himmel aufhören, ein solcher zu sein. Nein, die Musik ist selbstverständlich vorhanden, aber es steht uns ganz und gar offen, ob wir sie hören wollen oder nicht. Wir können uns von jeglichem Geräusch vollkommen isolieren, oder aber, wir können unsere Ohren für alle Töne öffnen oder unter all diesen solche auswählen, die wir gerne hören wollen.

Es wird Zeiten geben, wo ihr auf der Erdenebene in der Ferne Musiktöne vernehmt, ohne daß ihr euch von diesen in irgendeiner Weise gestört fühlt. Ja, ihr mögt im Gegenteil jene Klänge für euch angenehm und beruhigend empfinden. Ebenso ist es bei uns. Jedoch besteht ein großer Unterschied zwischen unseren beiden Welten. Unsere Gehöraufnahmemöglichkeit für Musik höchster Qualität ist unmeßbar größer als eure Gehörfähigkeiten auf Erden. Die geistige Aufnahmefähigkeit eines solchen von uns, der eine tiefe Liebe zur Musik verspürt, wird selbstverständlich mehr als andere, die nicht so interessiert daran sind, hören können, weil er es ja so wünscht.

Hier sei nochmals zu jenem Experiment zurückgekehrt, welches Ruth und ich durchführten, als wir jene Erdkörner durch unsere Finger rinnen ließen. Wir waren höchst erfreut, gleichzeitig jene Musik zu vernehmen. Ruth war es in einem noch höheren Maße, da sie früher eine musikalische

Ausbildung genossen hatte und deshalb diese Klänge samt ihren Klangstrukturen höher als ich einzuschätzen wußte. Ich habe euch berichtet, daß wir in dem Augenblick, als wir die Erdkörner durch unsere Hände rinnen ließen, die wunderbarsten Töne hören konnten. Irgend jemand anderes, der ein Gleiches ausführen würde, jedoch über kein besonders musikalisches Gehör verfügte, würde sich kaum irgendeines Tones bewußt werden.

Die Blumen wie auch alles, was wächst, wenden sich sofort denen zu, die sie lieben und bewundern. Die Musik, die sie erklingen lassen, wird von einem gleichen Gesetz regiert. Einen Gleichklang herzustellen, von seiten des Empfängers mit dem, auf das er zugeht, ist geradezu eine sich bedingende Voraussetzung. Ohne dieses Sicheinstellenkönnen würde es einem verwehrt sein, bewußt die Musikklänge zu vernehmen, welche die ganze Natur in der Geistigen Welt erfüllen. Unter dem Begriff „Natur" bei uns verstehe ich natürlich alle Gewächse, aber auch die Meere und Seen, ja alle Gewässer. Dazu gehören auch der Erdboden und alles übrige.

Je mehr jemand etwas wertschätzt und etwas Schönes in all seiner Vielgestalt zu würdigen weiß, desto größer ist die magnetische Kraft, die zu ihm zurückfließt. In der Geistigen Welt gibt es kein Vergeuden oder nutzloses Verströmen. Nichts wird uns aufgedrängt, was wir nicht wünschen würden, handele es sich dabei um Musik, um Kunst, um Darbietungen aller Art oder um Lernen. Wir sind innerhalb der Grenzen unserer Region in jeder Hinsicht freie Individuen.

Es wäre sicherlich ein furchtbarer Gedanke, sich vorzustellen, daß die Geistige Welt ein gigantisches Höllenspektakel an Musik sei, die unaufhörlich dröhne, der man sich nicht entziehen könne und die einen, wo und wie immer man sich zurückziehen wolle, begleite. Nein! In der Geistigen Welt ist alles aufs beste vorgesehen. Die Musikklänge sind ganz gewiß vorhanden, aber es hängt ganz von uns ab, ob wir sie hören wollen oder nicht. Das Geheimnis dafür aber heißt: individuelles Sicheinstellenkönnen.

Es gibt auf der Erdenebene Menschen, die die Eigenschaft besitzen, sich geistig von ihrer Umwelt zu isolieren, und zwar in einem solchen Maße, daß sie selbst von dem größten Lärm, der sie umgibt, unberührt bleiben, ja, ihn gar nicht vernehmen. Dieser Zustand eines völligen geistigen Abschaltens soll, wenn auch vereinfacht, als Beispiel für die Wirkung dienen, die wir in der Geistigen Welt für uns selbst herbeiführen können, indem wir die uns unerwünschten Töne einfach nicht hören. Im Gegensatz zur Erdenwelt benötigen wir für alles Ein- und Ausschalten keiner großen Gedankenkonzentration. Es handelt sich hierbei nur um einen der vielen Gedankenprozesse, wie wir sie zum Beispiel anwenden, um unsere persönliche Fortbewegung zu bewirken. Nachdem wir in der Geistigen Welt eingeführt worden sind, verfügen wir schon nach kurzer Zeit über diese verschiedenen Gedankenfunktionen, ohne uns dabei bewußt anstrengen zu müssen. Sie gehören zu unserer Natur, und wir wenden diese gedanklichen Methoden ganz einfach und ohne irdische Begrenzung in einer erweiterten Form an. Das ist für uns ganz einfach. Auf der Erdenebene, jener schweren physischen Welt, werden die physischen Körper bei gleicher gedanklicher Methode daran gehindert, ein gleiches Ergebnis zu erzielen. Wir in der Geistigen Welt hingegen sind frei und ungebunden. Und jene Gedankenaktionen verwandeln sich im Nu zu Resultaten, sei es nun, daß wir uns mit Gedankenschnelle irgendwo hinbewegen wollen oder daß wir uns irgendeinem ungewollten Anblick oder einem unerwünschten Geräusch verschließen möchten.

Andererseits können wir – und tun es gerne – unsere Sinne öffnen und uns ganz hingeben, um die vielen wunderbaren Klänge aufzunehmen, die sich überall um uns vernehmen lassen. Wir können unsere Sinne für die vielen Herrlichkeiten öffnen oder schließen, welche die Natur in unserer Welt zu unserer Freude und zu unserer Zufriedenheit verschenkt. Sie wirken auf uns wie ein Stärkungstrunk, aber sie werden uns nicht aufgezwungen. Wir bedienen uns ihrer nur, wenn wir es so wünschen. Man muß sich immer der Tatsache bewußt bleiben, daß die geistigen Regionen auf Gesetz und Ordnung gegründet sind. Doch die Gesetze drücken nie, und die Ordnung ist nicht lästig, denn die gleichen Gesetze und die gleiche Ordnung haben dazu beigetragen, daß all diese zahllosen Schönheiten und Wunder in diesen himmlischen Regionen entstanden sind.

3

Baumethoden

Nicht zu den unbedeutendsten Erscheinungen unter den vielen „physischen“ Dingen bei uns gehören die vielen Gebäude, die dem Lernen und der Verbreitung der Künste, wie wir sie ja auch auf Erden kannten, dienen. Diese großartigen Gebäude bieten dem Auge alle Merkmale, die man von Ewigkeitswerken erwarten kann. Das Material, aus welchem sie bestehen, ist unzerstörbar. Die Oberfläche des Gesteins ist noch ebenso sauber und frisch wie am Tage der Errichtung. Es gibt auch nichts, was sie beschmutzen könnte, weder eine schwere rauchgeschwängerte Luft, die sie angreifen könnte, noch Winde oder Regengüsse, welche die äußeren Dekorationen verwittern lassen könnten. Das Material, aus dem diese Gebäude bestehen, ist der Geistigen Welt entnommen, weshalb es eine Schönheit ausstrahlt, die man auf Erden nicht kennt.

Obwohl diese hervorragenden Hallen des Lernens so aussehen, als würden sie für alle Ewigkeit so stehen bleiben, könnten sie sich dennoch auflösen, so man es so für nötig oder wünschenswert erachtete. Manchesmal war dies der Fall. Und man errichtete neue Gebäude an die Stelle der alten.

Die Geistige Welt ist keine statische Welt. In ihr vibriert alles. Alles ist Leben und Bewegung. Denkt einmal für einen Augenblick an die normalen Bedingungen auf eurer Welt mit ihren vielen Veränderungen, die ständig stattfinden, zum Beispiel die Veränderung einer sich allmählich ausbreitenden Stadt oder auch jene auf dem Lande. Solche Veränderungen führten nicht immer eine Verbesserung herbei. Wie dem auch sei, beabsichtigte man doch mit solchen Veränderungen eine Verbesserung. Wie verhält es sich nun damit in der Geistigen Welt? Sollten dort etwa keine Veränderungen stattfinden? Auf jeden Fall gibt es solche auch bei uns!

Wir „gehen“ nicht „mit der Zeit“, um eine bekannte irdische Redewendung zu gebrauchen, denn wir sind immer sehr weit der „Zeit“ voraus! Und dafür besteht alle Notwendigkeit, um all den schweren Anforderungen gerecht zu werden, die uns die Erdenwelt abnötigt.

Wir wollen dazu ein einziges Beispiel anführen.

Mit dem Fortschritt ihrer Zivilisation – an welchen die Erdenbürger so sehr glauben – steigern sich auch die Möglichkeiten ihrer Kriegsführung, deren verheerende Folgen sich immer weiter ausbreiten. Wo in früheren Zeiten nur einige Hundert auf dem Schlachtfeld liegen blieben, werden jetzt die Gefallenen zu Hunderttausenden gezählt. Jede dieser Seelen hat damit ihr irdisches Leben beendet, wenn auch die Konsequenzen davon noch auf sie warten. Und in vielen Fällen hat sich damit auch die Erdenwelt von ihr abgekehrt. Das Individuum mag noch in den Erinnerungen anderer, die es zurückgelassen hat, weiterleben, während seine physische Gegenwart entschwunden ist. Doch seine geistige Präsenz ist nun unweigerlich bei uns eingekehrt. Die Erdenwelt hat es an uns weitergegeben. Und oftmals war es ihr ganz egal, was aus ihm geschah. Der „Tote" wird jene zurücklassen, die er liebte und die ihn liebten. Aber die Erdenwelt – so meint man – kann nichts mehr für ihn tun, auch nicht für solche, die über seinen Tod trauern. Wir in der Geisitigen Welt sind es nun, die sich dieser Seele annehmen. Wir jedoch können nun nicht diese Verantwortung auf die Schultern eines anderen laden und unbekümmert weitergehen. Wir werden hier mit den harten Realitäten konfrontiert.

Die Erdenwelt in ihrer blinden Unwissenheit schleudert Hunderttausende von Seelen in unsere Welt hinein. Doch solche, die in höheren Bereichen als wir wohnen, wissen schon lange im voraus, was auf der Erde stattfinden wird. Und ihr Aufruf ergeht an die Regionen, die der Erde am nächsten liegen, um sich auf das, was kommen wird, vorzubereiten.

Diese schrecklichen Katastrophen auf Erden machen es notwendig, daß wir immer mehr Häuser der Erholung errichten müssen. Dies ist eines – vielleicht das größte – von den Vorkommnissen, die bei uns für ständige Veränderungen sorgen. Doch gibt es andere und auch angenehmere.

Manchmal wird von einer größeren Anzahl Seelen bei uns der Wunsch geäußert, eine der Hallen des Lernens zu erweitern. Die Erfüllung solcher Wünsche ist nie mit Schwierigkeiten verbunden, denn solch ein Wunsch entspringt keinem egoistischen Motiv, soll er doch allen zugute kommen, damit sie sich an seiner Erfüllung erfreuen können.

In Beantwortung einer Frage erzählte mir Edwin einmal, daß der großen

Bibliothek ein neuer Flügel hinzugefügt werden sollte, eben jener Bibliothek, in welcher ich schon so viele ergiebige und erfreuliche Momente seit meiner Ankunft in der Geistigen Welt verbracht hatte. Er schlug Ruth und mir vor, daß wir der Errichtung eines unserer Gebäude zusehen sollten. Also begaben wir uns zur Stadt und zur Bibliothek.

Dort hatten sich schon aus der gleichen Absicht wie der unsrigen eine große Menge versammelt. Und während wir auf den Beginn der Arbeiten warteten, erzählte uns Edwin etwas über die einzelnen Voraussetzungen, die nötig seien, bevor mit dem Bau überhaupt begonnen werden könne.

Sobald man ein neues Gebäude zu errichten wünscht, trägt man diesen Wunsch dem Regenten dieser Region vor. Über ihn und andere von ähnlichem spirituellen Charakter und ähnlicher Befähigung möchte ich euch später etwas sagen. Dieser Regent kennt die Wünsche und Nöte von uns allen ganz genau, so daß es niemals vorgekommen ist, daß dort, wo es sich um den Bau eines allgemeinnützlichen Gebäudes gehandelt hatte, ein solcher Wunsch abschlägig beschieden worden wäre. Er leitet diese Ersuchen an eine ihm übergeordnete Stelle weiter, von der aus wiederum das Gesuch an noch höhere Autoritäten weitergeleitet wird. Wir versammeln uns dann in dem großen Tempel der Stadt, wo wir dann die Antwort durch eine große Seele vernehmen, deren Wort Gesetz ist. Eben diese große Seele war es vor vielen Jahren – gemessen an der Erdenzeit –, die es mir ermöglichte, diese von mir nun getätigte Kommunikation mit der Erdenwelt durchzuführen.

Nun möget ihr sagen, daß diese offenbar komplizierte Prozedur der Weiterleitung unseres Ersuchens von einer Stelle zur anderen euch den Eindruck vermittelt, daß es sich hierbei wiederum um euch bekannte Methoden der Bürokratie mit all ihren Verzögerungen oder Abwägungen handelt. Die Methode mag sich irgendwie gleichen, aber hinsichtlich der Zeit, um ein Gesuch zu beantworten, unterscheiden sich beide Methoden erheblich. Ich übertreibe gewiß nicht, wenn ich sage, daß innerhalb weniger Erdenminuten unser Gesuch entgegengenommen und uns die Erlaubnis, von dem feierlichsten Segen begleitet, allsogleich erteilt wird. Anläßlich solcher Ereignisse wie diesem haben wir allen Grund zur Freude. Ein solcher Moment wird uns zu einem großen Fest.

Als nächsten Schritt gilt es, sich mit den Architekten zu beraten, und man darf es wirklich glauben, daß wir über eine große Schar von Meistern der Baukunst verfügen, deren Können uns ganz und gar zur Verfügung steht. Diese arbeiten aus reiner Freude, die sie begleitet, wenn sie an dem Aufbau eines solch allgemeinnützigen Bauwerkes mithelfen dürfen. Diese braven Männer arbeiten Hand in Hand, wie es auf Erden fast gar nicht möglich ist. Hier werden sie in ihrem Tun nicht von einer Berufsetikette eingeengt, noch von irgendeiner Kurzsichtigkeit aus Eitelkeit behindert. Jeder ist mehr als glücklich, mit den anderen zusammen arbeiten zu dürfen. Niemals entsteht unter ihnen Uneinigkeit oder Mißstimmigkeit, indem jemand von ihnen den anderen seine Vorstellungen aufzwingen will. Vielleicht, so mögt ihr denken, übersteigt solch eine völlige Einmütigkeit die Grenze des Menschseins, weshalb man solche Seelen nicht mehr als Menschen bezeichnen könne, da sie ihre eigene Meinung nicht vertreten oder ihre Individualität sonstwie nicht zur Geltung bringen würden.

Bevor ihr aber meine Behauptung als höchst unglaubwürdig von euch weist oder als ein Gemälde eines perfekten Zustandes anseht,der außer von der allerhöchsten Ebene nicht erreicht werden könne, laßt mich euch die eine Tatsache sagen, daß Unstimmigkeit und Uneinigkeit über solche Dinge, über die ich euch gerade berichte, unmöglich in dieser Region, in der ich beheimatet bin, existieren könnten. Selbst wenn ihr immer noch behaupten wolltet, daß es unmöglich sei, so sage ich dennoch nein, denn die Eintracht ist bei uns etwas ganz Natürliches. Was immer wir für Gaben in der Geistigen Welt besitzen mögen, ist es doch Teil unserer Wesenheit in dieser Welt, daß wir uns nicht großtun mit der Kraft und der Außerordentlichkeit dieser Gaben. Wir nehmen sie mit aller Demut an, und zwar ohne uns damit hervorzutun. Wir nehmen sie an in aller Bescheidenheit und Selbstlosigkeit, und wir sind dankbar für die Gelegenheit, mit unseren Kollegen in Herzensverbundenheit zusammen arbeiten zu können im Dienste des Großen Inspirierers.

Dies eben Gesagte ist im wesentlichen das, was mir einer dieser großen Architekten im Hinblick auf seine eigene Arbeit einmal sagte.

Nachdem die Pläne für ein neues Gebäude in Übereinstimmung mit dem Regenten unserer Region ausgefertigt worden sind, findet ein Treffen mit den Meistermaurern statt. Letztere waren größtenteils Maurer, als sie noch auf Erden weilten. Hier in den geistigen Landen haben sie handwerkliches Können weiterhin ausgeübt. Natürlich tun sie es nur, weil diese Arbeit sie noch reizt, wie sie auch Freude an ihrer Arbeit auf Erden gefunden haben mochten. Hier ergeben sich für sie perfekte Bedingungen, um ihr Handwerk fortzusetzen. Sie führen dieses mit einer großen Freiheit und unbehinderten Schaffensmöglichkeit aus, wie es ihnen auf Erden verwehrt worden war, was ihnen hier jedoch als Erbe zufällt. Andere, die auf Erden keine gelernten Maurer waren, haben hier aus lauter Freude am Bauen sich das nötige Wissen über Baumethoden in unserer Welt angeeignet und leisten ihren ausgebildeten Mitbrüdern wertvollste Hilfe.

Die Maurer und noch ein anderer sind die einzigen Leute, die sich mit dem eigentlichen Erbauen befassen, da unsere Gebäude nicht viel Zubehör benötigen, wie es bei den Gebäuden auf der Erde der Fall ist. Ich denke da zum Beispiel an die elektrischen Anlagen oder an das Heizungssystem. Unser Licht kommt aus der großen zentralen Quelle allen Lichtes. Und die Wärme ist eine der spirituellen Eigenheiten unserer Ebene.

Der Anbau, welcher der Bibliothek beigefügt werden sollte, bestand aus einem Seitenflügel, der nicht überdimensional war. Wenigstens eine Beschaffenheit hat unsere Bibliothek mit irdischen gemeinsam, daß wir ebenfalls gelegentlich, wenn die Quantität der Bücher nach mehr Platz verlangt, anbauen müssen, wobei wir eher als ihr an eine bauliche Erweiterung zu denken haben, da unsere Bücherregale ja nicht nur die Kopien irdischer Bücher bergen, sondern vor allem solche, die ganz und gar bei uns geschrieben worden sind und von denen keine Kopien auf Erden vorhanden sind. Unter diesen befinden sich Bücher, die sich allein auf das Leben in der Geistigen Welt beziehen, die zum Beispiel über Vorkommnisse bei uns berichten oder spirituelle Themen zum Inhalt haben und von Autoritäten verfaßt wurden, die auf ihrem Gebiet ein nicht zu übertreffendes Wissen haben und aus höheren Sphären stammen. Auf jenen Regalen sind auch die Geschichtswerke der Völker und politischen Ereignisse zu finden, in denen nichts als die absolute Wahrheit aufgezeichnet ist und die von Menschen verfaßt wurden, die nun die Auffassung vertreten, daß an ihrer Darstellung nichts mehr zu berichtigen sei.

Den Anbau dieses Seitenflügels konnte man nicht als ein großes Bauvorhaben bezeichnen, und die Zahl der dafür benötigten Fachleute hielt sich dementsprechend in Grenzen. Der hinzuzufügende Gebäudeteil war von einfacher Bauart und bestand aus zwei bis drei mittelgroßen Räumen.

Wir drei standen dicht bei der Gruppe der Architekten und Maurer, unter denen sich auch der Regent dieser Region eingereiht hatte. Mir fiel besonders auf, daß sie alle äußerst fröhlich und heiter waren und daß in dieser frohgestimmten Runde viele witzige Bemerkungen ausgetauscht wurden.

Ruth und ich fühlten uns im Gegensatz zu Edwin, dem das Bevorstehende nichts Neues war, befremdet bei dem Gedanken, daß in Kürze hier ein Hausbau vonstatten gehen sollte, da wir seit unserer Ankunft in der Geistigen Welt nirgendwo ein Anzeichen einer Baustelle bemerkt hatten. Denn jede Halle und jedes Haus war bereits erbaut, und ich hatte nie daran gedacht, daß diesbezüglich noch irgend etwas anderes vonnöten sei. Hätte ich ein wenig mehr darüber nachgedacht, dann wäre mir sicher klar geworden, daß in unserer Welt immer wieder zusätzliche Häuser entstehen müssen, während andere, die nicht mehr benötigt werden, zerstört werden müssen. Die Hallen des Lernens erschienen meinen noch ungeschulten Augen so perfekt zu sein, daß ich nie daran gedacht hatte, daß man es für notwendig befinden könnte, noch Anbauten vorzunehmen.

Schließlich deuteten alle Anzeichen darauf hin, daß der eigentliche Akt des Bauens kurz bevorstünde. Ihr müßt bedenken, daß man hier zum Bauen die Kraft der Gedanken benutzt. Deshalb wird es euch nicht überraschen, wenn ich sage, daß nirgendwo die gewöhnlichen irdischen Baumaterialien zu sehen waren wie Baugerüste, Ziegelsteine, Zement und die euch bekannten anderen Dinge, die zur Errichtung eines Gebäudes vonnöten sind. Ja wahrhaftig, wir sollten einem Schöpfungsakt durch Gedankenkraft beiwohnen, wobei keine der „physischen“ Gegenstände benötigt werden sollten.

Der Regent unserer Region trat ein paar Schritte vor und, mit dem Rücken uns zugewandt, doch dem Grundstück zugekehrt, wo der neue Flügel entstehen sollte, sprach er ein kurzes, aber angemessenes Gebet. In einfachen Worten bat er den Großen Schöpfer um Seine Hilfe für das vorzunehmende Werk.

Sein Gebet wurde sofort erhört. Denn ein Strahl hellen Lichtes ergoß sich von oben über ihn und jene, die unmittelbar hinter ihm standen. Sobald dies geschah, rückten die Architekten und Maurer nahe an ihn heran.

Die Augen der Zuschauer richteten sich jetzt auf jenen noch freien Raum neben dem Hauptgebäude, auf welchen nun ein zweiter Lichtstrahl fiel, der allerdings von dem Regenten und den Maurern ausgesendet wurde. Als dieser zweite Lichtstrahl auf die betreffende freie Stelle gerichtet war, entstand dort über dem Boden ein Teppich von Lichtgefunkel. Dieses wuchs in die Breite, Länge und Höhe, doch schien es anfänglich so, daß ihm noch jegliche erkennbare Substanz fehlte, obwohl seine Farbe derjenigen des Hauptgebäudes glich. Doch das war alles, was bis dahin für eine Ähnlichkeit sprach.

Langsam weitete sich diese Lichtform aus, bis sie die geforderte Höhe erreichte. Wir konnten nun klar erkennen, daß dieses mit dem Äußeren des Hauptgebäudes in ungefähren Zügen übereinstimmte, während die Gebäudeverzierungen gleicherweise mit denen des übrigen Gebäudes korrespondierten.

Während die Lichtstruktur so gestaltet dastand, näherten sich die Architekten, um sie näher zu inspizieren. Wir konnten erkennen, wie sie unseren Blicken entschwanden. Nach einer Weile traten sie aus dieser Lichtkonstruktion wieder heraus, kehrten zu dem Regenten zurück und berichteten ihm, daß alles zur Zufriedenheit vorbereitet sei.

Edwin erklärte uns, daß diese ziemlich geisterhaft anmutende Konstruktion in Wahrheit der exakte Umriß des zu entstehenden Gebäudes war, der ein genaues Muster darstellte, das sich alsbald durch eine Intensivierung an Gedankenkräften in ein solides und vollständiges Bauwerk verwandeln sollte. Sollte in diesem vorläufigen verfeinerten Zustand noch ein Fehler bemerkt werden, würde er sofort korrigiert werden können.

Doch bei diesem Projekt waren keine Änderungen mehr vorzunehmen, weshalb der Weiterbau alsgleich fortgesetzt werden konnte.

Das von oben einfallende Licht nahm an Stärke zu, während das horizontale, von dem Regenten und seinen Mitarbeitern bewirkte Licht nach wenigen Augenblicken eine ebenso starke Leuchtkraft ausströmte. Wir konnten nun erkennen, wie die bis dahin nebelhafte Lichtkonstruktion einen immer höheren Grad unverkennbarer Dichtigkeit annahm, während die vereinte Gedankenkraft Schicht um Schicht intensivierender Verfestigung in dieses Muster aus Licht nach oben hin „mauerte“.

Gemäß dem, was ich beobachtete, erschien es mir so, daß es der Regent war, der jeden Maurer genau mit der Menge und Art der Kraft versah, die dazu nötig war, die jeweilige spezielle Aufgabe auszuführen. Er handelte tatsächlich als der Verteiler jener magnetischen Kraft, die ihm von oben zufloß. Die Aufteilung dieser Lichtkraft in verschiedene Lichtströme von unterschiedlicher Farbe und Stärke stimmte genau mit dem vom Großen Architekten erbetenen Maß überein. Die zur Bauausführung notwendige Gedankensubstanz unterlag in ihrer Anwendung keinen Schwankungen oder Verringerungen. Die Maurer selbst schienen in völliger Konzentrationsübereinstimmung miteinander zu arbeiten, da das Gebäude schließlich seine volle Festigkeit mit einem erstaunlichen Grad an Exaktheit annahm.

Nach einer Zeit, die Ruth und mir sehr kurz erschien, war der Akt der Bauverdichtung abgeschlossen, die vertikalen und horizontalen Strahlen waren abgeschnitten, und vor uns stand der komplette Bau des Seitenflügels, der in jeder Beziehung perfekt war. Er glich in allem dem Hauptgebäude, denn er war ebenso großartig an Farbe und Form und war ebenfalls würdig dem hohen Zweck, zu welchem er bestimmt war.

Wir schritten näher heran, um aus der unmittelbaren Nähe das Ergebnis dieses Geschehens, das gerade beendet war, zu untersuchen. Wir glitten mit unseren Händen über die polierten Flächen, als ob wir uns vergewissern wollten, daß sie wirklich fester Natur waren. Ruth und ich waren nicht die einzigen, die solches taten, da es andere gab, die ebenfalls zum erstenmal und mit gleicher Verwunderung der Demonstration dieser riesigen Stärke an unmittelbar eingesetzter Gedankenkraft beiwohnten.

Der Bauvorgang unserer Privathäuser und Wohnungen unterscheidet sich nur unwesentlich von dem soeben beschriebenen. Um ein Haus in der Geistigen Welt besitzen zu dürfen, muß man sich das Recht dazu durch eine allgemein notwendige Voraussetzung verschafft haben. Dieses Recht auf Privatbesitz resultiert allein aus der Art und Weise, wie wir auf Erden unser Leben geführt haben oder wie sehr wir nach unserem Übergang in der hiesigen Welt spirituell gewachsen sind. So wir einmal das Besitzrecht erworben haben, kann uns nichts mehr daran hindern, ein eigenes Zuhause – so wir es wünschen – zu besitzen.

Es ist oft gesagt worden, daß man sein Haus in der Geistigen Welt schon während seines irdischen Lebens – oder nachher – baut. Diese Aussage darf man nur ganz allgemein verstehen. Was man sich auf Erden allein erworben haben kann, ist das Recht auf ein Haus bei uns, denn es erfordert einen Fachmann, der das Bauwerk, dem individuellen Geschmack angepaßt, erschafft. Mein eigenes Heim wurde schon während meines Erdenlebens von Bauleuten errichtet, die ebensolche Bauexperten wie jene waren, die jenen Seitenflügel entstehen ließen. Meine Freunde, allen voran Edwin, hatten sich darum bemüht, daß bei diesem Bauvorhaben alle Einzelheiten berücksichtigt wurden. Sie suchten die für dieses Werk geeigneten Männer aus, die dann mein Haus, dieses Prachtexemplar bester Wertarbeit, erschufen.

Wenn jener Tag kommen wird, an welchem meine spirituelle Entwicklung es mir erlaubt, weiterzugehen, werde ich auch mein Haus zurücklassen. Aber es bleibt meinem Ermessen anheimgestellt, ob es weiterhin stehen bleiben soll, um zum Gebrauch und zur Freude anderer zur Verfügung zu stehen, oder ob ich es „abreißen" lassen will.

Gewöhnlich, wie ich mir habe sagen lassen, bietet jener,der auszieht, sein Haus dem Regenten als Geschenk dar, um es somit nach dessen Gutdünken anderen zur Verfügung zu stellen.

4

Zeit und Raum

Auf der Erde wird allgemein angenommen, daß es in der Geistigen Welt keine Zeit und keinen Raum gebe. Natürlich gibt es bei uns beides, auch wenn diese Einheiten sich von denen bei euch unterscheiden.

Wir benutzen manchmal den Ausdruck „Vor dem Werden der Zeit", um eine Zeitspanne von Äonen von Jahren einzugrenzen, ohne daß wir uns dabei wirklich vorstellen, was dieser Zeitbegriff eigentlich besagt.

Auf Erden untersteht die Zeiteinteilung der Drehung der Erde um ihre Axe, indem dadurch die Zeit in Tag und Nacht eingeteilt wird. Die ständige Wiederkehr der vier Jahreszeiten ließ die größere Zeiteinteilung entstehen, während welcher sich die Erde um die Sonne dreht. Die Erfindung von Uhren und Kalendern ermöglichte es den Erdenmenschen, die Zeit übersichtlich einteilen zu können.

In der Geistigen Welt verfügen wir über keine mechanischen Mittel, die uns den Verlauf der Zeit angeben. Für unsere Techniker wäre es die einfachste Sache, uns mit solchen Dingen auszustatten, so uns der Sinn danach stünde. Aber wir können mit Uhren und dergleichen nichts anfangen. Wir haben keine Jahreszeiten, keine Abwechslung von Tag und Nacht als äußere Merkmale der Zeit, und darüber hinaus verfügen wir im Gegensatz zu den Irdischen über keine körperlichen „Erinnerer", daß es jetzt zum Beispiel Zeit sei, zu essen, zu trinken, zu schlafen oder daß der Körper seines fortgeschrittenen Alters wegen seinen Besitzer ständig an die sich nahende „Endzeit" erinnerte. Wie aber können wir uns den Flug der Zeit vergegenwärtigen? Gibt es überhaupt eine Zeit?

Wir haben zwei Begriffe von Zeit, von denen der eine, wie jener auf Erden, ein vollkommen relativer ist. Zum Beispiel fünf Minuten heftiger Schmerzen, die von einem Erdenkörper ertragen werden, mögen dem davon betroffenen Geist als eine unendlich lange Zeit erscheinen. Während jedoch fünf Minuten an Freude und Fröhlichkeit einer Seele wie das Dahinfließen von fünf Sekunden vorkommen mögen.

Jene von uns in der Geistigen Welt, die in den Regionen der Freude und des ewigen Sommers leben, haben keinerlei Grund dafür, daß die Zeit für sie langsam dahinschleicht. Das soll heißen, daß wir uns ganz einfach dem Dahinfließen der Zeit nicht bewußt werden.

In den unteren Sphären verhält es sich genau umgekehrt. Die Zeit der Dunkelheit kommt denen, die dort leben, wie eine Unendlichkeit vor. Dennoch mögen sich viele solcher Seelen nach dem Erscheinen von Licht sehnen, doch vergeblich. Sie müssen aus eigenem Willen heraus zuerst den ersten Schritt nach dem Licht hin machen, das ihnen außerhalb ihrer unteren Sphäre scheinen wird. Eine Zeitperiode in diesen düsteren Regionen, die nicht mehr als ein oder zwei irdische Jahre betragen mag, wird den dort Leidenden wie eine Ewigkeit erscheinen.

Normalerweise verfügen wir über keine gewöhnlichen Zeitmessungen, da wir solche hier nicht benötigen. Falls wir sie – wie es vorkommt – dennoch wissen wollen, besuchen wir die Erdenebene, wo wir uns der exakten Tagesstunde, des Jahrestages wie auch des Jahres selbst vergewissern können.

Einige unserer Leute, die sonst keinen weiteren Grund haben mochten, zur Erde zurückzukehren, haben nichtsdestoweniger aus Neugier dort einen Besuch abgestattet, allein um festzustellen, wieviele Erdenjahre sie eigentlich inzwischen in der Geistigen Welt verbracht hatten. Von ihnen, die diese Reise zur Erde durchgeführt hatten, habe ich einige gesprochen. Sie waren alle darüber verwundert, herausgefunden zu haben, daß sie schon eine unvermutet lange Reihe von Jahren seit ihrem Hinübergang in der Geistigen Welt verbracht hatten.

Um von mir zu reden, so muß ich sagen, daß die Zeit seit meinem Hinüberwechseln nach hier sehr schnell vergangen war, doch war ich mir während dieser ganzen Zeit bewußt, welches Jahr man auf Erden schrieb. Der Grund dafür lag einfach darin, daß mir versprochen worden war, irgendwann mit den Erdenbewohnern in Verbindung treten zu können. Deshalb war ich immer sehr interessiert daran, mit anderen großen Seelen, die ebenfalls ein gleiches Anliegen hatten, die Verkettungen der Ereignisse auf der Erdenebene zu verfolgen, die nebst anderen Dingen zur Erfüllung meines Wunsches beitragen mochten.

Edwin, der mich an der Schwelle zur Geistigen Welt empfangen und mich zu meinem neuen Zuhause geleitet hatte, war gleicherweise mit der

Erdenzeit vertraut geblieben, da er mich ja die ganze Zeit über im Auge behalten hatte.

Man könnte denken, daß Zeit im Sinne einer zu messenden Existenzabfolge keinerlei Einfluß auf das Geschehen jenseits der Erdenwelt habe. Doch diese Annahme ist unrichtig, denn die Zeit hat auch auf der geistigen Ebene ihren Einfluß.

Alle irdischen Ereignisse, seien sie politischer oder privater Natur, unterstehen der Zeit oder werden von ihr regiert. Und insofern diese Ereignisse sich auch auf die Geistige Welt ausdehnen oder sie dort einer Weiterführung unterliegen, geraten wir mit ihnen unter den Einfluß der Zeit und ihrer Wirkung. Nehmen wir als einfachstes und passendstes Beispiel das Weihnachtsfest. Wir feiern dieses Fest zur gleichen Zeit wie ihr. Ob der fünfundzwanzigste Dezember historisch das richtige Datum in Erinnerung an die Geburt Christi ist, sei eine Frage, die uns im Augenblick für unsere Zwecke nicht interessieren soll. Was uns aber diesbezüglich angeht, ist die Tatsache, daß beide Feiern, eure und unsere, zur gleichen Zeit und Jahr für Jahr gefeiert werden. Für diese Zeitbefolgung unterstehen wir nicht dem Zeitgesetz der Erde. Doch wir bezwecken mit dieser Synchronisation des Erdenfestes ausschließlich ein gutes Zusammenwirken.

Zu dieser Zeit des Christenfestes entsteht normalerweise auf Erden eine große Kraft guten Willens und der Freundlichkeit. Viele Menschen, die zu einer anderen Zeit des Jahres weniger an ihre abgeschiedenen Familienmitglieder und Freunde zu denken pflegen, erinnern sich jetzt ihrer und senden ihnen Gedanken der Zuneigung, welche wir in der Geistigen Welt nur allzugern empfangen und erwidern. Der Weihnachtsfeier gehen immer schon Gedanken der angenehmsten Vorfreude voraus. So wir über keine anderen Hinweise verfügen würden, wäre diese Vorfreude schon ausreichend, uns anzuzeigen, daß sich die Zeit des Festes nähert. In der Geistigen Welt sagt man gewöhnlich zu jener Zeit untereinander: „Weihnachten wird bald auf Erden gefeiert werden." Und eine Person, der man bei uns begegnet, mag vielleicht noch nichts von dieser Tatsache vernommen haben.

Hinsichtlich des besonderen Beispiels „Weihnachten" sind wir, was das sich nähernde Geburtsfest betrifft, nicht allein abhängig von der Erdenebene. Denn zu dieser bestimmten Zeit werden wir immer von hohen

Seelen aus den höheren Sphären besucht. So uns also alle anderen Mittel für die Ermittlung jener Jahreszeit ermangeln würden, würde dieser Bereich uns den genauen Hinweis über das Bevorstehen eines neuen Erdenjahres geben.

Jene der unsrigen, die in ständiger Verbindung mit der Erde stehen, kennen natürlich genausogut wie ihr eure jeweiligen Zeiteinteilungen wie Jahr, Monat und Tag. Und wir können auch die genaue Tageszeit ermitteln, denn diese Möglichkeit ist mit keiner Schwierigkeit oder irgendeinem Geheimnis verbunden. Wenn wir uns in eure Dimensionen hineinbegeben, können wir ebensogut wie ihr uns aller Gegebenheiten versichern. Was könnte also einfacher sein? Im allgemeinen ist es für uns unwichtig, ständig über den laufenden Tag oder die genaue Stunde informiert zu sein oder darüber Buch zu führen. So wir uns mit euch in einer fortwährenden Gedankenkommunikation befinden, sind eure Gedanken für uns ausreichende Hinweise dafür, daß ein bestimmter Augenblick gekommen ist, der geeignet ist, mit euch zu arbeiten oder zu euch zu sprechen. Mehr als eurer Gedanken bedarf es nicht. Die ganz anderen Bedingungen der Geistigen Welt bringen es mit sich, daß wir – ganz allgemein gesprochen – den Sinn für einen meßbaren Zeitablauf, wie ihr ihn nennt, verlieren. Wir gestatten es uns, die Dinge unverändert zu lassen, es sei denn, wir wollten sie verändern. Wenn wir die Ankunft eines Familienmitgliedes oder Freundes in unserer Welt erwarten, richten wir unsere Gedanken auf jenes Ereignis des Hinübergehens aus, wobei uns das betreffende Jahr weniger interessiert.

Das, was ich bisher euch berichtet habe, sind einige Tatsachen, die sich auf Kenntnisse aus meiner eigenen Erfahrungen beziehen und die daher auf die spezifische Sphäre, in der ich lebe, entsprechend angewandt werden müssen.

Über die höheren Sphären verfüge ich über kein unmittelbares Wissen. Und die Fülle der Informationen, die ich aus Unterhaltungen mit Bewohnern jener Sphären gewonnen habe, sind natürlich ebenfalls eingeengt durch meine begrenzte Fähigkeit, sie zu verstehen. Alles, was ich hinsichtlich der Zeit in den höheren Sphären sagen kann, ist, daß wir uns in solch hohen Ebenen in einem höheren Dasein befinden, in welchem nebst anderen spirituellen Eigenschaften das Wissen einen sehr hohen Rang einnimmt. Personen aus diesen Ebenen haben mich mit ihren exakten

Vorhersagen mehr als in Erstaunen versetzt, mit denen sie die Begebenheiten auf Erden voraussagen können. Die Art und Weise, wie sie sich solcher Dinge im voraus vergewissern können, ist jenseits unserer augenblicklichen Vorstellungskraft. An dieser Stelle wollen wir einfach die Tatsache anführen, daß es sich so, wie besagt, verhält und daß die Zeit deshalb nicht nur auf die Ebene eines geringeren spirituellen Fortschrittes beschränkt bleibt.

Wenn wir nun über den Raum als solchen sprechen, finden wir, ganz allgemein gesprochen, daß er bei uns bis zu einem gewissen Grad von dem gleichen Gesetz bestimmt wird wie auf Erden. Wir verfügen ebenso über eine Ewigkeit an Zeit, wie wir über eine Unendlichkeit an Raum verfügen.

Raum muß in der Geistigen Welt vorhanden sein. Nehmen wir als Beispiel meine eigene Sphäre. Wenn ich am Fenster eines meiner oberen Räume in meinem Hause stehe, kann ich weit hinaussehen und von dort viele Häuser und große Gebäude erspähen. In noch weiterer Entfernung vermag ich die Stadt mit weiteren großen Gebäuden mit meinen Augen ausfindig zu machen. Und über die ganze Landschaft verstreut kann ich Wälder, Wiesen, Bäche und Flüsse, Gärten und Obstgärten erkennen, die alle einen Platz einnehmen, wie ebensolche Dinge es auf der Erde auch tun. Sie überlagern sich ebensowenig wie die gleichen Dinge auf Erden. Jedes füllt seinen ihm zugehörigen Platz aus. Und ich bin mir während des Hinausschauens aus meinem Fenster bewußt, daß sich weit und immer weiter hinter meinem Blickbereich immer weitere Regionen anschließen, die uns zu der Bezeichnung „unendlicher Raum“ Anlaß geben. Ich weiß, daß ich mich immerzu durch die enorme Ausdehnung unserer Welt begeben kann, die eine viel größere Fläche als das Dreifache der Erdoberfläche ausmacht. Bisher habe ich erst einen winzigen Bruchteil jener Fläche kennengelernt, auf der sich unsere Welt ausbreitet, obwohl ich mich, wann immer ich will, auf Entdeckungsreise begeben könnte. Gute Freunde aus höheren Sphären haben mir versichert, daß ich gelegentlich sogar in höhere und feinstrukturiertere Sphären reisen könnte, falls sich die Gelegenheit dazu böte, wozu sie mich mit allem Nötigen, vor allem aber mit jenem mich beschützenden Umhang versehen würden, der dazu nötig ist, jene Reisen zu unternehmen. Mit anderen Worten, meine tatsächlichen und potentiellen Bewegungsmöglichkeiten sind riesengroß.

Solche entfernten Reiseziele, wie wir sie besuchen können, sind, von der Distanz und Unermeßlichkeit her gesehen, für irdische Vorstellungen unvorstellbar, da ja auf Erden alles Durch- und Überqueren von Land. Luft und See auf die vorhandenen Beförderungsmittel beschränkt bleibt. Eintausend Kilometer irdischer Fläche bedeutet eine große Distanz samt der für ihre Durchquerung benötigten beträchtlichen Zeit, so man auf die langsameren Verkehrsmittel angewiesen ist. Selbst wenn man diese Distanz mit den schnelleren Verkehrsmitteln zurücklegt, benötigt man für diese Reise von tausend Kilometern eine bestimmte Zeit, bevor sie zurückgelegt ist. Doch in der Geistigen Welt werden all diese irdischen Begrenzungen mittels der Gedankenkraft aufgehoben. Wir haben Raum, und wir verfügen über eine gewisse Kenntnis an Zeit in ihrem Zusammenhang mit dem Raum. Die Gedankenkraft kann die Zeit hinsichtlich der Raumdurchquerung aufheben, aber sie kann den Raum nicht verschwinden lassen.

Ich kann vor meinem Haus stehen und daran denken, daß ich gerne die Stadtbibliothek aufsuchen möchte, die ich in der Ferne, eine ganze Anzahl von Kilometern von hier entfernt, erkennen kann. Sobald sich mein Gedanke mit Genauigkeit in meinem Kopf festgesetzt hat, befinde ich mich schon – so ich es natürlich wirklich wollte – vor jenen Regalen der Bibliothek, die ich aufzusuchen wünschte. Ich habe also meinen Geistkörper – und das ist der einzige, der mir zur Verfügung steht – mit Gedankengeschwindigkeit durch den Raum bewegt, und zwar mit einer Geschwindigkeit, die man nur als Augenblicklichkeit bezeichnen kann. Was aber habe ich getan? Ich habe den dazwischenliegenden Raum augenblicklich durchquert, während jedoch der Raum mit all dem, was er birgt, bestehen geblieben ist, obwohl ich mir über keine Zeit oder die Abfolge von Zeit bewußt geworden bin.

Sobald ich aus der Bibliothek trete, treffe ich auf ihren Stufen oftmals mit Freunden zusammen, und jemand von uns schlägt für gewöhnlich vor, uns nach einem Haus, das einem von uns gehört, zu begeben. Auf diesen erfreulichen Vorschlag eingehend, beschließen wir, durch die Gärten und Wälder zu unserem Ziel zu spazieren. Obwohl das betreffende Haus einige Kilometer entfernt sein mag, spielt dieser Umstand für uns dennoch keine Rolle, da wir ja nie unter einer Ermüdung zu leiden haben und wir auch ansonsten von keiner anderen einzugehenden Verpflichtung gedrängt werden. Uns frohgemut unterhaltend, wandern wir einher, und nach einer gewissen Dauer von Zeit erreichen wir das betreffende Haus, während wir die ganze Strecke zu Fuß zurückgelegt haben. Bei meiner Reise von meinem Haus zur Bibliothek bin ich die räumliche Entfernung „umgangen", indem ich in diesem Fall die Zeit eliminierte. Auf meinem Rückweg jedoch wurde mir ein intuitives Gefühl für Zeit vermittelt, da ich langsam spazierte, und ebenso war ich mir über die Entfernung im klaren, die ich auf dem festen Grund und den Wiesen dieser Sphäre zurücklegte.

Zeit und Raum sind in der Geistigen Welt relativ zu sehen, aber ebenso verhält es sich damit auf der Erde. Doch unsere Vorstellungen von Raum und Zeit unterscheiden sich von den euren beträchtlich, da eure Zeit von den irdischen Gegebenheiten wie Sonnenauf- und Sonnenuntergang bestimmt, euer Raumbegriff aber den verschiedenen Beförderungsmitteln angepaßt ist. Wir haben einen ewigen Tag, und wir können langsam einherspazieren oder uns im Nu frei nach Wunsch – wohin auch immer – begeben. Auf letztere Art kann die Zeit sogar zum Stillstand gebracht werden. Und unser Gefühl für sie kann dadurch wiederhergestellt werden, daß wir uns gemächlich ausruhen oder spazierengehen. Dabei handelt es sich nur um die Wiederherstellung unseres allgemeinen Sinnes für Zeit, nicht aber um einen Zeitablauf. Doch wenn wir eure Gedanken von der Erde empfangen, die uns sagen, daß ihr dafür bereit seid, euch aufzusuchen, dann werden wir uns an eurer Seite wieder des irdischen Zeitablaufes voll bewußt.

Und ihr müßt zugeben, daß wir aufs genaueste unsere Übereinkünfte mit euch einhalten.

5

Die geographische Lage

Wo befindet sich, von der Erde aus gesehen, die Geistige Welt? Viele Leute haben sich zu verschiedenen Zeiten darüber den Kopf zerbrochen, und ich gehörte einst ebenso zu diesen vielen.

Und daran schließt sich sogleich die Frage nach der geographischen Lage jener anderen Sphären an, von denen ich euch schon einige Einzelheiten mitteilte.

Ich habe euch davon berichtet, daß ich damals, als ich auf meinem Totenbett an einer irdischen Krankheit daniederlag und jenen kritischen Moment erreicht hatte, ein unwiderstehliches Verlangen verspürte, mich zu erheben, und daß ich diesem Verlangen leicht und erfolgreich nachgab. In diesem bestimmten Fall war die Demarkationslinie zwischen dem Ende meines Erdenlebens und dem Beginn meines geistigen Lebens sehr dünn, denn ich befand mich im Vollbesitz meiner Sinne und war mir des ganzen Geschehens voll bewußt. Das eigentliche Hinübergehen von der einen in die andere Welt war in diesem Fall ununterscheidbar.

Aber ich kann vielleicht den Moment des Übergangs dahingehend eingrenzen, wenn ich, wie ich mich erinnere, denjenigen Moment dazu bestimme, in welchem mich meine körperlichen, aus der letzten Krankheit herrührenden Schmerzgefühle plötzlich verließen und sich an deren Stelle ein körperliches Wohlbefinden und ein sich nicht mehr beunruhigender Seelenzustand einstellten, welche mich ganz und gar erfüllten. Ich fühlte, daß ich tief aufatmen müsse, und also tat ich es. Der innere Impuls, sich erheben zu müssen, samt dem Aufhören aller physischen Schmerzen markierten den Moment meines physischen Todes und zugleich den Moment meiner Geburt in die Geistige Welt hinein.

Doch als dies alles vor sich ging, befand ich mich immer noch in meinem eigenen Schlafzimmer. Deshalb glaube ich, daß wenigstens ein Teil der Geistigen Welt in die irdische Welt hineinreichen muß. Diese von mir erlebte Erfahrung mag uns zugleich einen Anhalts- und ausgangspunkt für unser geographisches Untersuchungsvorhaben geben.

Das nächste Ereignis während meines Hinübergehens war die Ankunft meines guten Freundes Edwin sowie unser gegenseitiges Wiedersehen nach so vielen Jahren. Dieses Wiedersehen fand, wie es schien, ebenfalls in jenem Schlafzimmer statt. Dann, nachdem wir uns begrüßt und für eine kurze Weile miteinander gesprochen hatten, schlug Edwin vor, daß wir die gegenwärtige Umwelt verlassen sollten, die, wie es die Umstände mit sich brachten, sehr traurig war. Er faßte mich beim Arm, bat mich, meine Augen zu schließen, und schon fühlte ich, daß ich sacht durch irgendwelchen Raum hindurchglitt. Ich besaß keine klare Vorstellung irgendeiner Richtung. Ich wußte nur, daß ich mich in Bewegung befand, doch ob ich dabei mich nach oben oder zur Seite hin fortbewegte, blieb mir unmöglich zu sagen. Die Schnelligkeit nahm mit der Entfernung zu, bis mir schließlich gesagt wurde, die Augen zu öffnen. Und was ich dann sah, war mein Haus in der Geistigen Welt.

Seitdem habe ich viel hinzugelernt. Und eine meiner ersten Lektionen betraf die Kunst der Fortbewegung, und zwar auf andere Art als die des Gehens. Es gibt hier unermeßlich weite Strecken zu überbrücken, und manchmal empfiehlt es sich, sie sofort in einem zurückzulegen. Diese Raumüberwindung bewirken wir, wie ich euch darlegte, durch die Macht der Gedanken. Aber das Eigenartigste, was mir als Tatsache bei einem solchen Gedankenflug auffiel, war, daß, so meine Körperbewegung durch den Raum größer war als die des gewöhnlichen Gehens, ich keinen Sinn mehr dafür hatte, in welche Richtung ich mich eigentlich bewegte. Ich spürte nur, daß ich mich bewegte, sonst nichts. Denn wenn man bei einem Spaziergang in der Geistigen Welt die Augen schließt, beraubt man sich zugleich des Anblicks der Landschaft oder was es immer sein mag. Doch es ist auch bei geschlossenen Augen unmöglich, von seinem Weg abzugeraten. So etwas gibt es bei uns nicht.

Das nicht vorhandene Gefühl für eine Richtung vermag den anfänglich gefaßten Gedanken für ein von seinem Körper zu erreichendes Ziel nicht zu beeinträchtigen. Haben wir uns für die Reise nach einem bestimmten Ort entschlossen, setzen wir unsere Gedanken in Bewegung, und diese setzen ihrerseits und unverzüglich wiederum unseren Körper in Bewegung. Man ist fast versucht zu sagen: „Dazu benötigt es keiner Gedankenanstrengung.“ Über diese Dinge habe ich mit anderen gesprochen, und wir haben unsere Aufzeichnungen, wie sie die Neuangekommenen gerne anfertigen, miteinander verglichen. Und niemals ermangeln wir williger Freunde, die uns bei unseren anfänglichen Schwierigkeiten helfend zur Seite stehen. Somit habe ich herausgefunden, daß wir alle, die in der Geistigen Welt wohnen, den Sinn für eine Richtung während einer schnellen Reise verlieren. Natürlich, so wir eine Augenblicksreise vornehmen, verbleibt uns sowieso keine „Zeit“,überhaupt irgend etwas feststellen zu können. Denn es gibt zwischen dem Moment, in welchem wir uns wegbegeben, und jenem, in welchem wir angekommen sind, nicht irgendeinen Zeitraum, um etwas zu betrachten oder zu bedenken.

Ihr werdet wohl aus diesem Verlust des Richtungssinnes, wenn ich es so einmal nennen darf, ersehen können, daß es ein schweres Unterfangen ist, in Beziehung zur Erde eine genaue Lage der Geistigen Welt festzusetzen. In der Tat zweifele ich daran, daß irgendein Neuankömmling bei uns sich mit einer Vermutung hervorwagen würde, wo er sich nun in Relation zur Erde eigentlich befindet. Natürlich gibt es unzählige Leute, die sich um solcherlei Dinge nicht die Köpfe heißdenken. Sie haben sich ein- für allemal von der Erde getrennt, indem sie alle Bande nach dort durchschnitten haben. Sie sind sich darüber im klaren, daß sie leben und sich in der Geistigen Welt befinden. Aber sich darüber den Kopf zu zerbrechen, welchen genauen geographischen Punkt ihre neue Welt eigentlich in der Schöpfung einnimmt, ist nicht ihre Sache. Mit mir verhält es sich allerdings anders. Ich befinde mich nun in einer sehr regen Verbindung mit der Erdenwelt, und ich glaube, es könnte von Interesse sein, wenn ich versuche, ungefähr eine Idee zu vermitteln, wo sich die geistigen Ebenen befinden.

Die Geisterwelt ist unterteilt in Sphären oder Regionen. Diese zwei Wortbezeichnungen finden gegenwärtig unter den meisten von denen auf Erden Anwendung, die über das Vorhandensein der Geistigen Welt Bescheid wissen und mit ihr in Kontakt stehen.

Den einzelnen Sphären gaben einige Forscher Nummern, wobei auf die unterste Sphäre die Nummer eins, auf die höchste Sphäre die Nummer sieben entfiel. Die meisten bei uns haben diese Anordnung der Numerierung beihalten. Die ursprüngliche Idee dazu, wie mir anvertraut wurde, stammte von unserer Seite und sollte als hilfreiche und bequeme Methode dienen, jemandes Mitteilung einer bestimmten und von ihm erreichten Höhe auf der Leiter seiner spirituellen Fortentwicklung verständlich zu machen.

Die einzelnen Sphären der Geistigen Welt reihen sich in konzentrischen Kreisen um die Erde an. Diese Kreise erstrecken sich bis in die Unendlichkeit des Raumes hinein, bleiben aber mit der Erde bei deren kleinen Rotation um sich selbst wie natürlich auch bei deren großen Umdrehung um die Sonne unsichtbar verhaftet. Die Sonne hat überhaupt keinen Einfluß auf die Geistige Welt. Wir sehen von ihr gar nichts, da sie sich aus reiner Materie zusammensetzt.

Ein Beispiel dafür, daß die Sphären wohl aus konzentrischen Kreisen bestehen, wird uns dadurch geboten, wenn uns verkündet wird, daß ein Besucher aus einer höheren Sphäre zu uns „herab"-kommt. Er befindet sich also, relativ gesprochen, sowohl spirituell als auch räumlich gesehen, „über" uns.

Die unteren Regionen der Dunkelheit liegen in unmittelbarer Nähe der Erde, und ihre untersten Bereiche tauchen sogar in jene hinein. Durch eben jene dunklen Regionen brachte mich Edwin nach meinem Hinübergang, weshalb er mich auch aufforderte, meine Augen fest geschlossen zu halten, bis er sie mich wieder zu öffnen hieß. Ich war in meiner damaligen Verfassung noch zu aufgeregt und bei vollem Bewußtsein, als daß mir der Anblick der Scheußlichkeit, die, aus der Erdenwelt entstammend, sich in jenen dunklen Regionen niedergelassen hatte, gut getan hätte.

Ist die Erdenwelt ungefähr das Zentrum der sich um sie anreihenden kreisförmigen Sphären der Geistigen Welt, so verhält es sich weiterhin so, daß diese Sphären im allgemeinen so aufgeteilt sind, um den jeweiligen verschiedenen Nationen auf Erden zu entsprechen, so daß sich also jeder einzelne Sphärenbereich über der jeweils ihn fixierenden Erdnation befindet. Denkt man an die sehr große Vielfalt nationaler Temperamente und Eigenheiten, die sich über die ganze Welt erstrecken, so erscheint es nicht überraschend, daß die Verstorbenen einer Nation auch dorthin zu gravitieren wünschen, wo sie sich in der Geistigen Welt wiederum unter ihren Landsleuten befinden können, ebenso wie ja der gleiche Wunsch, unter seinesgleichen zu leben, auf Erden besteht. Selbstverständlich bleibt jedem auch in diesem Falle seine Entscheidung für einen anderen Bereich offen. Innerhalb der ihm zustehenden Sphäre kann er nach eigenem

Ermessen gehen und wohnen, wohin und wo er will. Denn bei uns gibt es keine bestehenden Landesgrenzen, um Nationen voneinander zu trennen. Unsichtbare Grenzen ergeben sich aus nationalen Temperamenten und Eigenheiten. Doch steht es dem Mitglied einer jeden Erdennation frei, sich in der Geistigen Welt mit welch anderen Nationalitätszugehörigen auch immer zu vermischen, um sich am ungehinderten und glücklichen sozialen Miteinander zu erfreuen. Das Problem einer Sprachverständigung taucht bei uns nicht auf, denn keiner ist gezwungen, laut zu reden. Wir vermitteln einander unsere Gedanken und wissen dabei ganz sicher, daß der andere, an den wir uns wenden, uns auch versteht. Sprachen setzen bei uns keine Schranken.

Jede der nationalen Unterteilungen der Geistigen Welt wird geprägt von den Eigenheiten der ihr zugehörigen irdischen Welt. Das ist nur allzu selbstverständlich. Mein eigenes Haus ist in eine Umgebung hineinversetzt worden, die mir vertraut ist und die in gewisser Weise eine Doublette meines irdischen Zuhauses darstellt, ohne eine exakte Kopie davon zu sein. Ich meine mit anderen Worten, daß sich mein jetziges Haus in einer Landschaft befindet, mit der meine Freunde und ich sehr vertraut sind.

Die Trennung in Nationen hört nach einer gewissen Sphäre auf, denn Nationalitätsgefühle existieren dann nicht mehr, obwohl wir auch dort noch äußere und sichtbare Unterscheidungsmerkmale wie zum Beispiel die Hautfarben gelb, weiß oder schwarz tragen. Unser Nationalitätsbewußtsein, wie wir es auf Erden oder auch noch auf den unteren Ebenen der Geistigen Welt besaßen, hat sich aufgelöst. In höheren Sphären erinnern die Häuser kaum noch an nationale Merkmale, denn sie tragen mehr die Charakteristika reinen Geistes.

Ihr werdet euch erinnern, als ich anläßlich des Bibliotheksanbaues euch den Regenten vorstellte. Jede Region besitzt bei uns solch eine Person, obwohl die Bezeichnung „Regent“ sicherlich nicht geeignet ist, da sie leicht einen falschen Eindruck vermitteln kann. Sicherlich wäre das Wort „Präsident“ ein glücklicherer und ein der Sache angemessenerer Ausdruck.

Obwohl alle Regionen ihren eigenen in ihnen wohnenden Regenten haben, entstammen diese doch einer höheren Sphäre als derjenigen, in der sie präsidieren.

Um eine solch hohe Stellung bekleiden zu dürfen, muß sich sein Inhaber durch hohe Qualitäten auszeichenen und schon lange in der Geistigen Welt gelebt haben. Viele von ihnen weilen hier schon seit Tausenden von Jahren. Große Spiritualität allein reicht zu der Bekleidung eines solchen Amtes nicht aus. Denn verhielte es sich anders, so gäbe es hier viele bewunderungswürdige Seelen, die sich für solch eine hohe Stellung aufs beste eigenen würden. Doch ein Regent bedarf eines großen Wissens und reicher Erfahrung hinsichtlich der Menschheit. Zudem muß es ihm gegeben sein, mit weiser Besonnenheit all die verschiedenen Fälle, die ihm vorgelegt werden, behandeln zu können. Des Regenten Erfahrung und Wissen, all sein Mitempfinden und Verstehenkönnen stehen jedem der Bewohner seiner Region zur Verfügung, während seine Güte und unendliche Geduld jedem von uns allzeit offenbar wird. Diese große Seele steht allen zu Diensten, die ihn um Rat bitten oder ihn um die Lösung ihres jeweiligen Problems ersuchen.

Wir haben ebenso wie ihr auf der Erde Probleme, auch wenn sie sehr unterschiedlicher Natur sind. Die unsrigen resultieren nicht wie bei euch aus den jemanden in Unruhe stürzenden Ängsten und Sorgen. Was mich selbst anbelangt, so fand ich mich bald nach meinem Hinübergang meinem ersten Problem konfrontiert, das darin bestand, wie ich das, was ich auf Erden falsch getan hatte, wieder gutmachen könnte. Ich hatte auf Erden ein Buch geschrieben, in welchem ich die Wahrheit über die Kommunikation der Geistigen Welt mit der Erde verfälscht wiedergegeben hatte. Als ich mich mit Edwin darüber unterhalten hatte, suchte er ohne mein Wissen den Regenten unserer Region auf, um seinen Rat einzuholen. Und das Ergebnis war, daß eine andere große Seele zu mir kam, um mein Anliegen mit mir zu besprechen und mir Hilfe und Rat zur Lösung meines schwierigen Problems anzubieten. Dem Wissen des Regenten um mein Anliegen habe ich es in erster Linie zu verdanken, daß mein Problem sich schließlich zu einem glücklichen Ende auflöste.

Daraus läßt sich erkennen, daß die Kenntnis des Regenten über die Leute, denen er vorsteht, groß ist. Damit man nicht etwa jetzt annehmen möge, daß es menschenunmöglich sei, daß eine einzige Person so viel Wissen über alle Einzelheiten derart vieler Leute, wie sie in einer Region leben, auf sich vereinigen kann, möchte ich darauf hinweisen, daß bei den Irdischen der Verstandesumfang samt Gedächtnis den Begrenzungen unterliegt, die dem physischen Gehirn gesetzt sind. Bei uns in der Geistigen Welt, werden wir nicht von den Fähigkeiten eines physischen Gehirns eingeschränkt, denn unser Gedächtnis behält voll und ganz alles Wissen, das wir uns aneignen. Wir in der Geistigen Welt vergessen nichts von dem, was wir gelernt haben, handle es sich dabei um spirituelle Lektionen oder um sachliche Tatsachen. Doch bedarf es seiner Zeit, um, wie ihr sagen würdet, zu lernen. Dies ist der Grund, warum die Regenten ihrer Regionen schon viele Tausende von Jahren in der Geistigen Welt verbracht haben, bevor sie so vielen Seelen vonangestellt werden. Denn die Regenten haben sie zu führen und zu leiten, ihnen bei ihrer Arbeit beizustehen und sich in ihren Mußestunden zuzugesellen. Ein Regent soll auf die ihm Anvertrauten wie ein Inspirator wirken und soll sich ihnen gegenüber in jeder Beziehung wie ein ihnen ganz zugetaner Vater verhalten. Irgend so etwas wie ein unzufriedenes Gefühl existiert bei uns nicht, und das ist unter anderem darauf zurückzuführen, daß es unserem Regenten, dieser großartigen Seele, möglich ist, alle Probleme beilegen zu können.

Jede Sphäre ist für diejenige, die unter ihr gelegen ist, unsichtbar. In dieser Hinsicht wenigstens setzt sie sich ihre eigenen Grenzen.

Wenn man zu einer unteren Sphäre hinabreist, bemerkt man eine allmähliche Abnahme der Landschaftsqualität. So wir uns aber in die Richtung einer höheren Sphäre bewegen, können wir das genaue Gegenteil feststellen. Die Landschaft um uns herum nimmt ein ätherischeres Aussehen von immer mehr verfeinerter Natur an, was schließlich all jene, die noch nicht Bewohner jener Gefilde geworden sind, daran hindert, noch weiter vorzudringen. Nun, ich habe euch schon berichtet, daß die Sphären übereinander angeordnet sind. Wie aber ist es möglich, von einer in die andere, sei es in die nächsthöhere oder nächstuntere zu reisen? In jeder dieser Sphären muß es doch irgendeine Gegend geben, in der es langsam bergab oder langsam bergauf geht. So einfach dies auch erscheinen mag, es verhält sich genau so und nicht anders.

Es ist nicht schwierig, sich vielleicht einen allmählichen Abhang vorzustellen, der zu tiefer gelegenen Gegenden führt, die weniger angenehm sind. Um uns ein solches Bild vorzustellen, mögen wir zu unserer Hilfe uns vielleicht einen irdischen Vergleich heranziehen, indem wir uns an tiefer gelegene Plätze erinnern, zu denen wir, gefahrenvoll für den Fuß, hinabsteigen, um dann in dunkle Höhlen einzudringen, die uns mit Kälte, Nässe und einem Gefühle des Unwillkommenseins begegnen, in welchen wir uns zudem noch alle Arten von unangenehmen Dingen vorstellen können, die dort lauernd auf uns warten. In solch einer Abgeschiedenheit können wir uns vorstellen, daß über uns, wenn auch außer Sicht, die Sonne scheint und ihre Wärme und ihr Licht über die Erde ergießt, während wir uns noch in einer völlig anderen Welt befinden. Wir mögen durch unterirdische Gänge wandern, bis wir uns in ihnen verlieren und völlig von jenem Land über uns abgeschieden sind. Aber wir wissen, daß es dennoch einen Pfad gibt, der nach oben führt und den wir zu finden haben. Und wir werden ihn finden, wenn wir in unseren Bemühungen fortfahren, nach ihm zu suchen.

Wenn wir unsere Geistige Welt in ihrer untersten Tiefe mit diesem irdischen Bild von unterirdischen Gängen vergleichen wollen, so können wir sehen, wie jede Sphäre mit der jeweils über ihr befindlichen verbunden ist. Unser zur Veranschaulichung herbeigezogenes Bild ist natürlich nur ein sehr vereinfachtes. Aber die Fortentwicklung und die Umstände sind die gleichen. Das Hinübergehen von einer Sphäre in die andere ist genau so, wie wenn ihr euch von einem Raum in eurem Haus in einen anderen begebt, sei es nun, daß ihr dazu die Stufen nach oben oder unten benutzt.

Wenn ich von meiner Sphäre in die nächsthöhere hinübergehen könnte, würde ich über einen allmählich ansteigenden Untergrund zu spazieren haben. Und je weiter ich vordringen würde, desto mehr würde ich all die nicht zu übersehenden Anzeichen einer Sphäre von größerer spiritueller Verfeinerung erkennen und erfühlen. Schließlich werde ich an einer Stelle auf meinem Wege angelangt sein, wo es für mich kein Weiterkommen mehr gibt, da ich mich dort, spirituell gesehen, höchst unpäßlich fühlen würde. So ich noch töricht genug sein sollte, dennoch diese Gefühle zu ignorieren und weitervorzudringen, so würde ich bald herausfinden, daß ich völlig unmöglich noch einen weiteren Schritt vorwärts setzen könnte, ohne dabei Eindrücken ausgesetzt zu sein, die ich unmöglich aushalten könnte. Ich wäre nicht mehr in der Lage, außer dem, was hinter mir liegt, um mich herum zu erkennen. Ob wir nun schon unmittelbar an einer der Sphärengrenzen tatsächlich stehen oder uns noch mitten in unserer eigenen Sphäre befinden, spielt dabei keine Rolle. Denn irgendwo auf der Brücke zur höheren Sphäre geraten wir an einen Punkt, wo das Dahinterliegende für die weniger spirituellen Augen unsichtbar wird. Ebenso wie gewisse Lichtstrahlen den menschlichen Augen unsichtbar bleiben, so können auch die höheren Sphären von den Augen anderer aus unteren Sphären nicht gesehen werden.

Der Grund dafür ist, daß jede Sphäre eine höhere Schwingungsfrequenz besitzt als die unter ihr befindliche. Deshalb bleibt für all diejenigen, die in einer unteren Sphäre wohnen, die höher gelegene unsichtbar und unhörbar.

Aus dieser Tatsache erkennen wir ein weiteres Naturgesetz, das uns allen zum Heile dient.

6

Die untersten Regionen

Es gibt in der Geistigen Welt eine sehr helle und äußerst prächtige Sphäre, der man den bildhaften und sehr zutreffenden Namen „Sommerland“ gegeben hat.

Die dunklen Regionen könnte man im Gegensatz dazu als das „Winterland“ bezeichnen, doch spricht dagegen, daß der irdische Winter eine ihm eigene Großartigkeit besitzt, während in jenen unteren Bereichen der Geistigen Welt nichts als Abscheuliches aufzufinden ist.

Bisher habe ich euch nur kurz über die dunklen Regionen berichtet, euch sozusagen nur bis an die Schwelle nach dort geführt. Doch gemeinsam mit Edwin und Ruth bin ich tatsächlich tief in sie eingedrungen.

Es ist gewiß kein angenehmes Unterfangen, darüber zu berichten. Aber mir wurde nahegelegt, die Tatsachen darüber wiederzugeben, doch nicht etwa in der Absicht, die Menschen dadurch zu erschrecken – denn solche Methoden oder Ziele sind mit der höheren Geisterwelt nicht zu vereinbaren –, sondern vielmehr aufzuzeigen, daß solche Orte allein aufgrund des unerbittlichen Gesetzes bestehen, dem Gesetz von Ursache und Wirkung, demzufolge man das, was man auf Erden sät, in der Geistigen Welt ernten wird. Es soll auch aufgezeigt werden, daß, so man sich auch der irdischen Strafjustiz entziehen kann, sich in der Geistigen Welt dennoch der harten und unnachgiebigen Gerechtigkeit ausgesetzt findet.

Wenn wir uns aus unserer Region langsam den dunklen Landen nähern, können wir die allmähliche Qualitätsabnahme der Landschaft feststellen. Die Blumen werden seltener und sehen sehr verkommen aus, als ob es ihnen schwer fiele, sich am Leben zu halten. Das Gras ist dürr und gelb, bis es schließlich samt den darin befindlichen letzten und vereinzelt stehenden kranken Blumen gänzlich verschwindet, so daß sich nur noch unfruchtbarer Gesteinsboden zeigt. Das Licht nimmt immer mehr ab, bis wir uns in ein graues Land versetzt sehen. Doch danach befinden wir uns in Dunkelheit, einer tiefen, schwarzen, undurchdringlichen Düsterheit. Das

Wort „undurchdringlich“ bezieht sich natürlich auf jene, die, spirituell gesehen, blind sind. Die Besucher aus höheren Regionen können jedoch in dieser Dunkelheit sehen, ohne allerdings von jenen Bewohnern selbst gesehen zu werden, es sei denn, es sollte sich als notwendig erweisen, sich ihnen zu zeigen.

Unser Besuch hatte uns an jenen Platz gebracht, von dem wir wahrhaft annehmen, daß es sich um die unterste Ebene menschlicher Existenz handele.

Bei unserem Abstieg durchschritten wir, nachdem der Boden pflanzenlos und hart geworden war, einen Nebelgürtel. Es wurde schnell dunkel. Häuser waren immer spärlicher zu sehen, wiewohl wir nirgends eine lebende Seele entdecken konnten. Große Blöcke granitartigen Gesteins türmten sich vor uns auf. Sie waren kalt und abstoßend anzusehen. Und der Weg, dem wir folgten, war abschüssig und gefahrenvoll für den Fuß. Nun waren wir ganz in Dunkelheit gehüllt, doch konnten wir dennoch unsere Umgebung völlig klar erkennen. In der Finsternis zu sehen ist ein ganz eigenartiges Erlebnis. Und wenn man dies zum erstenmal erlebt, glaubt man, einer Unwirklichkeit ausgesetzt zu sein. Aber dennoch ist all dies wahrhaftige Realität.

Während wir durch eine der vielen Felsspalten niederstiegen, konnte ich den ekelhaften, schmutzig grünen Schleim sehen und spüren, der die Oberfläche des Gesteins bedeckte und enorm stank. Für uns bestand natürlich keine Gefahr des Fallens, denn dies wäre für uns unmöglich gewesen.

Nachdem wir wohl, wie es uns schien, eine große Distanz, die nach irdischen Maßen gut und gerne zwei Kilometer betragen mochte, herabgestiegen waren, befanden wir uns in einem Krater gigantischen Ausmaßes, dessen Umfang wohl einige Kilometer betragen mochte. Seine Wände, tückisch und drohend, richteten sich vor uns hoch auf.

Das ganze Terrain war mit riesigen Gesteinsmassen versehen, als ob sie ein enormer Erdrutsch oder eine sonstige Katastrophe von dem obersten Kraterrand in die unteren Tiefen gestürzt hätte, wo sie nun überall verstreut lagen und Höhlen und unterirdische Gänge bildeten.

Wir standen gegenwärtig noch oberhalb dieses Steinmeeres, und wir entdeckten eine schwerfällige Wolkenfahne giftigen Rauches, die aus ihm hervorstieg. Es schien uns, als ob sich dort unten ein Vulkan befände, der in jedem Augenblick ausbrechen könnte. Wären wir nicht reichlich beschützt gewesen, hätten wir an diesen Gasen ersticken müssen. Wie es sich aber verhielt, konnten sie uns nichts anhaben, obwohl wir aufgrund unserer intuitiven Fähigkeiten das Ausmaß der Hinterhältigkeit dieses ganzen Ortes sehr wohl erspüren konnten. Durch diese verpesteten Ausdünstungen konnten wir vage sich etwas bewegen sehen, das an Menschen erinnerte, die wie stinkende Bestien über die Gesteinsoberfläche dahinkrochen. Ruth und ich hielten es nicht für möglich, daß es sich hier um Menschen handeln könnte, doch Edwin versicherte uns, daß es eben solche seien, die einstmals als Menschenwesen auf Erden wandelten, daß sie gegessen und geschlafen und die irdischen Luft eingeatmet hätten, ja sich sogar auf Erden mit anderen Menschen gepaart hätten. Doch lebten sie, spirituell gesehen, ein ekelerregendes Leben. Und mit dem Tod ihres irdischen Körpers seien sie an den ihnen zustehenden Aufenthaltsort gelangt, der ihrem wahrhaften Seelenzustand in der Geistigen Welt entspreche.

Der emporsteigende Rauch schien sie unseren Blicken zu entziehen, und so stiegen wir weiter hinab, bis wir uns auf gleicher Höhe mit den Gesteinsoberflächen befanden.

Da ich Edwin gegenüber meine Willigkeit ausgedrückt hatte, mich von ihm überall hinführen zu lassen, wo und wie es ihm für meine Zwecke am günstigsten dünkte, und da ich wußte, daß ich wohl gräßlichen Anblicken auch immer widerstehen könnte, näherten wir uns einigen dieser abscheulichen Gestalten. Ruth hielt sich an unserer Seite, und – überflüssig darauf hinzuweisen – ihr würde wohl kaum gestattet sein, diese dunklen Regionen betreten zu dürfen, hätte man nicht zweifelsfrei gewußt, daß sie über ein höchstes Maß an Selbstbeherrschung und Tapferkeit verfügte. Tatsächlich verwunderte mich nicht nur ihr Mut, sondern ich war zugleich zutiefst dankbar, sie an meiner Seite zu wissen.

Wir traten näher an eine dieser untermenschlichen Gestalten heran, die sich auf dem Felsen liegend rekelte. Von Kleidung zu reden, die diese Gestalt trug, wäre übertrieben gewesen, da diese aus nichts anderem als aus den schmutzigsten Lumpen bestand, die unvorstellbar aneinander hafteten und große Flächen leblos anzusehenden Fleisches unbedeckt ließen. Die Gliedmaßen waren derart dünn mit Haut überzogen, daß man ganz und gar glauben mochte, die nackten Knochen sehen zu können. Die Hände waren wie die Fänge von Raubvögeln geformt, und die Fingernägel waren derart gewachsen, daß sie wie wahrhaftige Klauen aussahen. Das Gesicht dieses Ungeheuers hatte kaum etwas Menschliches an sich, so entstellt und verunstaltet sah es aus. Die Augen waren klein und durchdringend, doch der Mund war groß und widerwärtig. Zwischen seinen hervortretenden Lippen auf dem nach vorn geschobenen Kiefer blieben die tatsächlich vorhandenen Reißzähne nicht verborgen.

Wir starrten ernst und lange auf dieses bemitleidenswerte Wrack, das einstmals menschliche Gestalt besaß, und ich sann darüber nach, welche irdischen Untaten ihn zu einem solch schrecklichen Zustand der Degeneration reduziert hatten.

Edwin, der an solche Anblicke gewöhnt war, sagte uns, daß wir uns mit der Zeit bei unserer Arbeit gewisse Kenntnisse aneignen würden, die es uns erlauben sollten, aus den Gesichtern und Formen dieser Kreaturen das herauszulesen, was sie in ihren gegenwärtigen Zustand versetzt hatte. Damit würde es sich erübrigen, sie anzusprechen, um wenigstens etwas über ihre Lebensgeschichte zu erfahren, denn für den erfahrenen Geist lag alles offenbar, so als ob er in einem Buch läse. Aus ihrem spezifischen Aussehen konnte man ebenfalls mit Sicherheit erkennen, ob sie Hilfe benötigten oder ob sie noch damit zufrieden waren, in ihrem niedrigen Zustand verhaftet zu bleiben.

Jener „Gegenstand“, der sich vor uns befand, verdiente kaum des Mitgefühls, denn er verharrte noch in seiner Schlechtigkeit und zeigte ganz offensichtlich nicht die geringste Reue für sein verwerfliches Erdenleben. Er war verwirrt über den Verlust seiner physischen Energie und grübelte deshalb darüber nach, was ihm wohl zugestoßen sein mochte. Seinem Gesicht war anzusehen, daß, sollte er die Gelegenheit dazu erhalten, er seine schlechten Taten mit aller Macht, die ihm zur Verfügung stand, fortsetzen würde.

Daß er sich schon einige hundert Jahre in der Geistigen Welt aufhalten mußte, konnte man an den paar zerschlissenen Überbleibseln seines Gewandes erkennen, die auf ein früheres Zeitalter schließen ließen. Er hatte den größten Teil seines Erdenlebens damit zugebracht, psychische und physische Qualen denen zuzufügen, die das Unglück hatten, in seine Hände zu geraten. Jedes Verbrechen, daß er anderen einst zufügte, hatte sich schließlich wieder an ihm vollzogen. Vor ihm – und dies seit

Hunderten von Jahren – entfaltete sein Gedächtnis, das unauslöschlich ist, alle jene Übeltaten, mit denen er andere Menschen bedacht und mißhandelt hatte.

Als er auf Erden weilte, gab er scheinheilig vor, nur der Gerechtigkeit zu willfahren. Doch in Wahrheit war das, was er als Gerechtigkeit ausgab, nur eine Travestie der Justiz. Jetzt aber mußte er die wahre Gerechtigkeit an sich selbst erfahren. Sein eigenes bösartiges Leben stand nicht nur beständig vor seinen geistigen Augen, nein, auch die Gestalten seiner vielen Opfer zogen vor seinem Geist vorbei, die dem gleichen Gedächtnis entstammten, welches zu Erdenzeiten unfehlbar und unauslöschbar alle Eindrücke in seinem Unterbewußtsein aufspeicherte. Er kann nichts vergessen. Er muß sich für immer an alles erinnern. Es kommt noch hinzu, daß sein Gemütszustand durch eine Wut gesteigert war, die ihn deswegen überkam, als er sich wie ein Tier fühlte, das sich in einer Falle eingeschlossen sah.

Unsere kleine Dreiergruppe stand dicht beieinander. Doch konnten wir nicht die leiseste Spur von Sympathie für dieses Ungeheuer verspüren. Er ließ sie in uns einfach nicht aufkommen. Ihm widerfuhr hier nichts anderes als Gerechtigkeit. Er hatte sich selbst verurteilt und verdammt. Und nun hatte er die Bestrafung zu erleiden, die er ganz und gar über sich selbst verhängt hatte. Diese gerechte Bestrafung eines Sünders wurde nicht von einem sich rächenden Gott zugemessen. Um einen Sünder handelte es sich hier gewiß, doch an ihm vollzog sich anschaulich das unumstößliche Gesetz von Ursache und Wirkung. Die Ursache reichte in sein irdisches Leben hinein. Doch die Wirkung erfolgte in der ihm gemäßen Geistigen Welt.

Hätten wir an ihm nur einen kleinen Schimmer jenes Lichtes erblickt – es ist ein wirkliches Licht, das wir für gewöhnlich zu sehen vermögen –, welches das nicht zu übersehende Zeichen innerer spiritueller Aktivität ist, so wären wir gewiß in der Lage gewesen, für diese Seele etwas zu tun. Wie es sich aber verhielt, konnten wir nichts weiter tun, als hoffen, daß dieses scheußliche Wesen eines Tages in wahrer Ernsthaftigkeit und Aufrichtigkeit um Hilfe bitten würde. Sein Ruf würde ganz bestimmt beantwortet werden.

Wir wendeten uns wieder um, und Edwin führte uns durch einen Felsspalt auf ebeneres Terrain. Wir konnten sogleich erkennen, daß sich in diesem Teil des Kraters mehr Menschen aufhielten, – so man den Terminus „Mensch“ für solche Kreaturen, wie wir sie vor uns hatten, noch wählen will.

Diese Bewohner waren mit verschiedenen Dingen beschäftigt. Einige saßen auf Geröllblöcken und sahen ganz offensichtlich so aus, als ob sie etwas zusammen aushecken wollten. Doch um was für teuflische Pläne es sich wohl dabei handelte, konnten wir nicht sagen. Andere hatten sich zu kleinen Gruppen zusammengetan und verübten unsagbare Torturen an Schwächeren ihresgleichen, die irgendwie die Ungnade ihrer Peiniger auf sich gezogen haben mußten. Ihre Schmerzensschreie waren für unsere Ohren nicht auszuhalten, weshalb wir unser Gehör für jene Laute ganz abschalteten. Ihre Glieder waren in einer nicht zu beschreibenden Art verdreht und verwachsen, und in einigen Fällen hatten sich ihre Gesichter und Köpfe derart verzerrt, daß sie geradezu als ein bloßes Gespött des menschlichen Antlitzes angesehen werden konnten. Andere hingegen lagen auf dem Boden ausgestreckt, als ob sie von der an ihnen vollzogenen Tortur erschöpft wären oder als ob sie sich von der ausgeübten Folterbeschäftigung erholen müßten, um mit erneuten Kräften ihr barbarisches Treiben wieder aufzunehmen.

Das ganz Terrain dieser schrecklichen Gegend war mit Teichen versehen, die irgendeine Art Flüssigkeit enthielten. Diese sah dick und klebrig aus und war in der Tat unbeschreiblich schmutzig. Edwin sagte uns, daß der Gestank dieser Teiche mit all dem, was wir hier sahen, in Einklang war, und er gab uns den ernstgemeinten Rat, nicht daran zu denken, uns zwecks einer Überprüfung diesem Gestank auszusetzen. Wir hielten uns strikt an seinen Rat.

Wir waren zu Tode erschrocken, als wir Anzeichen von Bewegung in jenen Teichen sahen. Und ohne daß Edwin uns darauf hinzuweisen hatte, errieten wir, daß einige der hiesigen Bewohner ausrutschten und dort hineinfielen. Sie konnten zwar nicht ertrinken, denn sie waren wie wir selbst unzerstörbar.

Wir waren Zeuge aller Arten von Bestialitäten und Roheiten, von Barbareien und Grausamkeiten, wie man sie sich wohl kaum vorzustellen vermag. Es liegt nicht in meiner Absicht, noch ist es mein Wunsch, euch einen ausführlichen Bericht von dem zu geben, was wir im einzelnen sahen. Und dennoch hatten wir bei weitem noch nicht den allertiefsten Abgrund dieses widerwärtigen Kraters erreicht. Aber ich denke, daß ich euch zur Genüge angedeutet habe, was man in diesen Regionen der Dunkelheit auffinden kann.

Und nun werdet ihr fragen, wie so etwas alles geschehn könne. Wie und warum ist es gestattet, daß solche Orte überhaupt existieren dürfen?

Vielleicht wird dieser Sachverhalt klarer, wenn ich euch sage, daß jede von den hier an diesen furchtbaren Orten lebenden Seelen einstmals auf Erden gelebt hatte. Dieser Gedanke ist sicher erschreckend. Dennoch verhält es sich so und nicht anders. Glaubt etwa nicht, daß ich bei meiner kurzen Beschreibung dieser Gegenden nur ein bißchen übertrieben habe. Ich versichere euch, daß ich es nicht tat. Tatsächlich habe ich noch untertrieben. Die Existenz dieser widerwärtigen Regionen begründet sich auf die gleichen Gesetze, denen auch die Sphären der Schönheit und der Freude ihr Vorhandensein verdanken.

Die Schönheit der Geistigen Welt ist der äußere und sichtbare Hinweis auf den spirituellen Fortschritt ihrer Bewohner. Wenn wir das Recht verdient haben, schöne Dinge zu besitzen, werden sie uns durch die Kraft der Schöpfung zuteil. In diesem Sinne können wir sagen, daß wir uns die schönen Dinge selbst zuzuschreiben haben. Die „schönen" Gedanken und Taten können nichts anderes als Schönheit produzieren, weshalb wir Blumen himmlischer Schönheit, Bäume und Wiesen, Flüsse, Ströme und Seen des reinsten glitzerndsten Kristallwassers und prächtige Gebäude, die uns allen zugute kommen und zu unserer Freude dienen, besitzen. Und unsere eigenen Häuser können wir mit noch mehr Schönheit zieren, und wir erfreuen uns daran, uns mit unseren Freunden voller Zufriedenheit unterhalten zu können.

Jedoch die Häßlichkeit der Gedanken und Taten können nichts als Häßliches produzieren. Saaten der Scheußlichkeit, die man während seines Erdenaufenthaltes ausgestreut hat, werden unvermeidlich zu einer Ernte von Scheußlichkeit in der Geistigen Welt führen. Diese dunklen Regionen resultieren aus den Taten der Erdenmenschen, ebenso wie die Sphären der Schönheit als die Folgen ihrer Taten anzusehen sind.

Keine einzige Seele wird wider ihre „Natur" dazu gezwungen, in den Regionen des Lichts noch in denjenigen der Dunkelheit zu leben. In den Bereichen des Lichtes könnte keiner Seele etwas nicht gefallen, somit kann es auch bei uns keine Unzufriedenheit und Unstimmigkeit, kein Unwohlsein und keine Trauer geben. Wir sind eine überaus glücklich zusammenlebende Gemeinschaft, die in völliger Harmonie miteinander auskommt. Niemand von uns könnte daher das Gefühl haben, nicht am rechten Platz zu sein.

Die Bewohner der dunklen Sphären haben durch ihre eigene Lebensführung auf Erden sich selbst – ein jeder für sich – jenen Zustand heraufbeschworen, in welchem sie sich jetzt befinden. Das unvermeidliche Gesetz von Ursache und Wirkung fand an ihren Taten seine Anwendung. Die Wirkung folgt der Ursache ebenso gewiß, wie auf Erden dem Tag die Nacht folgt. Was nützt es da also, um Erbarmen zu flehen? Die Geistige Welt ist eine Welt der strengen Gerechtigkeit, eine Gerechtigkeit, mit der man nicht leichtsinnig umgehen sollte, eine Gerechtigkeit jedoch, die wir uns allein zumessen. Strikte Gerechtigkeit und Erbarmen können nicht Hand in Hand gehen. Was uns betrifft, so können wir wohl von ganzem Herzen denen vergeben, die uns Böses zugefügt haben. Doch unser Erbarmen kann das in der Geistigen Welt sich auswirkende Gesetz von Ursache und Wirkung nicht aufheben. Für jedes Vergehen muß der Täter einmal aufkommen. Es handelt sich hier um eine persönliche Angelegenheit, die jeder allein durchzumachen hat, genauso wie ein jeder die Erfahrung des Todes seines physischen Körpers allein zu vollziehen hat. Niemand kann diese Erfahrungen an unserer Stelle übernehmen. Jedoch die göttliche Fügung, durch welche diese wie auch alle übrigen Welten geschaffen worden sind, hat es so angeordnet, daß uns in unserer Not bereitwillige und befähigte Hilfe zuteil wird. Jeder Seele, die in dieser abscheulichen Dunkelheit wohnt, ist es gegeben, aus innerer Kraft aus diesem Schmutz ans Licht emporzusteigen. Sie muß jedoch dazu den Willen aus eigenen Stücken aufbringen und somit ihre eigene Erlösung erarbeiten. Niemand kann ihr diese Arbeit abnehmen. Jeden Zentimeter ihres Weges muß sie sich hart erarbeiten. Es gibt keine Gnade, die sich ihrer annimmt. Es herrscht strikte Gerechtigkeit.

Doch die goldene Gelegenheit zur spirituellen Wiedergutmachung bietet sich jedem immerdar an. Sobald jemand den aufrichtigen Willen zeigt, sich selbst einen Zentimeter weiter auf das ihm von oben scheinende Licht zuzubewegen, wird er eine große Schar unbekannter Freunde finden, die ihm weiterhin behilflich auf dem Wege nach dem ihm zustehenden Erbe sein werden, das er in seiner Torheit beiseite geworfen hatte.

7

Einige erste Eindrücke

Sich ganz plötzlich als ein dauernder Bewohner der Geistigen Welt zu finden, ist zuerst ein überwältigendes Erlebnis. Wieviel man auch über die Beschaffenheit eines Lebens in der Geistigen Welt gelesen haben mag, so bleiben dennoch für jede Seele eine nahezu unbegrenzte Anzahl von Überraschungen.

Jene von uns, die zur Erde zurückgekehrt waren, um über unser neues Leben zu berichten, stehen vor der Schwierigkeit, den Erdenbewohnern mit deren Worten zu beschreiben, wie die Geistige Welt eigentlich beschaffen ist. Unsere Beschreibungen müssen notwendigerweise hinter der Wirklichkeit zurückbleiben. Es ist schwierig, in den Köpfen eine Schönheit auszumalen, die alles übersteigt, was man auf Erden je erleben könnte. Vergrößert jene Schönheiten, von denen ich euch berichtete, um ein Hundertfaches, und ihr seid immer noch weit von der wahren Qualitätseinstufung entfernt.

Eine Frage, die vielleicht von vielen gestellt werden könnte, mag folgendermaßen lauten: Was war es eigentlich, das dich am tiefsten und angenehmsten überraschte, als du zuerst in der Geistigen Welt anlangtest, und was waren deine ersten Eindrücke?

Laßt mich die Position eines solchen einnehmen, der selbst um Auskunft fragt, und darum seine beiden alten Freunde Ruth und Edwin interviewen will.

Edwin und ich, wie ihr euch erinnert, waren beide auf Erden Priester gewesen. Edwin verfügte auf Erden über kein weiteres Wissen auf dem Gebiet der Geisterkommunikation als das, was ich ihm aufgrund meiner eigenen Erlebnisse mitzuteilen versucht hatte. Er gehörte zu den wenigen, die mir bei meinen psychischen Forschungen wohlwollend gegenüberstanden. Er war also einer der wenigen, die mir nicht orthodoxe Kirchenlehren ins Gesicht schleuderten. Später ließ er mich wissen, daß er sehr glücklich darüber gewesen sei, es damals nicht getan zu haben. Als er auf Erden weilte, kam ihm das jenseitige Leben wie ein großes Geheimnis vor, wie es ja wohl vielen anderen Menschen ebenso ergeht. Natürlich hielt er sich an die Kichenlehren, gehorchte ihren Geboten, führte seine Pflichten aus und, wie er mir nachher frei gestand, hoffte auf das Beste, was immer das Beste sein mochte.

Doch bestand sein irdisches Leben nicht allein aus seinen religiösen Übungen. Bei jeder sich ihm darbietenden Gelegenheit hatte er sich für andere, die Hilfe benötigten, eingesetzt, soweit er dazu in der Lage gewesen war. Solche Dienste, die er in aller Demut ausübte, kamen ihm wiederum im großen Ausmaß zugute, als die Zeit für ihn herangekommen war, die Erde zu verlassen. Denn solche guten Taten brachten ihn in das Land der Schönheit und des ewigen Lichts.

Seine ersten Eindrücke nach seinem Erwachen in der Geistigen Welt waren – um seine eigenen Worte zu gebrauchen – ganz und gar überwältigend. Er hatte sich vorher vielleicht mehr unbewußt als bewußt das Dasein eines zukünftigen Lebens als ein Nebelland vorgestellt, wo man sehr viel betete und Gott lobte. Dann befand er sich plötzlich in einem Reich unsagbarer Schönheit mit all dem Großartigen, wie man es auch auf Erden fand, jedoch gereinigt von allem Erdhaften. Hier war alles verfeinert und von ätherischer Art. Wohin er auch sah, überall erstreckte sich die Farbenpracht. Er bestaunte die kristallene Reinheit der Flüsse und Bäche, er war angetan von dem Zauber der Landhäuser und von der Prächtigkeit der Stadttempel und den Hallen des Lernens. Sich in der Mitte solcher Großartigkeit befindend, ohne die leiseste Ahnung davon gehabt zu haben, wessen er sich jetzt ausgesetzt sah, konnte er nur annehmen, seinen Augen nicht trauen zu dürfen. Er konnte es sich nicht anders erklären, als daß er sich inmitten irgendeines schönen, wenn auch unwirklichen Traumes befand, aus dem er in Kürze wohl wieder erwachen würde, um sich in seiner ihm vertrauten Umgebung wiederzufinden. Er dachte darüber nach, wie er wohl diesen Traum einzuordnen haben würde, wenn er sein Normalbewußtsein zurückerhalten hätte. Und er kam zu dem Ergebnis, daß er diesen, obwohl sehr schönen Traum, letztlich doch ohne Zweifel als eben nur einen Traum anzusehen habe.

Und so verharrte er im Anstaunen all dieser üppigen Schönheit. Dies, so sagte mir Edwin, war sein erster und nachhaltigster Eindruck.

All das, was vorher mit ihm bereits geschehen war, bevor er dazu kam, in jener Verwunderung zu stehen und sich die Szenerie, die sich nahezu bis in die Unendlichkeit auszustrecken schien, zu betrachten, hielt er ebenfalls für Teile desselben Traumes. Dazu gehörte auch sein vorausgegangenes Erwachen auf einer bequemen Liege in einem zauberhaften Haus. Neben ihm saß ein alter Freund von ihm, der an ihm den gleichen Dienst leistete, wie Edwin ihn mir erwies, als er damals kam, um mich zu begrüßen.

Sein Freund führte ihn hinaus in die Natur, um seine neue Welt in Augenschein zu nehmen. Alsdann kam seines Freundes wohl schwierigste Aufgabe, als es sich darum handelte, Edwin davon zu überzeugen, daß er „gestorben" war und dennoch lebte. Wie ihr seht, hielt Edwin seinen Freund wie auch dessen erklärende Worte als Teile eben desselben Traumes, und er wartete ungeduldig darauf, daß sich irgend etwas ereignen möge, das den Bann dieses Traumes auflösen und ihn seinem irdischen Bewußtsein zurückführen würde. Edwin gab zu, daß es sehr lange dauerte, bis er sich allmählich überzeugen ließ, was er wiederum seinem Feund zugute hielt, der eine unendliche Geduld bewiesen hatte.

Doch dann, als er tatsächlich davon überzeugt war, daß er sich wirklich und wahrhaftig und auf ewig in der Geistigen Welt befand, kannte seine Herzensfreude keine Grenzen mehr, und er schickte sich ebenfalls an, um, wie Ruth und ich es später taten, die Gegenden seines neuen Lebens mitsamt der großzügigen Freiheit, die Körper und Geist offensteht und die zu den wichtigsten Attributen eines geistigen Lebens in diesen Regionen zählt, zu durchforschen.

Was Ruth jedoch bei ihrem ersten Erwachen am meisten beeindruckt hatte, war, wie sie berichtete, die gewaltige Farbenpracht.

Ihr Hinübergang war unbeschwerter Art gewesen, so daß sie konsequenterweise nach einem sehr kurzem Schlaf ruhig und sanft wieder erwachte. Ebenso wie Edwin befand sie sich beim Erwachen in einem wunderschönen Haus, das klein, sauber, doch solider Natur war und ihr gehörte. Eine frühere Freundin saß an ihrem Bett, um ihr bei der unausweichlichen Perplexität, die ein Erwachen in unserer Welt meistens zur Folge hat, zu Diensten sein zu können.

Ruth ist eher zurückhaltend, besonders dann, wenn sie, wie sie gestand, über sich selbst reden soll. Was Edwins Vergangenheit anbelangt, wußte ich recht viel aus seinen Erdentagen, so daß ich mein eigenes Wissen über ihn zu Rate ziehen konnte. Ruth jedoch hatte ich zuvor nie gesehen, bis wir uns anläßlich unseres Besuches an jenem See trafen. Mit viel Überredungskraft gelang es mir, ein oder zwei Einzelheiten aus ihrem Leben zu erfahren.

Sie war, wie sie sagte, nie eine eifrige Kirchengängerin gewesen, nicht etwa, weil sie die Kirche verachtet hätte, sondern weil ihre eigenen Ansichten über das Jenseits nicht mit dem übereinstimmten, was ihre Kirche lehrte. Ihrer Meinung nach wurde einem zuviel an Glauben abverlangt, während man zu wenig Tatsachenwissen erhielt. Obwohl sie in ihrem täglichen Leben viel unter den anderen Leuten zu erleiden hatte, fühlte sie doch instinktiv, daß jener furchtbare „Tag des Gerichtes", über den sie so oft in der Kirche vernommen hatte, nicht der Wahrheit entsprechen könne. Zuviel Gewicht wurde auf das Wort „Sünder" gelegt, indem man damit in Bausch und Bogen nahezu jeden Menschen verdammen konnte. Auch darin konnte sie mit der Kirche nicht übereinstimmen. Sie war nicht töricht genug, in allen Menschen etwa „Heilige" sehen zu wollen, doch wußte sie zur gleichen Zeit, daß die Menschen nicht alle Sünder waren. Unter all den vielen Leuten, die sie in ihrem Leben kennenlernte, wußte sie doch keinen, der im kirchlichen Sinne derart zu brandmarken und zu verurteilen gewesen sei. Wohin würden all diese Menschen nach ihrem Tod kommen?

Für sie war es undenkbar, daß sie selbst von einem Richterstuhl herab all jene Seelen als Sünder verurteilen könne. Und, wie sie hinzufügte, wäre es geradezu von ihr vermessen, annehmen zu wollen, daß sie nachsichtiger und „gnädiger" sein könne als Gott. Das war undenkbar. Somit hatte sie sich allmählich einen eigenen einfachen „Glauben" zurechtgelegt, ein Unterfangen, das der Theologe sofort als höchst gefährlich bezeichnen würde und welches auf keinen Fall von ihm gutgeheißen werden könnte. Er würde ihr die Gefahren beschworen haben, in die sie durch solch eine Geisteshaltung ihre unsterbliche Seele stürze. Doch Ruth glaubte nicht einen Augenblick lang daran, daß ihre „unsterbliche Seele" sich einer ihrer harrenden „Gefahr" ausgesetzt sehen könnte. Vielmehr ließ sie sich in ihrer Ansicht nicht einschüchtern und lebte nach den Grundsätzen ihrer gütigen Wesensart, indem sie anderen tagtäglich zur Seite stand und in deren eintöniges Leben ein wenig Sonnenschein brachte. Sie war fest davon überzeugt, daß, wenn ihre Zeit, den Erdenglobus zu verlassen, gekommen sein sollte, sie die Zuneigung vieler ihrer Freunde mit in ihr neues Leben hinübernehmen würde.

Sie hatte keine Angst vor dem Tod ihres physischen Körpers besessen, noch konnte sie sich vorstellen, daß das Sterben ein furchtbares Erlebnis sein müsse, vor welchem sich so viele Menschen grausen. In dieser Annahme stand sie ganz allein. Und später ist sie zu der Überzeugung gekommen, daß ihre damalige Glaubenshaltung ihr intuitiv eingegeben worden sein mußte.

Von all den großartigen Farben dieser Sphäre abgesehen, in welche sie sich versetzt sah, war es doch die erstaunliche Klarheit dieser Atmosphäre, die sie im besonderen Maß in Verwunderung versetzte. Auf Erden gab es nichts Vergleichbares. Die Atmosphäre war derart frei selbst von der kleinsten Spur an Luftverschmutzung – was zur Folge hatte, daß ihre eigene Sichtweite und -schärfe gesteigert wurde –, daß sich das große Spektrum an Farben ihr doppelt so stark darbieten mußte. Ruth besaß von Natur her ein besonderes Auge für Farben. Auch hatte sie auf Erden eine beachtliche Ausbildung in der Musik genossen. Als sie nun in die Geistige Welt gelangte, vereinigten sich diese beide Fähigkeiten, so daß die Farbenpracht und die Musik dieses neuen Landes sich geradezu mit all ihrer Üppigkeit und unvergleichlichen Schönheit auf sie stürzten.

Zuerst konnte sie kaum ihren Sinnen trauen, doch ihre Freunde erklärten ihr bald, was sich soeben zugetragen hatte. Und da sie so wenig an dogmatischen Vorstellungen über ein zukünftiges Leben besaß, fiel es ihr nicht schwer, das wenige davon ebenfalls noch abzulegen. Aber, wie sie sagte, benötigte sie noch einige „Tage“, bevor sie all die Wunder, die sich vor ihr entfalteten, vollkommen in sich aufnehmen und verkraften konnte. Erst als sie die Bedeutung ihres neuen Daseins voll verstanden hatte und auch begriff, daß die ganze Ewigkeit sich nun vor ihr aufgetan hatte, um all die Wunderbarkeiten darin entgegennehmen zu dürfen, war sie in der Lage, ihre Aufgeregtheit zu zügeln und, wie sie hinzufügte, die Dinge ein bißchen gelassener anzugehen.

Damals, als wir sie antrafen, war sie gerade zu jener Haltung vorgedrungen.

Es geschah einmal, als wir drei uns im Garten zu einem Gespräch über mancherlei Dinge niedergesetzt hatten, daß wir eine den Garten entlang wandelnde Gestalt wahrnahmen, die Edwin und mir nur allzugut bekannt war. Dieser Mann war einst auf Erden unser kirchlicher Vorgesetzter gewesen und bekleidete dort den Rang eines Kirchenfürsten. Er trug noch immer sein irdisches Gewand, und wir drei waren uns – wie aus den von uns aufgeschriebenen und später miteinander verglichenen Aufzeichnungen zu ersehen war – darüber einig, daß dieses ganz und gar in diese Welt hineinpaßte. Das Gewand mit seiner vollen Länge und seinen prächtigen Farben schien sich mit allem um uns her bestens zu vertragen. Nichts deutete auf einen Stilbruch hin, zumal es diesem Geistlichen vollkommen freistand, seine irdischen Kleider, wie er es tat, tragen zu dürfen. Er trug sie etwa nicht, um seiner früheren Position Nachdruck zu verleihen, vielmehr geschah es aus langer Gewohnheit, und letzten Endes bis zu einem gewissen Grad vermehrte er dadurch die Farbenprächtigkeit seiner neuen Umwelt.

Obwohl nun sein hohes Amt, das er mit Würde auf Erden bekleidete, bei uns keine Anwendung findet, war er doch vielen noch von Erden her,sei es durch seinen Titel, seine Erscheinung oder durch seinen guten Ruf, bestens bekannt. Daß er wenigstens noch für eine Zeitlang in seinem irdischen Gewand einherwandelte, mag darin begründet liegen, daß er gerne wiedererkannt werden wollte. Aber jene Haltung, die gemäß seines Amtes von anderen Ehrerbietung verlangte, hat er, nachdem er in die Geistige Welt gelangt war, abgelegt. Er mochte keine Ehrenbezeigungen mehr erwiesen haben, und er bestand darauf, daß alle, die ihn kannten, in dieser Hinsicht seinen Wünschen nachkamen. Da er zu seinen Erdenzeiten sehr beliebt gewesen war, ist es geradezu natürlich, daß jene, die ihn von früher her kannten, ihn nach seinem Hinübergang den gleichen Respekt erweisen wollten. Nicht, daß wir etwas gegen den Respekt einzuwenden hätten, denn wir alle respektierten einander in diesen Regionen. Aber Ehrerbietung ist eine andere Sache und sollte nur denen dargebracht werden, die sich durch größere Spiritualität auszeichnen. Wie er uns erzählte, hatte er diesen Sachverhalt schnell erkannt, was ich ihm, der ich seine ihm eigene Demut aus dem Umgang mit ihm kennengelernt hatte, vollauf glaube.

Unserer ersten Begegnung folgten andere. Und oftmals geschah es – und oft wird es noch geschehen –, daß er uns, als wir im Garten saßen, besuchte oder uns auf einem Spaziergang begleitete. Während solch eines Spazierganges fragte ich unseren früheren Vorgesetzten, ob er mir in kurzen

Zügen seine ersten Eindrücke von der Geistigen Welt schildern könnte.

Was ihn nach seiner Ankunft am nachhaltigsten beeindruckt hatte, war nicht nur die ungeheuerliche Schönheit der Geistigen Welt, sondern ihre ganze Andersartigkeit im Vergleich zur Erdenwelt und besonders im Vergleich zu jenem Leben, das er zurückgelassen hatte. Zuerst überkam ihn das beinahe niederschmetternde Gefühl, sein Erdenleben mit scheinbaren Nichtigkeiten, Unwichtigkeiten und einem großen Teil nutzloser Förmlichkeiten und Formalismen zugebracht zu haben. Doch Freunde nahmen sich seiner mit veständigen Worten an und versicherten ihm, daß die Zeit seines persönlichen Einsatzes nicht vergeudet gewesen sei, obwohl sein Leben eingerahmt war von Pomp und Prunk, das sein hohes Amt mit sich brachte. Wie sehr auch alle anderen um ihn von allem beeindruckt waren, hatte er sich doch von all dem nicht einfangen lassen. Dieser Umstand bescherte seinen Gedanken nun viel Trost.

Doch was ihm geistiges Unbehagen schuf, war die Erkenntnis, daß all jene Doktrinen, denen er mit Nachdruck nachgekommen war, keine Gültigkeit mehr haben sollten. Doch wiederum nahmen sich seiner hilfreiche Freunde an. Und diese sagten ihm kurz und bündig, wie es seinem aufgeweckten Geist am ehesten angepaßt zu sein schien: „Vergiß die religiösen Lehren der Erde und lerne das geistige Leben und seine Gesetze kennen. Gib das Alte auf und wende dich dem Neuen zu." Diesen Ruf befolgte er mit allem Eifer und machte somit schnelle Fortschritte. Er fegte seinen Geist rein von all dem, was nicht der Wahrheit entsprach, und er erlebte letztendlich jenen wunderbaren freudigen Zustand, der dem vergönnt ist, der sich einer totalen spirituellen Freiheit hingeben kann. Er fand es nun um vieles leichter, den Naturgesetzen der Geistigen Welt zu folgen, als den Geboten der Kirche zu gehorchen, und er freute sich darüber, endlich von der Förmlichkeit seines irdischen Amtes befreit zu sein. Jetzt endlich konnte er frei seine Meinung sagen, ohne das Sprachrohr der Kirche sein zu müssen.

Wenn man alles zusammen betrachte, so sagte uns unser früherer Vorgesetzter, so denke er, daß das, was ihn nach seiner Ankunft in der Geistigen Welt am nachhaltigsten beeindruckt habe, jene großartige Freiheit gewesen sei, die zuerst in bezug auf seinen Geist, dann aber auf seinen Körper Anwendung fand. Dieses Gefühl der Freiheit beeindruckte ihn um so mehr, als er es auf Erden nie kennengelernt hatte.

8

Freizeitgestaltung

Ich habe wohl ein oder zweimal das Wort „Erholung“ gebraucht, aber ich habe euch noch keine spezifischen Einzelheiten über diesen, relativ gesehen, wichtigen Gegenstand genannt.

Allein die bloße Erwähnung, daß wir in der Geistigen Welt uns des Müßigganges anheimgeben könnten, dürfte vielen Irdischen ganz gewiß schon einen heftigen Schock versetzen. Sie werden gleich an die vielen und unterschiedlichen Sportarten und anderen zeitvertreibenden Vergnügungen denken, denen zweckdienlich und gewinnbringend auf der Erdenebene nachgegangen wird. Für solche irdischen Geister ist eine Übertragung von fundamental irdischen Dingen auf die reine Ebene der Geistigen Welt unvorstellbar, und zwar vielleicht deshalb, weil die Idee in sich selbst allein schon abwegig ist oder weil die Geistige Welt als eine Welt angesehen wird, die über solcherlei Dinge erhaben sein sollte, in der wir uns all unserer irdischen Gewohnheiten entledigt haben und für alle Zeiten in einem Zustand erhöhten Entzückens leben, indem wir nur Interesse für jene von unserer Kirche vage angedeuteten geistigen Dinge hegen, die uns als Belohnung für gute Taten zukommen.

Sich solch ein Bild von unserem Leben auszumalen hieße – ausgehend von der Voraussetzung, daß wir uns das Recht, in der Geistigen Welt zu leben, erworben haben –, daß wir uns unmittelbar in der Gegenwart Gottes befänden oder zumindest in jenem Bereich, in welchem Er selbst wohnt, weshalb alles, was nur irgendwie entfernt an irdische Sitten und Gebräuche erinnert, strengstens als zu unheilig zurückgewiesen werden muß.

Solche Ideen sind natürlich reiner Unsinn, denn Gott steht uns in der Geistigen Welt um nichts näher als in der irdischen Welt. Wir sind es jetzt jedoch, die uns Ihm genähert haben, denn wir können nun unter anderem klarer Seine Göttliche Hand in dieser Welt und den Ausdruck Seines Geistes erkennen. Hiermit berühren wir jedoch ein tiefgründiges Thema, dem weiter nachzugehen wir uns jetzt nicht widmen wollen.

Viele von uns finden ihre Erholung in irgendeiner Art Betätigung. In der Geistigen Welt haben wir nicht unter Erschlaffung an Körper oder Geist zu leiden. Aber unaufhörlich ein und dieselbe Tätigkeit ohne Unterbrechung auszuüben, würde bald Gefühle der geistigen Unzufriedenheit oder Unruhe hervorrufen. Unsere Kräfte zur Ausübung irgendeiner Arbeit sind riesengroß, doch zugleich – aus Respekt vor dem Ganzen – beschränken wir auch die Dauer unserer Tätigkeit, die wir nicht überschreiten. Wir können unsere gegenwärtige Arbeit für eine andere eintauschen, oder wir können unsere Arbeit auch ganz niederlegen und unsere Zeit damit verbringen, uns in unseren Häusern oder wo auch immer auszuruhen. Wir können irgend etwas studieren, oder wir gehen irgendeiner der unterhaltenden Abwechslungen nach, von denen es hier reichlich zu finden gibt.

So wir unsere Tätigkeit für eine Weile niedergelegt haben, ergeht es uns ebenso wie euch auf der Erde. Wir fragen uns: Was sollen wir jetzt tun, was uns Freude bereitet? Ihr glaubt zum Beispiel, euch von der körperlichen Tätigkeit erholen zu müssen und werdet daher eher etwas unternehmen, das euren Geist stimuliert. Und genauso ergeht es auch uns. Dem Wunsch, sich geistig zu erholen, wie auch immer das Interesse ausgerichtet sein mag, kann man ausgiebigst in den Hallen des Lernens nachkommen, denn das Lernen selbst kann zu einem Vergnügen werden.

Ruth und ich hatten viele glückliche Stunden in der Bibliothek und in der Halle der Kunst verbracht, doch geschah es zu verschiedenen Malen, als wir Lust auf etwas „Handfesteres“ verspürten, daß wir zum Meer hinabgingen und uns auf eines der schönen Schiffe begaben, mit welchem wir eine der Inseln aufsuchten. Und hier an der Küste können wir einer der unterhaltsamsten Sportarten nachkommen.

Ich habe euch schon davon berichtet, daß die Schiffe in der Geistigen Welt allein mit der Gedankenkraft angetrieben werden. Und ich habe euch weiterhin angedeutet, wie wenig Zeit man dazu benötigt, bis man die Fertigkeit erlangt hat, persönlich solche Antriebskräfte bewirken zu können. Jeder erlangt letztendlich einmal solch eine Fertigkeit. Doch können wir unseren Fortschritt überprüfen und dabei in unseren Bemühungen zugleich wertvolle Hilfe erhalten, indem wir an einem dieser Wettkämpfe auf dem Wasser teilnehmen.

Doch müssen wir klar zwischen einem irdischen Wettkampf und einem solchen in der Geistigen Welt unterscheiden. Hier wissen wir ganz genau, daß jegliche Rivalität rein freundlicher Art ist. Über die Erfahrung und das Erreichen einer größeren Fertigkeit hinaus ist bei uns kein Gewinn zu erzielen, auch gibt es keine Preise zu gewinnen. Am Ende eines jeden Wettkampfes sind wir uns dessen sicher, daß er uns dazu verholfen hat, größere Experten hinsichtlich der Beschleunigung und der Handhabung der Geschwindigkeit geworden zu sein.

Eine bestimmte Art unserer Erholungen findet bei uns ein beachtliches Maß an Interesse. Es handelt sich um verschiedene Arten der dramatischen Darstellung. Wir besitzen wunderschöne Theatergebäude inmitten ebensolch schöner Umgebung. Die Theater sind in ihrer Ausstattung dem würdevollen Zweck angepaßt. Die Architekten, die ein solches Gebäude entwerfen, gehen dabei mit der gleichen gewissenhaften Sorgfalt vor, wie diese bei all ihren Bauausführungen zu beobachten ist, und das Ergebnis demonstriert für gewöhnlich den Grad der aktiven Zusammenarbeit, der unter den Meistern der Baukunst zu finden ist. Die Innengestaltung ist das Produkt der gelernten Künstler aus der Halle der Tücher. Die reichlich bepflanzten Gärten davor zeugen gleichermaßen von der Hingabe ihrer Gartenarchitekten. Letztendlich präsentiert sich vor unseren Augen ein Theater, wie wir es uns niemals auf Erden vorgestellt haben könnten.

Ehe ich mit meinem Thema fortfahre, möchte ich darauf hinweisen, daß ich mir völlig darüber im klaren bin, daß es auf Erden Menschen gibt, die ganz und gar Theater und alles, was damit zusammenhängt, ablehnen. Meistenteils entspringen solche Haltungen der religiösen Erziehung. Doch kann ich die Wahrheit, wie ich sie in der Geistigen Welt vorfinde, nicht deshalb verändern, um mit gewissen religiösen Vorstellungen, wie sie von inkarnierten Menschen eingenommen werden, nicht in Konflikt zu geraten. Ich spreche über jene Dinge, die ich zusammen mit Tausenden anderen erlebt und gesehen habe. Und die Ablehnung der Dinge von seiten der Erdenmenschen, die ich über die Geistige Welt aussagte, beweist in keiner Weise, daß eben diese Dinge nicht existieren und deshalb meine Darstellungen falsch sein müssen. Meine Beobachtungsmöglichkeit ist der ihrigen unvergleichlich überlegen, denn ich habe die Erdenwelt verlassen und bin ein Bewohner der Geistigen Welt geworden. Wenn unsere Beschreibungen der Welt, in welcher wir jetzt leben, derart geändert würden, um jeglichem individuellen Wunsch und jeglicher vorgefaßten Meinung, wie die Geistige Welt auszusehen habe, zu entsprechen, so könnten wir ebensogut hinfort alle weiteren Beschreibungen einstellen, da solche trotz aller Bemühungen wertlos wären. Damit ich nicht durch diese Behauptung mißverstanden werde, möchte ich hinzufügen, daß jeder, dem alle oder einige unserer Vergnügungen Mißfallen erregen, auch nicht dazu aufgefordert würde, an ihnen teilzunehmen. Mit anderen gleicher oder ähnlicher Ansicht würde er sich einer kleinen Gemeinde angeschlossen sehen, um bei ihr, abgesichert und getrennt von allem, was noch als irdische Dinge angesehen werden könnte, zu verbleiben, und er würde zugleich an einen Ort versetzt sein, von dem er annimmt, daß der „Himmel" so und nicht anders sein könnte. Solchen Leuten bin ich begegnet. Doch für gewöhnlich dauert es nicht lang, bis sie ihren hausbackenen Himmel verlassen und statt dessen in einen großartigeren Himmel überwechseln, der das Werk des Größten Geistes ist.

Jedes Theater besitzt gemäß der Stücke, die in ihm zu sehen sind, ein uns schon vertrautes Aussehen. Die Stücke selbst sind oft ganz anders als jene, die wir von der Erde her kannten. Bei uns wird nichts Schmutziges aufgeführt. Auch bestehen unsere Stückeschreiber nicht darauf, die Zuschauer zu martern. Bei uns werden viele Problemstücke aufgeführt, in welchen soziale Fragen der Erdenebene behandelt werden. Doch im Gegensatz zu den irdischen Theaterstücken bieten die unsrigen zu dem bestimmten Problem eine Lösung – eine Lösung, für welche die Erde zu blind ist, um sie annehmen zu können.

Wir können uns auch Komödien ansehen, bei denen, wie ich euch versichere, das Gelächter unvergleichlich herzhafter und voller ist, als es jemals in einem Theater auf Erden gehört werden könnte. In der Geistigen Welt können wir es uns leisten, über vieles zu lachen, das wir einst, als wir inkarniert waren, als etwas Todernstes betrachteten.

Wir haben uns große historische Schaustücke angesehen, welche die großen Momente einer Nation wiedergeben. Zugleich aber sahen wir, wie die geschichtlichen Begegebenheiten sich in Wirklichkeit zugetragen hatten, und nicht so, wie sie sich in den irdischen Geschichtsbüchern so phantasievoll widerspiegeln. Doch wahrlich die beeindruckendsten und gleichzeitig interessantesten geschichtlichen Darstellungen sind solche, in denen die originalen Teilnehmer derselben nochmals jene Ereignisse, an denen sie selbst teilgenommen hatten, wiederholen. Zuerst werden die Dinge so dargestellt, wie man sie sich allgemein damals vorgestellt hatte. Danach aber werden die Begebenheiten der Wahrheit gemäß wiedergegeben. Solche Aufführungen gehören bei uns zu den meistbesuchten. Und unter den Besuchern kann man keine aufmerksameren und gespannteren Personen finden als jene, die vormals auf Erden eben jene Rollen als Schauspieler auf der Bühne spielten, jetzt aber die eigentlichen berühmten Charaktere leibhaftig vor sich sehen.

In solchen historischen Stücken werden die härteren, niederen und gemeinen Vorkommnisse ganz weggelassen, denn unser Publikum würde, und zwar ohne Ausnahme, davon nur angewidert sein. Auch werden uns keine Szenen vorgeführt, in denen nichts weiter vorkommt als Kampf, Blutvergießen und Gewalttätigkeit.

Zuerst erfährt man in sich selbst ein befremdendes Gefühl beim unmittelbaren Anschauen jener berühmten Personen, deren Namen man auf Erden bestens kannte. Doch nach einer Weile gewöhnt man sich vollkommen daran, so daß sich diese Eigentümlichkeit ebenfalls in unser normales Leben einfügt.

Das, was uns von euch hinsichtlich der Freizeitgestaltung am offensichtlichsten unterscheidet, wird dadurch bestimmt, was wir speziell bedürfen. Wir haben kein Muskeltraining nötig, um uns zu kräftigen, noch müssen wir nach draußen gehen, um frische Luft zu schnappen. Denn unser Geistkörper befinden sich immer im perfekten Zustand. Wir haben also unter keinen Gebrechen zu leiden. Und die Luft, die nicht anders als frisch sein kann, dringt in jede Ecke unserer Häuser und Gebäude, wo sie immer ihre Reinheit beibehält. Sie kann unmöglich verdorben oder verschmutzt werden. Daher kann man sich also denken, daß unsere unterhaltsamen Erholungen eher geistiger als „physischer“ Natur sein müssen.

Auch wenn die meisten irdischen Spiele, die im Freien stattfinden, einen Ball benötigen, wird man wohl verstehen, daß bei uns, wo die Gravität von einem anderen Gesetz regiert wird als bei euch, jedes Anstoßen an einen Ball, um ihn fortzubewegen, vergeblich ist. Ich beziehe mich bei dieser Aussage auf die Wettbewerbsspiele.

Auf der Erdenebene erlangt man die Perfektion in einem Spiele, wenn man mit seiner Geisteskraft die Bewegungen des Körpers beherrscht, nachdem sich letzterer bei bester Gesundheit befindet. Doch hier sind wir immer bei bester Gesundheit, und unsere Muskeln unterstehen immer der vollständigen, absoluten Kontrolle des Geistes. Meisterschaft wird hier schnell erlernt, sei es daß man ein Instrument erlernt, Bilder malt oder irgendeiner anderen Beschäftigung nachkommt, die den Gebrauch der Glieder benötigt. Somit ist leicht zu ersehen, daß die meisten der auch bekannten Spiele hier ihre Bedeutung verloren haben.

Und vergeßt bitte nicht, daß wir im Haus oder außerhalb desselben die gleichen Temperaturbedingungen vorfinden, denn einen Wechsel, durch Jahreszeiten bedingt, kennen wir nicht. Die große Zentralsonne scheint für uns für alle Zeit. Sie beschenkt uns mit einer beständigen und angenehmen Wärme. Niemals überkommt uns das Verlangen, zwischendurch einmal einen schnellen Spaziergang einzulegen, um uns dadurch zu einer besseren Blutzirkulation zu verhelfen. Unsere Häuser und Wohnungen sind keine Notwendigkeiten, sondern sie dürfen als Zugaben zu einem erfreulichen Leben aufgefaßt werden. Ihr könnt viele Leute hier antreffen, die kein eigenes Heim besitzen, denn wie sie euch sagen würden, benötigen sie keines, da die Sonne ewig scheint und die Temperatur ewig warm ist. Sie sind niemals krank, verspüren niemals Hunger oder dergleichen. Und die ganze großartige Ebene dieser Geistigen Welt steht ihnen in jeder Richtung offen.

Man muß ebenfalls in Betracht ziehen, daß sich gewisse Ansichten nach der Ankunft in unserer Welt drastisch verändern. Das, was uns während unseres Erdenaufenthaltes so sehr wichtig vorkam, halten wir nun nach unserem Hinüberwechsel in die Geistige Welt bei weitem nicht mehr für so wichtig. Und viele unserer vormals ausgeübten irdischen Spiele scheinen uns nun ziemlich harmlos und trivial zu sein, gemessen an den viel größeren Möglichkeiten, die einem in der Geistigen Welt zur Verfügung stehen. Die Tatsache allein, daß wir im Nu jegliche räumliche Distanz zurücklegen können, reicht aus, im Vergleich dazu die beste irdische Sportleistung geradezu als unbedeutend erscheinen zu lassen. Ebenso verhält er sich bei uns mit allen irdischen Sportarten und Spielen. Wir vertreiben eher unsere Zeit mit Dingen geistiger Natur. Wir sehen es als unnötig an, uns einen Überfluß an physischer Energie durch irgendwelches körperliche Training anzueignen, denn unsere körperlichen Kräfte reichen für all unsere individuellen Anforderungen aus. Wir verspüren das

Bedürfnis, noch viel zu lernen. Und das Lernen ist an sich schon ein Vergnügen, so daß wir vielen von euren verschiedenen und so zahlreichen Freizeitgestaltungsarten nicht mehr nachkommen. Bei uns gibt es sehr viel Musik zu hören. In unseren Regionen offenbaren sich so viele Wunder, die wir alle ergründen wollen. Außerdem können wir uns mit all dem reichlichst beschäftigen, das unserem Wunsch entspricht, so daß kaum ein Grund dafür bestehen dürfte, darüber traurig zu sein, daß hier bei uns nur noch wenige der irdischen Sportarten und Freizeitertüchtigungen anzutreffen sind. Hier verfügen wir über ein überreichliches Angebot von weit unterhaltsameren Dingen, an denen wir aktiv oder passiv teilnehmen können, so daß uns im Vergleich dazu ein Großteil der irdischen Freizeitgestaltungen geradezu als Trivialität erscheint.

9

Beschaffenheit der Geistpersonen

Wie fühlt man sich eigentlich als Geistwesen?

Dies ist eine Frage, die schon viele irdische Köpfe beschäftigte. Sollte man aber im Gegensatz dazu fragen: Wie fühlt man sich eigentlich als irdisches Wesen? – so mag man vielleicht antworten, daß dies eine ziemlich dumme Frage sei. Solch eine Antwort kann ich verstehen, war ich doch selbst einst inkarniert. Doch bevor wir erstere Frage als töricht beiseite schieben, wollen wir sehen, was wir als Antwort darauf zu entgegnen haben.

Wenden wir uns zuerst dem irdischen Körper zu. Er pflegt müde zu werden, weshalb es lebensnotwendig ist, ihn sich ausruhen zu lassen. Er wird hungrig und durstig, weshalb er mit Essen und Trinken versorgt werden muß. Eine große Anzahl von Krankheiten können ihm Schmerzen und Qualen verursachen. Er kann durch einen Unfall oder andere Ursachen Gliedmaße verlieren. Seine Sinne können an Schärfe durch sein wachsendes Alter abnehmen. Oder, durch einen Unfall verursacht, kann das Seh– oder Hörvermögen verloren gehen. Auch kann ein irdischer Körper auf der Erdenwelt geboren werden, ohne den einen oder gar ohne die beiden Sinne, ja er kann obendrein noch stumm zur Welt gekommen sein. Das irdische Gehirn mag so sehr zurückgeblieben sein, daß der Betreffende keine vernünftigen Bewegungen ausführen kann und deshalb notwendigerweise von anderen versorgt werden muß.

Was für ein düsteres Bild, werdet ihr sagen. Doch es hat seine Richtigkeit. Denn irgendeiner von euch kann zumindest das Opfer einer der Benachteiligungen sein, die ich gerade aufzählte. Wenigstens drei von diesen sind auf der Erdenebene einer jeden einzelnen Seele vertraut, nämlich Hunger, Durst und Müdigkeit. Und damit ist die Liste der irdischen Benachteiligungen bei weitem noch nicht erschöpft. Doch die Erwähnung dieser drei soll für unsere Zwecke ausreichen.

Nun, streicht aus eurer Vorstellung vollkommen eine jede dieser von mir erwähnten Benachteiligungen. Elimeniert ebenfalls aus eurem Denken für alle Zeiten deren Ursachen, und ihre werdet euch in etwa vorstellen können, wie es ist, ein Mensch unserer Geistigen Welt zu sein.

Als ich auf Erden weilte, hatte ich unter einigen Unpäßlichkeiten zu leiden, wie sie allen Menschen vertraut sind, Unpäßlichkeiten, die nicht unbedingt ernster Natur sind und welche wir als Selbstverständlichkeiten betrachten. Ich denke dabei an die kleineren Wehs und Schmerzen, mit denen die meisten der Inkarnierten sich hin und wieder auseinanderzusetzen haben. Abgesehen von diesen geringfügigen Unpäßlichkeiten war ich mir natürlich meines physischen Körpers bewußt durch das sich Einstellen des Hungers, des Durstes und der Müdigkeit. Meiner letzten Krankheit – eine ernsthafte also – konnte mein physischer Körper nicht widerstehen, weshalb sich meine Umwandlung vollzog. Und sofort darauf wußte ich, wie es sich anfühlte, eine Geistperson zu sein.

Als ich so dastand und zu Edwin sprach, fühlte ich mich physisch gesehen wie ein Riese, trotz der Tatsache, daß ich mich soeben erst vom Krankenlager erhoben hatte. Und mit der Zeit fühlte ich mich immer besser. Ich war mir nicht des geringsten Schmerzes bewußt, und ich fühlte mich ganz leicht. Tatsächlich kam es mir so vor, als ob ich gar nicht in einem Körper steckte! Ich befand mich bei völligem Bewußtsein, doch wurde ich mir meines Körpers nur gewahr, insofern ich meine Glieder und mich selbst dorthin bewegte, wo immer ich hinzugelangen wünschte. Alles geschah so, als ob ich gar keine Muskelanstrengung vollführen mußte, wie es mir noch vor kurzem so selbstverständlich war. Es fällt mir äußerst schwer, euch dieses Gefühl vollkommener Gesundheit zu beschreiben, denn so etwas ist auf Erden ganz und gar unmöglich, weshalb mir auch nichts einfällt, was ich euch als Vergleich anführen sollte, um ein analoges Beispiel zu geben. Diesen Zustand kann man nur als Geistwesen erfahren, weshalb auch alle Beschreibungen mit irdischen Worten unzureichend sind. Man muß es selbst erleben. Und dies wird erst passieren, wenn man selbst ein Geistwesen geworden ist.

Ich erwähnte soeben, daß ich mich bei völligem Bewußtsein befand. Doch handelt es sich hierbei um eine Untertreibung. Denn ich entdeckte, daß mein Kopf ein richtiges Lagerhaus von Tatsachen aus meinem irdischen Leben war. Jede Tat, die ich begangen hatte, jedes Wort, das ich gesprochen hatte, jeder Eindruck, den ich empfangen hatte, jede Einzelheit, die ich gelesen hatte, und jedes Ereignis, dem ich beiwohnte, all das war, wie ich nun herausfand, unauslöschlich in meinem Unterbewußtsein registriert. Und diese Tatsache trifft auf jedes von uns Geistwesen zu, das auf Erden inkarniert gewesen war.

Man nehme bitte nicht an, daß wir beständig von wilden Phantasmagorien verschiedenster Gedanken und Eindrücke heimgesucht werden. Das wäre ja schrecklich. Nein. Unser Gedächtnis ist einer vollständigen Biographie unseres Erdenlebens zu vergleichen, worin jedes kleinste Detail über uns selbst verzeichnet ist, und zwar in Reihenfolge. Und nichts ist darin ausgelassen! Das Buch ist gewöhnlicherweise geschlossen, doch steht es uns immer zur Verfügung, um darin zu lesen. So machen wir immer davon Gebrauch, sobald wir es wünschen. Ich spreche natürlich aus eigener Erfahrung, doch wie mir ergeht es allen übrigen in dieser Sphäre.

Die Beschreibung, die ich euch über das Gedächtnis jener bestimmten Seele in der untersten Sphäre gab, beruht auf einem anderen Gesetz, wie ich es versuchte, euch zu beschreiben. Ich vermag nicht zu sagen, *wie* es geschieht, ich kann nur sagen, *was* geschieht.

Das enzyklopädische Gedächtnis, mit dem wir ausgestattet sind, ist nicht so schwer zu verstehen, so wir einmal unser eigenes durchschnittliches Erdengedächtnis in Erwägung ziehen. Ihr werdet nicht unaufhörlich an die Ereignisse eures ganzen Lebens erinnert, doch sind diese vorhanden, um erinnert werden zu können, wann und wo es euch gefällt. Und sie mögen in eurem Gedächtnis bei irgendeiner Gelegenheit spontan auftreten. Jedes Ereignis ist Ausgangspunkt für eine neue Gedankenfolge, welche vom Gedächtnis gespeichert wird. Manchmal vermögt ihr zwar nicht zurückzurufen, was in eurem Gedächtnis verzeichnet ist. Doch in der Geistigen Welt können wir uns sofort, und zwar ohne Anstrengung und Fehler, an alles erinnern. Das Unterbewußtsein vergißt niemals etwas. Und folglicherweise werden unsere eigenen vergangenen Taten als Anklage oder als etwas anderes – gemäß des Erdenlebens, das wir geführt hatten – vor uns stehen. Diese Niederschriften auf den Verzeichnissen des eigentlichen Geistes können nicht ausgelöscht werden. Sie bleiben für alle Zeit bestehen, wenn sie uns auch nicht notwendigerweise belästigen müssen. Denn in jenen Verzeichnissen sind auch die guten Taten, die guten Gedanken und all das, über was wir stolz sein dürfen, festgehalten. Und sollten letztere in größeren und ausgeschmückteren Buchstaben dort niedergeschrieben sein . . . als jene Dinge, die wir bedauern, werden wir um so glücklicher sein.

Und natürlich erweist sich unser Gedächtnis in der Geistigen Welt als ausgezeichnet. Wenn wir irgend etwas studieren wollen, werden wir feststellen, daß wir leicht und schnell lernen, denn wir sind befreit von den Beschränkungen, die der physische Erdenkörper dem Geist auferlegt. Wenn wir uns Wissen aneignen, so behalten wir das Gelernte, und zwar uneingeschränkt. So wir uns einer Beschäftigung widmen, welche die Fertigkeit der Hände erfordert, werden wir feststellen, daß unser Geistkörper die Impulse, die er vom Geist empfängt, sofort und genau befolgt. Um ein Bild meisterhaft zu malen oder ein Instrument perfekt zu spielen – um zwei vertraute irdische Aktivitäten zu nennen –, bedarf es nur eines Bruchteils der Zeit, die man auf Erden für gewöhnlich dafür benötigen würde. Wenn wir lernen wollen, wie man zum Beispiel einen Garten anlegt oder ein Haus erbaut, werden wir entdecken, daß das dafür benötigte Wissen mit ebensolcher Schnelligkeit erworben werden kann, soweit es unsere jeweilige Intelligenz nur gestattet. Denn nicht alle von uns sind in dem Moment, wo wir uns vom irdischen Körper lösen, mit gleichen Geistesgaben versehen. Wenn letzteres dennoch der Fall wäre, so wären diese Sphären von „Supermännern“ und „Superfrauen“ bevölkert. Doch davon sind wir noch sehr weit entfernt! Dennoch können wir unsere geistigen Fähigkeiten erweitern, denn das gehört mit zu unserer Weiterentwicklung, und diese ist nicht allein nur spiritueller Natur. Unseren Geisteskräften stehen die unbegrenzten Quellen für geistige Ausweitung und Verbesserung zur Verfügung, ganz egal, wie sehr wir darin noch zu wünschen übrig lassen, wenn wir in die Geistige Welt gelangen. Und unsere geistige Weiterentwicklung wird sicher und beständig zunehmen, entsprechend unserem Wunsch, dieser nachzukommen, wozu uns ausgebildete und befähigte Meister aller möglichen Richtungen des Wissens und Lernens zur Verfügung stehen. Und während unseres Studiums werden wir von unserem unfehlbar guten Gedächtnis unterstützt. Ein Vergessen des einmal Gelernten gibt es nicht.

Wenden wir uns nun dem Geistkörper zu. Dieser ist, ganz allgemein gesprochen, das Gegenstück zu unserem irdischen Körper. Wenn wir in die Geistige Welt gelangen, sind wir noch unverkennbar wir selbst. Doch haben wir all unsere physischen Gebrechen zurückgelassen. Wir verfügen über den vollen Gebrauch unserer Glieder, Ohren und Augen, ja in der Tat funktionieren alle unsere fünf Sinne aufs beste. In gewisser Weise werden unsere fünf Sinne, wie wir sie auf Erden kannten, um vieles schärfer, als es in unserer irdischen Gestalt der Fall gewesen war. Jedwelche übernormale oder unternormale Eigenschaft des Körpers, wie zum Beispiel Dickleibigkeit oder Magerkeit, verschwindet, wenn wir in den Sphären ankommen, und wir nehmen jene Gestalt an, die wir eigentlich angenommen haben würden, hätten nicht so viele irdische Gründe sie anders werden lassen.

Es gibt in unserem Erdenleben eine Altersperiode, die wir als die Blütezeit unserer Jahre ansehen. Auf diese Zeit des besten Alters bewegen wir uns alle zu. Jene von uns, die alt oder doch schon älter sind, wenn sie in der Geistigen Welt ankommen, verjüngen sich wieder, indem sie sich auf ihre Blütezeit zubewegen. Andere jedoch, die mit jungem Alter in die Geistige Welt gelangen, wachsen jener äußeren Blütezeit entgegen. Doch bei allem behalten wir unsere natürlichen Eigenheiten, die uns niemals verlassen. Doch stellen wir fest, daß wir viele der kleineren physischen Eigenheiten, auf die wir gerne verzichten können, mit unserem irdischen Körper zurücklassen, ich meine solche irdischen anormalen Körpereigenschaften, mit denen wir vielleicht schon seit der Geburt behaftet waren oder die sich während des Erdenlebens an uns hefteten. Wie viele von uns gibt es wohl, die als Irdische wohl gerne einige kleine physische Veränderungen an ihrem Körper vorgenommen haben würden, wenn solches nur möglich gewesen wäre? Bestimmt sehr viele!

Ich habe euch davon erzählt, in welchem vollkommenen Zustand sich die Bäume bei uns befinden. Sie stehen aufrecht und sehen gesund und wohlgeformt aus, denn es gibt hier keine Stürme, die sie biegen und die jungen Zweige zur Unförmigkeit verdrehen könnten. Der Geistkörper untersteht bei uns genau dem gleichen Gesetz. Die irdischen Lebensstürme können einen physischen Körper verbiegen, und so das Leben – spirituell gesehen – häßlich war, wird auch der Geistkörper in entsprechender Weise verunstaltet sein. Doch so das Leben – spirituell gesehen – ein gesundes war, wird auch dementsprechend der Geistkörper gesund aussehen. Es gibt gar viele wundervolle Seelen, die in einem unstattlichen Erdenkörper beheimatet sind. Und es gibt ebenfalls verabscheuungswürdige Seelen, die in einem wohlgestalteten Erdenkörper wohnen. Doch die Geistige Welt offenbart die Wahrheit, die sich allen darbietet.

Wie ist aber das Geistwesen anatomisch zusammengesetzt?, so werdet ihr fragen. Seine Anatomie unterscheidet sich in keinster Weise von der euren. Wir haben Muskeln, wir haben Knochen, wir haben Sehnen, doch sie alle sind nicht irdischer Natur, sie sind ganz geistiger Art. Wir haben unter keiner Unpäßlichkeit zu leiden, denn so etwas würde in der Geistigen Welt unmöglich sein. Deswegen benötigt unser Körper keiner andauernden Pflege, um sich bei guter Gesundheit zu halten. Unsere Gesundheit ist immer perfekt, denn wir leben auf einer solchen Vibrationsstufe, so daß uns eine Krankheit, wie auch die Bakterien und Viren, die sie verursachen, nicht befallen können. Eine Unterernährung, wie ihr sie kennt, existiert bei uns nicht. Doch die spirituelle Unterernährung – also diejenige der Seele – existiert dagegen bei uns sehr wohl, wovon euch ein Besuch in den finsteren Regionen und deren benachbarte Umgebung sicherlich sehr bald überzeugen dürfte.

Mutet es euch befremdend an, daß ein Geistkörper Fingernägel und Haare besitzen sollte? Wie möchtet ihr denn, daß wir aussehen sollten? Sicherlich in dieser Beziehung nicht sehr unterschiedlich von euch, nicht wahr? Würden wir nicht ohne unsere gewöhnlichen anatomischen Züge und Eigenschaften einen abstoßenden Anblick bieten? Hierbei handelt es sich um eine einfache Aussage, aber es scheint manchmal notwendig und dringlich zu sein, das Selbstverständliche zu betonen.

Wie aber sind die Geistwesen gekleidet? Viele Leute – ich glaube, es ist wahr, wenn ich sage, die überwiegende Mehrheit von ihnen – wacht in unseren Regionen auf, und sie sehen sich in ebenderjenigen irdischen Kleidung, die sie zu jener Zeit trugen, als sie verstarben. Eine solche Gegebenheit widerspricht nicht der Vernunft, denn den zu uns Hinübergewechselten ist ihre Kleidung vertraut, welcher Umstand für sie um so wichtiger ist, als sie vielleicht noch gar kein Vorherwissen über die Bedingungen der Geistigen Welt besaßen. Und sie mögen ihre Kleidung so lange, wie es ihnen beliebt, tragen. Ihre Freunde werden sie mit der „Zeit“ über ihr wahres Dasein aufklären, und alsbald, so sie es möchten, werden sie sich geistige Kleider anlegen. Die meisten Leute können gar nicht darauf warten, ihre Kleider zu wechseln, da sich ihre eigene Bekleidung in diesen so farbenprächtigen Regionen äußerst eintönig ausnimmt. Es dauerte nicht lang, bevor ich meine alte geistliche Kleidung gegen mein wahres Gewand tauschte. Schwarz ist sowieso zu düster inmitten einer solch üppigen Vielfarbenpracht.

In der Geistigen Welt ändert sich die jeweilige Kleidung mit den verschiedenen Regionen. Außerdem scheint eines jeden Kleidung von derjenigen eines anderen in Farbe und Stil um ein weniges verändert zu sein, so daß sich allein schon, was die Farbe und die Form angeht, eine endlose Mannigfaltigkeit ergibt.

Alle Geistgewänder sind lang und fallen bis zu den Füßen herab. Sie sind reich im Bund, so daß sich gutanzusehende Falten ergeben, die wiederum die schönsten Schatten und Farbnuancierungen hervorrufen, deren Wirkung man auf Erden mit Licht und Schattentönungen bezeichnet. Es scheint für mich ein unmögliches Unterfangen zu sein, euch auch nur annähernd einen zusammenfassenden Bericht über die unterschiedlichen anderen modischen Eigenarten zu geben, aus denen sich die Geistkleidung zusammensetzt.

Viele Leute trifft man, die einen Gürtel oder eine Schärpe um ihre Hüfte tragen. Manchmal bestehen diese aus einfachem Material. Doch kommt es hin und wieder vor, daß diese aus Gold– und Silberbändern oder aus Geweben ebensolcher Art gefertigt sind. Letztere sind in jedem Fall eine Auszeichnung für geleistete Dienste. Ihr könnt euch keine Vorstellung von dem überwältigenden Leuchten jener Gold– und Silbergürtel machen, welche die würdigen Wesen aus den höheren Sphären tragen. Diese Gürtel sind mit den schönsten und kostbarsten Edelsteinen von verschiedenstem Aussehen versehen, welche wiederum in wunderbarsten Anordnungen auf ihnen angebracht sind, gemäß den Gesetzen, unter welchen auch solcherlei Dinge stehen. Ebenfalls tragen die höheren Geistwesen die prächtigsten Diademe, die ebenso glitzern wie ihre Gürtel. Auch hierin findet jenes Gesetz wieder seine Anwendung. Jene von uns, die einen weit niedrigeren Rang einnehmen, mögen eventuell ebenfalls solch eine zierende Verschönerung, wie ich sie gerade beschrieben habe, tragen, wenn diese jedoch bei weitem nicht an jene anderen heranreicht.

All diese geistigen Verschönerungen unterstehen einem großen Schatz an geistigen Gesetzen, doch kann man eine Tatsache dabei klar aussprechen: All dieser Veschönerungsschmuck muß verdient worden sein.

Belohnungen erhält man nur entsprechend seinem Verdienst.

An unseren Füßen können wir tragen, was wir wollen. Und der Großteil von uns bevorzugt es, irgendein Schuhwerk – meist sind es Schuhe oder Sandalen – zu tragen. Ich habe eine ganze Anzahl von Leuten gesehen, die mit Vorliebe barfuß gehen. Das ist völlig in Ordnung, und niemand hat dagegen etwas einzuwenden. Das Barfußgehen ist vielmehr etwas ganz Natürliches, und man findet es daher überall.

Das Material, aus welchem unsere Geistrobe gefertigt ist, ist nicht etwa transparent, wie einige von euch vielleicht zu glauben geneigt sind. Es ist ganz gegenständlich. Der Grund dafür, daß es nicht transparent ist, liegt darin, daß unsere Kleidung die gleiche Schwingungsfrequenz entnimmt wie ihr jeweiliger Träger. Je höher man in seiner Entwicklung gelangt ist, desto höher ist auch die Schwingungsfrequenz, weshalb konsequenterweise die Bewohner der höher gelegenen Sphären eine unvorstellbare Zartheit besitzen, sowohl was ihren Geistkörper, als auch, was ihre Kleidung anbelangt. Diese Zartheit fällt uns eher ins Auge als ihnen selbst, zumindest was ihr äußeres Erscheinungsbild betrifft, und zwar aus dem gleichen Grund, wie ein kleines Licht in einer dunklen Umgebung um so vieles heller zu strahlen scheint. Da das Licht in den höheren Ebenen tausendmal so hell ist wie bei uns, so ist dementsprechend auch ein solcher Lichtkontrast bei uns bedeutend auffallender.

Selten machen wir von Kopfbedeckungen Gebrauch. Ich kann mich auch gar nicht daran erinnern, irgend etwas dergleichen in unserer Region entdeckt zu haben. Wir benötigen keine Kopfbedeckung, um uns vor irgendwelchen Elementen zu schützen.

Ich glaube, ihr seid nun zu dem Schluß gekommen, daß es eine angenehme Erfahrung sein kann, eine Geistperson zu sein.

Und auf meinen Reisen durch diese Region des Lichts habe ich noch kein einziges Individuum gefunden, das gern dieses großartige und freie Leben in der Geistigen Welt für jenes alte Leben auf der Erdenebene eingetauscht hätte.

Glaubt dem Erfahrenen!

10

Die Sphäre der Kinder

Eine meiner unzähligen Fragen, die ich kurz nach meiner Ankunft in der Geistigen Welt stellte, bezog sich auf das Schicksal von Kindern, die in die geistigen Ebenen gelangt waren.

Es gibt eine gewisse Zeit im Erdenleben, die man gewöhnlich als die Blütezeit eines Lebens bezeichnet. Diesen Zustand eines Idealalters gibt es auch bei uns, denn diesem Alter eines körperlichen Höhepunktes streben alle Seelen entgegen, sei es, daß sie an Alter abnehmen oder darin zunehmen, je nachdem, mit welchem Lebensjahr sie auf Erden sterben. Wie lange sie dafür benötigen, das Alter ihres körperlichen Ideals zu erreichen, hängt ganz und gar von ihnen selbst ab, denn es ist allein eine Sache der spirituellen Entwicklung und Entfaltung, obgleich diese Zeit der Angleichung bei den Jüngeren viel schneller vor sich geht. Jene, die nach ihrem körperlichen Lebenshöhepunkt in die Geistige Welt hinüberwechseln, sei es, daß sie älter oder auch ganz alt sind, werden sich im Laufe der Zeit wieder verjüngen, obwohl sie gleichzeitig älter an Wissen und an Spiritualität werden. Doch darf man daraus nicht etwa schließen, daß wir alle letztendlich in einem toten Zustand allgemeiner Uniformität münden werden. Unsere äußere Erscheinung ist verjüngt. Wir verließen alle jene äußeren Merkmale, die uns die Erdenjahre aufgedrückt haben und die einige von uns als Inkarnierte als lästig empfanden. Doch wird unser Geist älter, je mehr wir an Wissen und Weisheit und größerer Spiritualität hinzugewinnen. Und diese rein geistigen Qualitäten werden allen gewahr sein, mit denen man in Berührung kommt.

Als wir den Tempel in der Stadt besuchten und wir aus einiger Entfernung den leuchtenden Besucher, um den zu ehren wir gekommen waren, sahen, präsentierte er sich unseren Augen von einer vollkommenen und ewigen Jugendlichkeit. Jedoch der Grad seines Wissens, seiner Weisheit und seiner Spiritualität, die ihn erleuchten ließen und die wir mit unserem Geist erfühlen konnten, war nahezu übermächtig groß. Ebenso verhält es sich – wenn auch von verschiedenem Grad – mit all denen, die uns aus den höheren Sphären besuchen. Wenn es also eine Verjüngung der voll ausgewachsenen Leute gibt, wie verhält es sich dann mit jenen Seelen, die als Kinder zu uns kommen, oder mit denjenigen, die schon bei ihrer Erdengeburt sterben?

Die Antwort lautet: Sie wachsen hier, wie sie in der irdischen Welt gewachsen wären. Doch werden die Kinder allen Alters mit einer Fürsorge und Umsicht behandelt, wie sie auf Erden nie möglich sein würden.

Das junge Kind, dessen Geist noch nicht selbständig denken kann, ist noch von irdischen Einflüssen unberührt geblieben. Wenn es also in die Geistige Welt gelangt, findet es sich in einer Welt von großer Schönheit wieder, in der sich Seelen von gleicher Schönheit um den Neuankömmling kümmern. Der Kinderregion wurde der Name „Himmlischer Kindergarten" gegeben. Und sicherlich wird jeder, dem es vergönnt war, einen solchen zu besuchen, gestehen, daß wohl kein treffenderer Name dafür gefunden werden konnte. Auf meine ursprüngliche Frage hin schlug Edwin Ruth und mir vor, ihn zu einem Besuch in den Himmlischen Kindergarten zu begleiten.

Wir begaben uns in die Gegend, wo sich die Grenze zwischen der höheren Sphäre und der unseren befindet. Dort schritten wir in die Richtung, wo Edwins Haus gelegen war. Schon konnten wir die feinere Atmosphäre erfühlen, obwohl sie uns noch nicht zu sehr beeinträchtigte und dadurch auch in uns kein Gefühl des Unbehagens hervorrief. Ich bemerkte, daß diese Atmosphäre noch bunter als die unsrige weiter unten war. Es kam mir so vor, als ob sich hier eine große Anzahl von Lichtbündeln vereinigte und ihre breiten Strahlen über die ganze Landschaft ergoß. Diese Lichtbündel bewegten sich beständig, verwoben sich ineinander und produzierten auf diese Weise die delikatesten und wunderschönsten Farbtönungen wie eine Aneinanderreihung von Regenbögen. Dies alles ging äußerst ruhig vor sich, doch waren sie gleichzeitig mit einer Lebendigkeit erfüllt und einem Etwas, das Ruth und mir wie Unbeschwertheit und Fröhlichkeit vorkam. Trauer und Traurigkeit würden hier, wie wir fühlten, völlig unmöglich sein.

Die Landschaft erstrahlte von einem bedeutend leuchtenderen Grün. Zwar ragten die Bäume nicht so hoch, doch waren sie ebenso geartet wie die übrigen Bäume in diesen Sphären und standen in ebensolch vollkommenem Wuchs da.

Nachdem wir ein Stückchen des Weges zurückgelegt hatten, legte sich das gleißende Farbenspiel, so daß die Atmosphäre wieder eher der unseren ähnelte. Aber es war noch ein eigentümlicher und feiner Unterschied vorhanden, der einen Besucher bei seinem ersten Besuch wohl verdutzt hätte und welcher, wie Edwin uns erklärte, der speziellen Spiritualität der Kinder entstammte, die hier beheimatet waren. Ähnlich ergeht es einem, welcher den Vorzug genießen sollte, in eine höhere Ebene als jener, die ihm normalerweise zusteht, reisen zu dürfen. Es kam mir so vor, als herrschte hier ein größerer Grad an Auftrieb in der Luft, von jener deutlichen Auswirkung auf die Erhöhung der Geisteskräfte einmal ganz abgesehen.

Wir entdeckten viele wunderbare Gebäude, als wir über das weiche Gras dahinschritten. Diese waren nicht überaus hoch, aber sie waren breit, und sie nahmen sich ganz wunderbar aus unter den Bäumen und inmitten der Gärten. Blumen – wie es sich von selbst versteht – wuchsen überall in aller Üppigkeit sowohl auf kunstvoll angelegten Beeten als auch in großen Gruppen auf den Grasflächen und unter den Bäumen. Mir fiel auf, daß jene Blumen, die nur in der Geistigen Welt vorkommen, von den anderen getrennt wuchsen. Man sagte uns, daß dieser Trennung keine besondere Bedeutung zugrunde liege, aber daß es allein aus dem Grunde geschehe, den Unterschied zwischen den beiden Arten, nämlich den irdischen und den geistigen Blumen zu zeigen. Wie schön auch die irdischen Blumen bei uns wachsen, so können sie doch nicht mit der Schönheit der ausschließlich in der Geistigen Welt beheimateten Blumen verglichen werden. Hier wiederum fühle ich mich kaum in der Lage, letztere auch anders beschreiben zu können, als zu versuchen, sie mit den irdischen zu vergleichen. Sie sind nicht nur in ihrer Farblichkeit reicher, sondern die Anordnung der Blüten und Blätter repräsentiert eine derartige Fülle unvergleichlicher Schönheit an Musterung, daß ich kein irdisches Beispiel zum Vergleich heranzuziehen vermag. Doch wäre es weit gefehlt, diese Blumen mit jenen in den irdischen Gewächshäusern in einem Atemzug zu nennen. Das wäre völlig unzutreffend. Ihr überreiches Vorhandensein im Verein mit ihrer großen Stärke und Mannigfaltigkeit an Düften würde sofort jeden Gedanken zurückweisen, daß diese Pflanzen Seltenheiten in ihrer Art seien. Hier handelt es sich auch nicht darum, daß man auf Kosten des Duftes die Blütenpracht steigert. Sie alle besitzen eine Eigenschaft, die allen Gewächsen bei uns eigen ist, nämlich diejenige des Verströmens von energiegeladenen Kräften, die nicht nur mittels des Duftes übertragen werden, sondern die man durch direkten Kontakt entgegennehmen kann. Ich hatte schon das Experiment durchgeführt, meine hohlgeformten Hände um eine Blume zu legen – es war übrigens Ruth, die mich darin einweihte – , und ich war mir dabei des Lebenskraftstromes inne geworden, der in meinen Armen nach oben stieg.

Wir kamen an den wunderbarsten Teichen und kleinen Seen vorbei, auf deren Flächen wir die allerschönsten Wasserblumen in ihren heitersten Farben blühen sehen konnten. In einer anderen Richtung entdeckten wir eine größere Kette von Seen, auf denen sich viele kleine Boote in aller Heiterkeit tummelten.

Die Häuser waren aus einer Substanz geschaffen, die wie Alabaster aussah. Sie waren alle mit den delikatesten Farben angestrichen, Farben, wie man sie auf Erden eigentlich nur in den feinen Abstimmungen des Regenbogens zu sehen bekommt. Der Baustil ähnelte in den meisten Fällen dem unserer eigenen Sphäre. Das heißt auch, daß einige dieser Gebäude auf ihren Außenflächen die reichsten Verzierungen trugen, welche Gegenstände der Natur, also Bäume und Blumen, wiedergaben, während andere Hausfassaden mit Reliefs geschmückt waren, welche die üblichen Motive darboten, wie sie uns in ähnlicher Weise aus unserer Region vertraut waren.

Aber was uns in das erfreulichste Erstaunen versetzte, war der Anblick von drolligen kleinen Wohnhäusern, die sich überall im Wald verstreut zeigten und von denen man glaubte, daß sie nur in den Märchenbüchern der Kinder zuhause sein könnten. Hier standen also solch niedliche Häuschen aus wundervoll gebogenen Hölzern und mit leuchtend roten Dächern und Gitterfenstern, vor welchen sich jeweils ein kleiner zaubervoller Garten ausbreitete und sie ganz umrundete.

Sofort wird man annehmen, daß die Geistige Welt ihr Vorbild für diese phantasievolle Kreierung solcher Kinderfreuden auf der Erde gesucht hat. Doch dies stimmt nicht. In Wahrheit verhält es sich so, daß die ganze Vorstellung von Miniaturhäusern in erster Linie aus der Geistigen Welt stammt. Wer die Person auf Erden war, die aus unserer Welt die ersten Eingebungen davon erhalten hatte, ist im Laufe der Erdenjahre dort vergessen worden. Diese Künstlerin ist uns jedoch bekannt. Sie geht auch weiterhin in der Sphäre der Kinder ihrer Tätigkeit nach.

Diese kleinen Häuser waren groß genug, um einer erwachsenen Person genügend Höhe zu geben, sich darin zu bewegen, ohne sich mit dem Kopf anzustoßen. Für die Kinder schienen die Räume gerade von der richtigen Höhe zu sein, ohne daß sie sich darin verloren vorkommen mußten. Man erklärte mir, daß alle die breiteren Gebäude in dieser Region aus ebendemselben Grunde von keiner bemerkenswerten Höhe seien. Indem man sie weder zu hoch baute, noch die Räume darin zu sehr ausweitete, kamen sie dem noch nicht voll ausgereiften Geist der Kinder entgegen, denen Räume größer erscheinen, als sie wirklich sind. Gebäude, die zu geräumig sind, würden das kleine Gemüt der Kinder beeinträchtigen und ihnen das Gefühl vermitteln, Zwerge zu sein.

Eine große Anzahl Kinder lebt in diesen kleinen Häusern, denen jeweils ein älteres Kind vorsteht, das ganz und gar dazu befähigt ist, in jeder nur denkbaren Situation allen anderen Hausbewohnern hilfreich zur Seite zu stehen.

Während wir so dahinspazieren, konnten wir Gruppen fröhlicher Kinder betrachten, von denen einige verschiedenen Spielen nachgingen, andere sich aber im Gras niedergesetzt hatten, wo Lehrer ihnen vorlasen. Wieder andere lauschten ganz aufmerksam und mit sichtbarem Interesse einem Lehrer, der ihnen die Blumen erklärte und ihnen so etwas wie einen Unterricht in Botanik erteilte.

Edwin stellte uns einer Lehrerin vor und erklärte ihr den Grund unseres Besuchs. Sie hieß uns alsgleich willkommen und hatte die Freundlichkeit, ein paar Fragen zu beantworten. Sie sagte, ihre Liebe zu ihrer Tätigkeit würde dadurch noch erhöht werden, indem sie auf all unsere Fragen gerne antworten wolle. Was sie betrifft, so weilte sie schon seit einer langen Reihe von Jahren in der Geistigen Welt. Sie hatte einst auf Erden selbst Kinder gehabt, war aber weiterhin an dem Wohlergehen aller Kinder interessiert, weshalb sie sich ihre gegenwärtige Tätigkeit ausgesucht hatte. Das war alles, was sie uns über sich selbst erzählte. Sicherlich war das nicht viel, denn das, was sie über sich aussagte, hätten wir uns selbst zusammenreimen können. Was sie uns aber verschwieg und was Edwin uns später in Einzelheiten erzählte, war die Tatsache, daß sie auf Erden ihre eigenen

Kinder, die ihr nun ebenfalls als erwachsene Helfer zur Seite standen, derart erfolgreich aufgezogen hatte, daß sich aus diesen Veranlagungen schon folgerichtig ergeben mußte, für welche Tätigkeit sie sich in der Geistigen Welt am meisten eignen würde.

Ich brauchte keinen, der mich darauf hingewiesen hätte, wie vortrefflich sie für diese Arbeit geeignet war. Sie strahlte jenen Zauber und jene Zuversicht, jene Freundlichkeit und Heiterkeit aus, die von Kindern so sehr geliebt werden. Sie konnte sich in ein Kind hineinversetzen, ja, sie war in der Tat selbst ein erwachsenes Kind. Sie besaß eine große Kenntnis der interessantesten Dinge, speziell von solchen, die den Kindern am meisten zusagten. Sie verfügte für ihre Kleinen über einen unerschöpflichen Fundus an Geschichten, und vor allem konnte sie mit den Kindern – wie wir wohl sahen – geradezu eins werden. Ich glaube nicht, daß wir bisher noch keine derart Überglückliche gesehen hatten wie diese gütige Seele.

In dieser Region, wie unser Freund uns berichtete, konnte man Kinder jeglichen Alters antreffen. Es gab Kinder, deren eigenständige Existenz auf Erden nur wenige Minuten gedauert hatte oder die ohne eine irdische Existenz gehabt zu haben, totgeboren zur Welt gekommen waren, bis hin zu Jugendlichen, die noch vor dem sechzehnten, siebzehnten Lebensjahr auf Erden verstorben waren.

Meistens verhält es sich so, daß die Kinder während ihres Heranreifens in ihrer eigenen Sphäre verweilen und dort eine Zeitlang sogar Lehrer werden, bis eine andere Arbeit sie zu anderen Regionen führt.

Wie verhält es sich aber mit den Eltern? Waren sie je die Lehrer ihrer eigenen Kinder? Selten oder niemals, wie unser Freund uns unterrichtete. Denn in der Praxis sei dies kaum durchführbar, da doch die Eltern natürlicherweise dazu neigten, ihre eigenen Kinder zu bevorzugen, was zu Unstimmigkeiten führen könnte. Als Lehrer arbeiten hier immer solche, die schon eine große Erfahrung gesammelt haben. Es gibt wohl nicht viele Eltern auf der Erde, die unmittelbar nach ihrem Hinüberwechseln in die Geistige Welt schon in der Lage wären, die Betreuung und Bildung von Kindern zu übernehmen. Waren jene Lehrer selbst Eltern oder nicht, so müssen sie sich doch alle einem ausgedehnten Vorbereitungskurs unterziehen, bevor sie für befähigt beurteilt werden, die Position eines Führers einzunehmen, um den äußerst hohen Anforderungen ihrer Arbeit zu genügen oder voll zu entsprechen. Und natürlich müssen alle von ihrem Temperament her dafür geeignet sein, den Beruf als Lehrer ausführen zu können.

Diese Arbeit ist nicht anstrengend, wie man eine solche auf Erden wohl beurteilen mag, aber sie verlangt eine Vielzahl verschiedener Befähigungen.

Das geistige und körperliche Wachstum eines Kindes geht in der Geistigen Welt weit schneller vor sich als auf der Erdenwelt. Ihr erinnert euch doch noch, was ich euch hinsichtlich der absoluten Einprägsamkeit des Gedächtnisses sagte. Diese Befähigung, alles im Gedächtnis zu behalten und jederzeit abrufen zu können, setzt schon ein, sobald der Geist fähig ist, irgend etwas überhaupt zu begreifen, und das geschieht im frühsten Alter. Diese scheinbare Frühreife ist ganz natürlich, denn der junge Geist vermehrt sein Wissen beständig. Sein Temperament wird behutsam entlang den spirituellen Grundlinien geführt, so daß dieser Wissensschatz bei unseren jungen Kindern nie das Bedenkliche an sich hat, wie es bei irdischen Frühreifen der Fall sein mag. Den Kindern wird zuerst nur über die Dinge unserer Welt erzählt, es sei denn, sie könnten sich noch an jene der irdischen Welt erinnern.

Der Regent dieser Region nimmt in gewisser Weise statt der Eltern die Stelle eines Vaters ein, als welchen ihn die Kinder auch betrachten.

Der Unterricht ist sehr vielseitig. Man bringt ihnen das Lesen bei. Doch vieles, worin man die Kinder auf Erden unterweist, bleibt hier gänzlich unbeachtet, da es für diese Welt überflüssig ist. Es wäre korrekter, davon zu sprechen, daß man hier den Kindern das Wissen eines gewissen Bereiches vermittelt, als daß man sie darin unterweist.

Wenn sie schon etwas älter sind, bleibt es ihnen überlassen, sich für eine Tätigkeit nach ihrem Gutdünken zu entscheiden. Und somit können sie ihr Studium auf ein bestimmtes Gebiet lenken und sich für die Qualifikation vorbereiten. Einige von ihnen entscheiden sich zum Beispiel dafür, vorübergehend zur Erde zurückzukehren, um uns dort bei der Durchführung von Kontakten mit Erdenbürgern behilflich zu sein. Sie eignen sich bestens für diese Art von Tätigkeit und freuen sich sehr über diese Besuche. Aus solchen Erdenbesuchen ziehen sie zusätzlich vorteilhafte Erfahrungen, denn diese vertiefen ihr Verstehen von dem Weh und Ach, aber auch von den Freuden der Erdenbürger.

Eine Frage taucht immer wieder in den Köpfen der Erdenmenschen in Verbindung mit verstorbenen Kindern auf: „Werden wir bei unserer Ankunft in der Geistigen Welt unser Kind wiedererkennen?“ Die Antwort lautet ganz entschieden: Ja! Und zwar ohne den geringsten Zweifel daran. „Aber wie kann das möglich sein, ohne daß wir sie in der Zwischenzeit zu Gesicht bekamen?“ Um diese Frage zu beantworten, ist es notwendig, ein bißchen mehr über sich selbst zu erfahren.

Ihr müßt wissen, daß sich euer Geistkörper im Schlaf aus dem Erdenkörper entfernt. Doch bleibt er durch die magnetische Schnur („Silberschnur“) mit ersterem weiterhin verbunden. Diese Schnur ist in der Tat die Lebenslinie zwischen dem Geistkörper und dem Erdenkörper. Solange dieses Band noch nicht durchtrennt ist, wird sich der Geistkörper entweder in der unmittelbaren Nähe des Erdenkörpers aufhalten, oder er wird in jene geistige Sphäre gezogen, die der in ihm wohnenden Seele gemäß ihres bisher geführten Erdenwandels zusteht. Somit verbringt der Geistkörper einen Teil seiner Erdenzeit tatsächlich auf den geistigen Ebenen. Und während dieser Besuche geschieht es, daß man seine Verwandten und Freunde, die schon verstorben sind, trifft. Und ebenso ist es wahrscheinlich, daß die Eltern während dieser Besuche ihre bei uns weilenden Kinder besucht haben und demzufolge ihr Heranwachsen mitverfolgen konnten. In den meisten Fällen ist es den Eltern nicht erlaubt, die Sphäre der Kinder zu betreten, doch gibt es genug andere Orte, wo solche Treffen stattfinden können. Wenn ihr euch daran erinnert, was ich euch über das Gedächtnis des Unterbewußtseins gesagt habe, werdet ihr verstehen, daß hinsichtlich der Wiedererkennung seines Kindes kein Problem besteht, denn der Vater oder die Mutter hat ihr Kind inzwischen gesehen und im Laufe der vergangenen Jahre sein Heranwachsen mitverfolgen können, und zwar in gleicher Weise, wie man es vermocht hätte, wäre es weiterhin in der Erdenwelt verblieben.

Natürlich muß zwischen den Eltern und dem Kind eine hinlängliche Zuneigung bestehen. Ansonsten findet dieses Gesetz keine Anwendung. Wo also diese gegenseitige Bindung nicht besteht, erübrigen sich alle Kontakte. Das Band der Zuneigung oder ein freundliches Interesse muß ebenso auf Seiten derer, die in der Geistigen Welt wohnen, bestehen, ganz egal, ob es sich dabei um eine Beziehung zwischen Mann und Frau, Mutter und Kind oder eine solche zwischen Freunden handelt. Ohne dieses gegenseitige Interesse für einander oder ohne dieses Band der Zuneigung ist es höchst zweifelhaft, ob man jemals einen Bekannten trifft, von zufälligen Begegnungen einmal abgesehen.

Das Kinderreich ist ein Bereich für sich, in welchem alles zu finden ist, was sich die großen Geister – von dem Größten Geist darin inspiriert – nur immer einfallen lassen konnten, um diesen jüngsten und jungen Bewohnern Fürsorge, Bequemlichkeit, Erziehung, Glück und Freude zukommen zu lassen. Die Hallen des Lernens sind ebenso reichlich ausgestattet wie jene größeren Einrichtungen in unserer Sphäre. Tatsächlich sind sie es in mancherlei Hinsicht noch besser, da sie alle nötigen Lehrmittel haben, um Wissen und Kenntnis auch denen nahezubringen, denen beides bisher noch ganz und gar fehlte und die daher ganz von vorn zu beginnen haben, wie es ihnen ebenfalls bevorgestanden hätte, wären sie auf der Erdenebene verblieben. Dies trifft natürlich auf solche Kinder zu, die in ihrer frühsten Kindheit in die Geistige Welt hinüberwechselten. Kinder jedoch, die im Laufe ihrer ersten Jahre die Erdenwelt verlassen haben, nehmen ihr Studium dort wieder auf, wo sie dieses abgebrochen hatten, wobei jedoch all das beiseite gelassen wird, was jetzt überflüssig geworden ist, während sie in ihrem Lernstoff das einbeziehen, was für ihr Geistdasein von Wichtigkeit ist. Sobald sie ein geeignetes Alter erreichen, können die Kinder sich für eine bestimmte zukünftige Arbeit entscheiden und dementsprechend ihr weiteres Studium ausrichten.

Ihr könnt euch vorstellen, wie überrascht wir bei unserem Erkundungsausflug in der Region der Kinder waren, die mehr als angemessenen Vorkehrungen wahrzunehmen, die für die jungen Leute, die in ihrem zartesten Alter in die Geistige Welt gekommen waren, getroffen werden. Diese Vorkehrungen wurden in weiser Planung von dem Großen Vater selbst ins Leben gerufen, und sie werden allen Kindern zuteil, und zwar ohne erst die Voraussetzungen einer bestimmten Glaubensrichtung, Doktrin, eines Dogmas, Ritus oder einer Förmlichkeit erfüllen zu müssen. Es setzt in der Tat nichts weiter voraus, als den einfachen Akt des körperlichen Todes durchzustehen. Und damit fallen wir alle, ob alt oder jung, unter das gleiche Gesetz, nämlich dem der Lösung vom irdischen Körper und dem auf ewig währenden Versetztsein in die Geistige Welt.

Und die Kinder, wie man annehmen darf, haben die gleichen Gelegenheiten und die gleichen Rechte, an dem spirituellen Erbe teilzunehmen wie wir alle, ob alt oder jung.

Und uns allen steht das gleiche Ziel bevor, das uns vollkommenes und ewigwährendes Glück beschert.

11

Betätigungen

Die Geistige Welt ist nicht nur ein Land der gleichen Chancen für jede Seele, sondern die sich bietenden Beschäftigungsmöglichkeiten stehen in einem solchen Ausmaß zur Auswahl, daß sich ein Irdischer nicht die geringste Vorstellung davon machen kann. Arbeitsgelegenheiten für was? – so mag man fragen. Es sind Beschäfigungsmöglichkeiten für eine gute, nützliche und interessante Arbeit.

Ich hoffe, daß ich durch meine Ausführungen bisher zur Genüge klargestellt habe, daß die Geistige Welt kein Land des Müßigganges ist, kein Land also, in welchem seine Bewohner sich ihr ewiges Leben lang in einem überekstatischen Zustand befinden, in welchem sie sich religiösen Übungen unterziehen und ganz förmlich und ohne Unterlaß den Großen auf dem Thron anbeten und Ihn preisen. Es gibt aber ganz gewiß einen ununterbrochenen Strom des Dankes, aber dieser strömt aus unser aller Herzen, die wir über unser Hiersein glücklich und dankbar sind.

Ich möchte versuchen, euch eine kleine Idee von der ungeheuren Flut von Beschäftigungsmöglichkeiten zu geben, denen man in diesen Regionen nachkommen kann.

Eure Gedanken werden jetzt sofort zu den vielen und unterschiedlichen Beschäftigungsmöglichkeiten der Erdenwelt schweifen und dabei an jedwede Art irdischer Aktivität denken. Doch hinter jeder irdischen Beschäftigung steht die antreibende Notwendigkeit, seinen Lebensunterhalt verdienen zu müssen, um seinen physischen Körper mit Essen und Trinken, mit Kleidung und irgendeinem Dach über dem Kopf zu versehen. Nun, ihr wißt bereits, daß diese vier Gesichtspunkte bei uns nicht mehr existieren. Für Essen und Trinken besteht überhaupt keine Notwendigkeit. Und die Qualität der Kleidung wie auch diejenige unserer Häuser entspricht hier der Art und Weise unserer seelischen Führung auf Erden. Es besteht bei uns, wie ihr seht, keine physische Notwendigkeit zur Arbeit.

Doch haben wir ein geistiges Bedürfnis nach Tätigkeit. Diesem Umstand ist es zuzuschreiben, daß wir mit Freuden aller Arbeit nachgehen.

Stellt euch eine Welt vor, in der keiner für seinen Lebensunterhalt arbeiten muß, wo aber ein jeder aus reiner Freude etwas tut, um anderen helfen zu können. Wenn ihr euch dieses vorstellen könnt, dann bekommt ihr in etwa eine Ahnung, wie wir eigentlich leben.

Viele der irdischen Berufe finden in der Geistigen Welt keine Anwendung, seien sie auch noch so wichtig auf der Erde. Was geschieht aber jetzt mit solchen Menschen, die auf Erden ebensolche Berufe bekleidet hatten? Diese werden entdecken, sobald sie sich ihres neuen Zustandes bewußt geworden sind, daß sie ihre irdische Tätigkeit für immer abgelegt haben. Sie werden bemerken, daß man in der Geistigen Welt nicht mehr jener oder einer ähnlichen Arbeitsmöglichkeit nachkommen kann. Aber diese Feststellung bewirkt in ihnen kein Bedauern, denn die Notwendigkeit eines Lebensunterhaltes hat für sie aufgehört. Statt dessen fühlen sie sich jetzt wunderbarerweise davon befreit und können sich eine neue Art der Betätigung aussuchen. Sie brauchen sich niemals zu fragen, ob sie wohl auch für das eine oder andere über genug Talent verfügen. Denn schon bald werden sie sich zu irgend etwas hinzugezogen fühlen, das ihr besonderes Interesse hervorgerufen hat. Und somit dauert es nicht lange, bevor sie sich ihren Mitbürgern anschließen und eine neue Arbeit erlernen, deren Ausübung ihnen größte Freude bereitet.

Bisher habe ich im allgemeinen über die Arbeit gesprochen. Wollen wir nun ein wenig mehr ins Detail gehen und uns einigen der Berufe in der Geistigen Welt zuwenden. Zuerst wollen wir unser Augenmerk jenen Beschäftigungen widmen, die man die rein „physischen“ Arbeiten der Geistigen Welt nennen könnte. Zu diesem Zweck wollen wir wiederum der Stadt einen Besuch abstatten.

Auf unserem Wege dorthin wanderten wir an vielen schönen Gärten vorbei, die irgendwann alle einmal entworfen und erschaffen worden waren. Hier treffen wir schon die erste Art der Beschäftigung an. Sehr viele Menschen der Erdenebene haben eine Vorliebe für Gärten und Gartenanbau. Einige von ihnen waren sogar Gärtner gewesen und liebten ihren Beruf. Was könnte ihnen besseres geschehen, als daß sie hier ihre Lieblingsbeschäftigung fortführen, zumal sie nun von aller physischen

Plackerei befreit sind, während ihnen zugleich die unerschöpflichen Möglichkeiten der Geistigen Welt zur Verfügung stehen? Sie können also – was sie auch tun, wann immer es ihnen beliebt – zu arbeiten aufhören oder wieder damit beginnen. Und was ist das Ergebnis? Beglückung für sich selbst! Denn indem sie ein wunderschönes Werk an Gartenkunst erschaffen, fügen sie dieser sowieso schon herrlichen Sphäre noch ein Stück an Schönheit hinzu, womit sie auch gleichzeitig die Freude ihrer Mitbürger vermehren. Und ihre Tätigkeit dauert an. Sie verändern, legen etwas neu an, pflanzen, verschönern oder bauen etwas hinzu. Und bei allem eignen sie sich immer größere Kenntnisse ihrer Arbeit an. Sie fahren mit ihrer Arbeit fort, bis sie den Wunsch in sich verspüren, einer anderen Tätigkeit nachzukommen, oder bis ihre spirituelle Weiterentwicklung es ihnen erlaubt, in einer anderen Sphäre einer ganz neuen Tätigkeit nachzugehen.

Wollen wir uns nun in die Halle der Musik begeben und uns dort umsehen, welche Beschäftigungsarten wir dort finden können. Einige Menschen mußten natürlich dieses Bauwerk planen, und andere errichteten es. Ich habe euch ja berichtet, wie man beim Bau des Bibliotheksflügels vorging. Auf Erden vollzieht sich der Gebäudebau nach den gewohnten Methoden. Doch unsere Baumethoden müssen ganz von vorne erlernt werden. Und die Arbeit der Architekten und Ingenieure im Verein mit ihren vielen kundigen Helfern ist eine der wichtigsten in der Geistigen Welt. Da jede Art der Beschäftigung jedem, der dafür eine Neigung entwickelt, offensteht, so steht es eben auch jedem frei, sich für den Beruf eines Architekten oder Ingenieurs zu entscheiden, ob es sich nun um solche handelt, die ihren irdischen Beruf hier wieder aufnehmen wollen, oder um solche, die damit etwas ganz Neues beginnen. Allein entscheidend ist der Wunsch, diese Tätigkeit ausführen zu wollen, obgleich natürlich eine Veranlagung dazu von großer Hilfe sein kann. Aber es ist sehr erstaunlich, wie schnell man sich hier – so der Wunsch dafür nur groß genug ist – Fertigkeiten aneignet. Der Wunsch, etwas ausführen zu wollen, verwandelt sich in sehr kurzer Zeit in die Fähigkeit, etwas ausführen zu können. Tiefes Interesse und große Zuneigung sind alles, was man für eine Tätigkeit benötigt.

Innerhalb der Halle der Musik befindet sich die Musikbibliothek, wo sich Studenten fleißig ihrem Studium hingeben und wo sich Schüler um ihre Lehrer scharen. Die meisten Leute, die wir dort antreffen, wollen ein oder gar mehrere Instrumente erlernen. Sie müssen also alle mit den notwendigen Instrumenten versehen werden. Dafür sorgt die Halle der Musik. Doch jemand muß diese Instrumente für die Musikschule bauen. Dies aber geschieht durch die verschiedenen Instrumentenbauer, die einst auf Erden diesen Beruf ausgeübt hatten und nun in der Geistigen Welt ihre Arbeit wieder fortführen können, so sie weiterhin Lust dazu verspüren.

Nun könnte man einwenden, daß die Ausübung eines bestimmten Berufs, der sich fast über ein ganzes Leben erstreckte, wahrhaftig genug sein sollte und daß der Betreffende sich sicherlich alles andere wünsche, als seine alte irdische Tätigkeit mit ihrer beständigen Wiederholung und Abrackerei wiederaufnehmen zu wollen. Doch bedenkt, was ich euch über die Entscheidungsfreiheit in dieser Sphäre gesagt habe. Es bleibt die Tatsache, daß in der Geistigen Welt niemand weder durch den Zwang der äußeren Umstände noch durch die Notwendigkeit, für seinen Lebensunterhalt sorgen zu müssen, zu irgendeiner Tätigkeit gezwungen ist. Bedenkt, daß alle Arbeit freiwillig ausgeführt wird, allein dazu angetrieben durch die Liebe zur Arbeit selbst, durch den Stolz, etwas ge- oder erschaffen zu haben, und durch den Wunsch, seinen Mitbürgern wie auch der ganzen Sphäre nützlich und dienlich sein zu dürfen. Somit werdet ihr verstehen, daß der Musikinstrumentenbaumeister – um nur unter Tausenden einen Beruf herauszugreifen – bei uns ebenso glücklich ist wie alle anderen. Also setzt er seine Arbeit fort, und seine Beschäftigung bringt nicht nur ihm, sondern vielen anderen Freude, die wiederum mit dem Erzeugnis dieses Erbauers froh und sinnvoll vielen anderen Freude bereiten.

Ich sollte eigentlich noch hinzufügen, daß niemand die Halle der Musik aufsuchen muß, nur um dort ein Instrument zu erlernen. Jeder, der ein Instrument beherrscht, vermittelt gern und willig sein Können wie auch sein Wissen über Musik weiter. So kann man in vielen Häusern ein schönes Klavier stehen sehen, das gewiß nicht zur Zierde dort aufgestellt worden ist. Diese Instrumente sind von den Händen größter Könner hergestellt worden, die sich die geistigen Methoden des Erschaffens zu eigen gemacht hatten. Instrumente können nicht gekauft werden. Man erhält sie als spirituelle Belohnungen. Es würde ein vergebliches Unterfangen sein, von etwas Besitz ergreifen zu wollen, worauf man kein Anrecht hat. Wir würden es einfach nicht erhalten können, so sehr wir es auch versuchten. Und keinen können wir bitten, es für uns zu besorgen. Selbst wenn diese es für uns versuchen sollten, müßten sie feststellen, daß sie in dieser Beziehung nichts ausrichten könnten. So ihr mich fragen würdet, wer oder was diese Dinge bestimmt, kann ich euch nur antworten, daß ich es selber nicht weiß, von der Tatsache einmal abgesehen, daß es sich bei diesen Dingen um die Auswirkung von geistigen Gesetzen handelt.

Bevor wir die Halle der Musik verlassen, wollen wir nochmals einen Blick in die Bibliotheksräume werfen. Hier stehen Tausende von Bänden mit Noten nebst solchen, die für den Gebrauch der Instrumentalisten bestimmt sind. Die meisten der großen Orchester leihen sich ihre Noten aus der Halle der Musik aus. Jedem steht frei, sich Noten auszuleihen. Jedoch irgend jemand muß sie vervielfältigen. Und somit ergibt sich wiederum ein anderer wichtiger und nützlicher Beruf. Weiterhin erfüllen die Bibliothekare, die diese Bibliothek betreuen, aber auch allen Besuchern mit Rat und Fachkenntnis zu Seite stehen, eine wichtige Aufgabe. Und so könnte ich noch andere Betätigungen aufzählen, die den ganzen Musikbereich umfassen, angefangen von den Personen, die nur Musikliebhaber sind, bis zu jenen, die Musik ausüben oder diese unterrichten.

In der Halle der Stoffe finden wir bei allen, die hier tätig sind, den gleichen Schaffenseifer, die gleiche Freude. Jederzeit bin ich, so ich es wünsche, herzlich gern dazu eingeladen, mich unter die Studenten einzureihen, die damit beschäftigt sind, die Kunst, kostbare Stoffe zu weben, zu erlernen. Wie es sich aber mit mir verhält, liegen meine Interessen auf einem anderen Gebiet, so daß mein Besuch nur im Zuge eines Freizeitbummels zu verstehen ist. Ruth geht dort regelmäßig hin, um zu studieren. Inzwischen ist sie eine meisterhafte Weberin geworden. Diese Arbeit ist für sie sowohl Hauptbeschäftigung als auch Freizeitbeschäftigung. Sie hat schon eine Reihe wunderschöner Teppiche hergestellt, von denen Edwin und ich jeweils zwei nach eigener Auswahl besitzen, die wir an unsere Wände gehängt haben.

Aus dieser Halle der Stoffe können wir alle verschiedenen notwendigen Materialien beziehen, und ebenso verhält es sich hinsichtlich der Musik. Wir können einen kundigen Handwerker bitten, uns das gewünschte Instrument herzustellen. Er wird unser Gesuch niemals ablehnen oder mit der Herstellung des Gewünschten unendlich lange auf sich warten lassen. Es gibt sehr viele Handwerker, die allen unseren Wünschen entsprechen.

In der gleichen Halle beobachten wir auch Studenten, welche die Kunst des Entwerfens erlernen und darin von Meistern dieser Kunst angeleitet werden. Ständig werden neue Experimente mit der Herstellung von neuen Stoffen und neuen Entwürfen vorgenommen. Diese verschiedenen Materialien haben nichts mit unserer geistigen Kleidung zu tun, die wir anhaben, denn diese sind individueller Natur, während die Produkte der Halle der Stoffe den allgemeinen Zwecken zur Verfügung stehen. Sie finden zum Beispiel Anwendung in der Ausschmückung der Häuser, der größeren Säle und Gebäude. Bezüglich der historischen Schauspiele, über welche ich euch schon berichtet habe, erhalten diejenigen, die diese aufführen, aus der Halle der Stoffe ihre „orginalen" Kostüme.

Nun habe ich euch zwei oder drei Beispiele davon gegeben, welche Möglichkeiten an Tätigkeit sich einem anbieten. Doch es gibt Tausende. Und diese stehen in ihrem Umfang denen der Erde in nichts nach. Man denke an die Ärzte, die in die Geistige Welt kommen und hier weiterhin ihre Arbeit fortsetzen, und zwar nicht etwa deshalb, weil wir hier noch Ärzte benötigten, doch können sie mit ihren Kollegen die Ursachen der Krankheiten auf Erden studieren, ja, sie können den irdischen Ärzten behilflich sein, jene zu bekämpfen. So mancher „Geistdoktor" hat die Hand eines irdischen Doktors während einer Operation geführt, ohne daß letzterer sich dieses Umstandes gewahr geworden wäre, ja, er würde vielleicht solch eine Erwägung, Hilfe von einer ungesehenen Person empfangen zu haben, als lächerlich abweisen. Der Arzt der Geistigen Welt gibt sich damit zufrieden, einfach zu dienen, ohne Dank von demjenigen zu erwarten, dem er hilft. Er kümmert sich allein um den erfolgreichen Ausgang, nicht aber darum, wem nun die Heilung tatsächlich zuzuschreiben ist. Dem irdischen Arzt jedoch stehen nach seinem Hinüberwechsel in die Geistige Welt einige personelle Überraschungen bevor, wobei ihm so manches Licht aufgehen wird.

Der Wissenschaftler setzt ebenfalls nach seinem Hinübergang seine Forschungsarbeiten fort. Welcher wissenschaftlichen Art seine Forschung auch immer gewesen sein mochten, er wird genug, ja mehr als genug, Gelegenheit finden, auf lange Zeit hin seine Forschungen fortsetzen zu können. Ebenso verhält es sich mit den Ingenieuren und vielen, vielen anderen. In der Tat erscheint es mir unmöglich, und – wenn nicht unmöglich, so doch überaus langweilig –, die lange Liste derjenigen Erdenberufe aufzuführen, die auch in der Geistigen Welt ihr Äquivalent besitzen. Doch werdet ihr schon eine Ahnung bekommen haben, was einem für Betätigungsmöglichkeiten in der Geistigen Welt offenstehen. Alle Gegenstände, die wir in unseren Hallen, Häusern, Wohnungen und in unseren Gärten haben, müssen hergestellt, geformt, erschaffen werden, und es bedarf der Personen, die diese Arbeiten ausführen. Ebenso wie die Nachfrage nach diesen Dingen weiterhin bestehen wird, bleibt auch die Herstellung derselben dementsprechend, und so wird es sich auf ewig verhalten.

Es gibt ein anderes Betätigungsfeld bei uns, das höchst wichtig ist und speziell der Geistigen Welt zugehört.

Leider ist die Prozentzahl derer, die ohne jegliches Vorherwissen ihres neuen Lebens und der Geistigen Welt im allgemeinen zu uns kommen, extrem hoch. Um all diese unzähligen Seelen ohne Vorherwissen muß man sich kümmern und ihnen bei ihren Schwierigkeiten und Bestürzungen hilfreich zur Seite stehen. Dies ist eigentlich die Hauptarbeit, der Edwin, Ruth und ich nachkommen. Es ist zugleich die Tätigkeit, die mit Vorliebe von den ehemaligen Geistlichen, von welcher Erdenkirche auch immer, ausgeübt wird. Ihre Erfahrungen auf Erden kommen ihnen dabei zugute, und alle von ihnen – vielleicht sollte ich sagen: alle von *uns!* – wissen, daß wir jetzt Mitglieder einer Dienstvereinigung sind, die den gleichen Zweck verfolgt und dem gleichen Ziel dient. Alle von uns besitzen das gleiche Wissen von der Wahrheit eines geistigen Lebens. Wir hängen nicht sehr unterschiedlichen Glaubensrichtungen, Dogmen oder Doktrinen an, wir sind, sowohl Männer wie Frauen, ein vereinter Bund von Tätigen.

In den großen Hallen der Erholung stehen ausgebildete Schwestern und Ärzte bereit, allen denen Hilfe zuteil werden zu lassen, deren letzte irdische Krankheit lange andauerte und schmerzvoll war oder deren Hinüberwechsel in die Geistige Welt sich plötzlich oder gewaltsam vollzog. Es gibt viele solche Häuser des Ausruhens speziell für letztere Kategorie von Menschen. Diese Erholungsstätten sind in Wahrheit stehende Denkmale der Schande für die Erdenwelt, insofern sie überhaupt vorhanden sein müssen.

Daß sich plötzliche und gewaltsame Tode auf Erden ereignen, ist gegenwärtig noch unvermeidbar. Aber es bedeutet eine ewige Schande für die Erdenwelt, daß so viele Seelen hier bei uns in beweinenswerter Unwissenheit dessen, was vor ihnen liegt, ankommen. Diese Hallen der Erholung haben sich seit meinem Übergang in die Geistige Welt beträchtlich vermehrt, weshalb konsequenterweise auch mehr Schwestern und Ärzte gebraucht werden. Doch daran mangelt es nicht.

Für diese speziell bei uns vorkommende Arbeit besitzen wir die geeignetsten Hochschulen, wo jene, die dieser betreffenden Arbeit nachgehen wollen, voll dafür ausgebildet werden. Hier lernen sie vom wissenschaftlichen Standpunkt aus vieles über den geistigen Körper und seinen geistigen Verfassungszustand. Sie werden auch im allgemeinen über die Beschaffenheit des Lebens in der Geistigen Welt unterrichtet, da sie ja mit Leuten zu tun haben, welche – was die Mehrheit von ihnen anbelangt – über keinerlei Vorkenntnisse ihres neuen Zustandes verfügen. Diese Studierenden müssen über die Fakten der Kommunikationsmöglichkeiten zwischen unserer Welt und der irdischen Bescheid wissen, da sie von vielen der Neuankömmlinge über diesen bedeutenden Gegenstand befragt werden können, sobald diesen bewußt wird, was sich mit ihnen und ihrem Leben eigentlich ereignet hat. Es ist erstaunlich, wie viele von ihnen sofort zur Erde zurückkehren wollen, um zu versuchen, dort den Hinterbliebenen mitzuteilen, daß sie tatsächlich nach dem Tod weiterleben und sich in in einer anderen Welt befinden.

In vielen Fällen ist es so, daß die Neuankömmlinge nach ihrer Loslösung von der irdischen Hülle eine längere Ruhe benötigen. Während dieser Zeit mögen sie sogar wach sein. Und jene, die sie betreuen, haben auf ihre unendlichen Fragen zu antworten. Das Interesse dieser neuangekommenen Seelen gilt gewöhnlich der Geistigen Welt wie auch der Erde in gleicher Weise. Es ist deshalb für die Schwestern und Ärzte wichtig, über einen hohen Grad an allgemeinem geistigen Wissen wie auch an Feingefühl und Behutsamkeit zu verfügen.

Ich möchte keine der von mir erwähnten Berufsausübungen höher als die andere bewerten. Auch stehen die von mir angeführten Tätigkeiten nicht etwa an Bedeutung über anderen Beschäftigungszweigen. Einige von diesen habe ich für euch deswegen hier näher beschrieben, weil sie zum einen ihrem äußeren Charakter nach so sehr „materiell“ erscheinen und weil ich zum anderen vorhatte, euch auf das hinzuweisen, was ich schon wiederholt tat, daß wir nämlich in einer tätigen Geistigen Welt leben, wo wir individuelle oder allgemeinnützige Aufgaben erfüllen und wo wir nicht unser ganzes geistiges Leben mit erhabenen religiösen Dingen oder frommen Meditationen zubringen.

Wie verhält es sich aber mit einer Person, die auf Erden niemals etwas Nützliches getan hat? Soweit ich sagen kann, wird sie wohl kaum in unsere Sphäre gelangen, bis sie sich ihren Weg nach hier erarbeitet hat.

Um ein vollständiges Verzeichnis aller Beschäftigungen in der Geistigen Welt aufzustellen, benötigte es eines dickleibigen Buches, denen jene scheinen unerschöpflich zu sein. In der Tat werde ich fast benommen bei dem Gedanken, sowohl wegen ihrer großen Anzahl als auch wegen meiner Unzulänglichkeit einem solchen Unterfangen gerecht werden zu können. Allein schon auf dem wissenschaftlichen Betätigungsfeld sind Abertausende von glücklichen Leuten beschäftigt, sei es, daß sie den Geheimnissen der Erdenebene nachgehen, oder sei es, daß sie die Dinge der Geistigen Welt ergründen wollen.

Wissenschaft und Ingenieurswesen gehen bei uns Hand in Hand, so daß weitreichende Entdeckungen ständig gemacht, wie auch Erfindungen in die Tat umgesetzt werden. Solche Erfindungen sollen nicht uns, sondern euch zugute kommen, denn sie werden dann an euch weitergegeben, wenn die Zeit dafür reif geworden ist, was im Augenblick noch nicht der Fall ist. Die Erdenwelt hat bisher oft schlechten Gebrauch von dem gemacht, was ihr aus der Geistigen Welt durchgegeben worden war, indem sie das, was zu ihrem Segen gereichen sollte, für verwerfliche Dinge verwandte. Dem Menschen ist es anheimgegeben, seinen freien Willen zu gebrauchen. Doch leider hat er ihn in eine Richtung gelenkt, die ihm letztendlich Zerstörung bescheren wird. Der Geist des Menschen befindet sich noch in einem Kindheitsstadium, und ein Kind kann oft gefährlich werden, wenn es über Dinge frei verfügen kann, die in sich gefährlich sind. Aus diesem Grunde wird vieles vor der Erdenwelt zurückgehalten, bis ihre Menschen einen höheren Entwicklungsgrad erreicht haben. Der Tag dafür wird ganz sicher kommen. Und ein Sturm neuer Erfindungen wird dann der Menschheit auf Erden aus der Geistigen Welt mittels der Inspiration zufließen.

In der Zwischenzeit fährt man bei uns fort, zu forschen, zu entdecken und zu erfinden. Ungezählte Scharen von daran interessierten Leuten finden somit bei uns ihre sinnvolle Beschäftigung. Nichts stört ihren Arbeitsfluß. Während die Arbeit vorangeht, mögen wir für eine Weile eine Pause einlegen, um uns entweder zu erholen oder uns einer anderen Beschäftigung zuzuwenden. Bei uns gibt es keinen Streit, keine häuslichen Zwistigkeiten und keine Rivalität, die zu Unzufriedenheit oder Ärger führen könnten. Unzufriedene Leute sind bei uns nicht anzutreffen. Wir mögen zwar den Wunsch verspüren, etwas von mehr Gewichtigkeit auszuführen. Dieses Gefühl darf aber nicht als Unzufriedenheit mißverstanden werden, ist es doch vielmehr eine innere Reaktion, welche als Anzeichen eines spirituellen Vorwärtsschreitens anzusehen ist. Selbst der Demütigste unter uns gelangt zur Einsicht – was auch immer seine Tätigkeit ist, wie unbedeutend sie ihm neben anderen, größer erscheinenden Aufgaben auch vorkommen mag –, daß er dennoch etwas Bedeutendes und Einzigartiges ausführt, das die ihm zustehende unvermeidliche Belohnung nach sich ziehen wird, die kein anderer ihm vorenthalten oder wieder abnehmen kann. In der Geistigen Welt bedeutet Arbeiten zugleich aus vollem Herzen glücklich sein, und zwar aus vielerlei Gründen, wie ich sie euch beschrieben habe.

Es gibt bei uns keinen, der meinen Worten nicht aus voller Überzeugung und ohne Einschränkung beipflichten würde.

12

Berühmte Leute

Die Erdenwelt zu verlassen und auf immer seinen Aufenthalt in der Geistigen Welt zu beziehen, bedeutet keine derartige persönliche Umstellung, wie einige Leute meinen, annehmen zu müssen. Es ist wahr, daß wir durch das Hinüberwechseln in die Geistige Welt von allen irdischen Banden abgeschnitten werden, doch sobald wir die Geistige Welt betreten, treffen wir diejenigen unserer Verwandten und Freunde wieder, die schon vor uns dorthin gelangt waren. In dieser Hinsicht beginnen wir einen neuen Lebensabschnitt, einmal ganz davon abgesehen, daß sich uns mit unserem Hinüberwechsel in die Geistige Welt ein ganz neues Leben auftut.

Das Wiedersehen mit Familienmitgliedern und Freunden ist etwas, das man erst einmal an sich erfahren haben muß, um die ganze Bedeutung und Freude eines solchen Zusammentreffens voll erfassen zu können. Allerdings kommen solche Zusammenkünfte nur dann zustande, wenn unter den sich Wiedersehenden immer noch gegenseitige Sympathie und Zuneigung bestehen. Im Augenblick wollen wir nicht über andere Möglichkeiten sprechen. Diese Wiederbegegnungen dauern eine ganze Weile nach der Ankunft des neuen Bürgers der Geistigen Welt an. Es ist ganz natürlich, daß angesichts der neuen Umgebung und Situation Zeit dafür aufgebracht werden soll, sich die großen Neuigkeiten untereinander auszutauschen und sich das anzuhören, was sich mit denen in ihrem neuen geistigen Leben schon ereignet hat, die vor einem „verstorben“ waren. Irgendwann naht für den Neuankömmling die Zeit, wenn er aus freien Stücken sich darüber Gedanken macht, was er mit seinem Leben in der Geistigen Welt anfangen will.

Während unseres Erdenlebens führen die meisten Menschen ein doppeltes Leben, nämlich einmal jenes Leben zu Hause und zum anderen jenes Leben am Arbeitsplatz oder im Beruf. Bei letzterem kommen wir vielleicht mit völlig anderen Leuten zusammen. Daher ist es in der Geistigen Welt etwas ganz Natürliches, daß es sich hier ganz ähnlich verhalten soll. Der Wissenschaftler zum Beispiel wird zuerst Mitgliedern seiner eigenen Verwandtschaft begegnen. Doch wenn es für ihn soweit ist, daß er seine alte Arbeit wieder aufnehmen möchte, so wird er sich bald im Kreise seiner ehemaligen Arbeitskollegen wiederfinden, die vor ihm in die Geistige Welt hinübergewechselt waren und ihm nun das Gefühl vermitteln, mehr als wieder zu Hause zu sein. Und dieser Wissenschaftler wird mehr als glücklich sein über die Aussicht, seinen wissenschaftlichen Forschungen weiterhin nachkommen zu können. Ebenso verhält es sich mit dem Musiker, dem Maler, dem Schriftsteller, dem Ingenieur, dem Arzt, dem Gärtner, dem Maurer oder mit demjenigen, der in der Fabrik Teppiche webte, um nur einen kleinen Teil derjenigen Berufe zu wählen, die es sowohl auf der Erdenwelt als auch in unserer Welt gibt. Aus dieser Tatsache heraus wird diejenige Frage, über welche so viele Menschen rätseln, was nämlich mit den auf Erden berühmten Leuten in der Geistigen Welt geschieht, praktisch von selbst beantwortet.

Der Ruhm unterscheidet sich bei uns von demjenigen auf Erden ganz beträchtlich. Jemandes Ruhm in der Geistigen Welt begründet sich auf ganz andere Eigenschaften als bei euch, denn dieser wird einem ausschließlich durch den Dienst am anderen zuteil. Diese Tatsache mag euch allzu einfach klingen, um akzeptiert werden zu können, aber so verhält es sich wirklich, und nichts wird diese Tatsache ändern. Ob die irdisch Berühmten unmittelbar nach ihrem Hinüberscheiden in die Sphären des Lichts gelangen oder nicht, hängt ganz von ihrer Lebensführung ab. Denn sie unterstehen dem Gesetz in gleicher Weise wie alle anderen.

Viele Leute, die zu uns gelangen, werden in ihrer ersten Zeit von einer gewissen Neugier getragen, was wohl aus den ganz berühmten Persönlichkeiten auf Erden in der Geistigen Welt geworden sein mag. Am neugierigsten zeigt man sich hinsichtlich historischer Berühmtheiten. Wo befinden sie sich nun, sie, deren Namen man so gut aus den Geschichtsbüchern kennt? Sie müssen sich doch irgendwo aufhalten? Und natürlich ist es so. Eine Anzahl von ihnen kann in den dunkelnen Regionen vorgefunden werden, wo jene Verruchten schon zahllose Jahrhunderte zubringen und wo sie sicherlich noch einige Jahrhunderte verbleiben werden. Andere Berühmtheiten wiederum haben schon ihre Bleibe in den höheren Regionen des Lichts und der Schönheit gefunden, womit ihrer edlen Lebensführung auf Erden eine gerechte Belohnung zuteil wurde.

Aber der überwiegende Teil von allen hält sich in eben jenen Regionen auf, die ich euch näher zu beschreiben versuche.

Ich glaube, es ist am besten, wenn ich euch ein Beispiel nenne, für welches ich einige Einzelheiten zusammengetragen habe, das unserem Interesse vorerst genügen sollte.

Dieses Beispiel bezieht sich auf das Hinüberscheiden einer königlichen Person in die Geistige Welt. Ich habe dieses Beispiel aus dem Grunde ausgewählt, obwohl es sich um einen besonderen Fall handelt, um euch daran klarer als bei anderen Fällen die Prinzipien darlegen zu können, die im allgemeinen das Leben in der Geistigen Welt bestimmen.

In diesem bestimmten Fall wußten wir im voraus, daß das Hinüberkommen dieser Person in unsere Welt unmittelbar bevorstand. Seine eigenen Landsleute bei uns waren natürlich sehr an dem, was sich nun vollziehen sollte, interessiert. Seine eigenen Familienmitglieder erwarteten seine Ankunft, wie es bei uns so üblich ist. Eine kurze Krankheit war der Anlaß für seinen Übergang, und sobald seine Loslösung vom irdischen Körper stattgefunden hatte, war er in das Haus seiner Mutter gebracht worden, die alles für seine Ankunft vorbereitet hatte. Dieses Haus unterscheidet sich im weitesten Sinn in nichts von den anderen Häusern. Die Nachricht wurde verbreitet, daß er nun angekommen sei. Es fand kein großer Jubel statt, wie es der Fall ist, wenn solch eine Majestät nach längerem Auslandsaufenthalt wieder den Heimatboden betritt, doch erfaßte all jene Freude, die zu dem unmittelbaren Kreis derer gehörten, welche auf die Ankunft der so berühmten und vielgeliebten Persönlichkeit in der Geistigen Welt warteten. In jenem Haus hielt er sich vorerst auf und erfreute sich an der Abgeschlossenheit und Aktionsfreiheit und auch an der Einfachheit des Lebens, was ihm alles auf Erden vorenthalten worden war. Er benötigte nach seinem arbeitsreichen Leben und jener Krankheit, die seiner irdischen Lebensspanne ein Ende gesetzt hatte, vor allem Ruhe. Viele Leute, die vormals zu seinem öffentlichen oder zu seinem persönlichen Kreis gehört hatten und vor ihm in die Geistige Welt hinübergewechselt waren, hatten vorbeigesprochen, um sich nach ihm zu erkundigen, ohne ihn bisher zu Gesicht bekommen zu haben. Natürlich hatte es schon eine große Familienzusammenkunft gegeben, und nachdem er sich zur Genüge ausgeruht hatte, machte er sich daran, die Wunder seines neuen Lebens in Augenschein zu nehmen.

Er behielt bis zu einem gewissen Grad sein früheres Aussehen bei. Die Anzeichen der Krankheit und seiner körperlichen und geistigen Müdigkeit waren verschwunden, und er sah um einige Jahre jünger aus. Die Zeit des Ausruhens hatte seinen Zweck voll und ganz erfüllt.

Als er das Haus seiner Mutter verließ, wurde er wegen dem, was er auf Erden darstellte, erkannt und respektiert, doch wurde er noch mehr geehrt, respektiert und geliebt wegen dem, was er jetzt war. Nun, so möget ihr annehmen, daß, sobald ihm seine früheren Landsleute begegneten, diese ihm gegenüber vielleicht eine Art Befangenheit an den Tag legten und ihm jene Ehrerbietung erwiesen, die sie ihm der Pflicht gemäß auf Erden entgegenbrachten. Doch während der Zeit seiner Erholung war ihm vieles erklärt worden hinsichtlich der Lebensbedingungen in der Geistigen Welt, ihrer Methoden, Gesetze und ihrer angenehmen Eigenschaften. Solche Offenbarungen hatten sein Herz mit Freude erfüllt. Somit wußte er beim Verlassen des Hauses seiner Mutter, daß es ihm, wie es bei uns Brauch ist und sich nur in der Geistigen Welt als möglich erweist, freistand, ganz nach Belieben umherzuwandern, während unsere Bewohner ihn in dem Licht sahen, in welchem er sich gesehen zu werden wünschte, nämlich in jenem eines einfachen Mannes, der den Wunsch verspürte, das Glück und die Freude seiner Mitbürger zu teilen. Er wußte, daß er so handeln würde, als wäre er einer von ihnen. Als er nun also in Begleitung von Familienmitgliedern auf seiner Erkundigungstour durch dieses Land spazierte, wie es für Neuankömmlinge so üblich ist, verursachte das unvermeidliche Zusammentreffen ihm wie auch den anderen keinerlei Unbehagen. Keiner kam auf seine frühere Position zu sprechen, es sei denn, er lenkte das Gespräch selbst darauf. Nichts deutete darauf hin, daß man ihm mit Wißbegier oder dummer Neugier begegnete.

Ihr mögt denken, daß jemand, der vormals eine derart hohe Position auf Erden einnahm, in den Herzen der anderen Mitleid erwecken würde, nachdem sich an ihm ein so unvorteilhafter Wechsel vollzogen hat. Aber derartige Gefühle der Sympathie werden in unseren Sphären weder erwünscht, noch empfunden, weil ein Grund dafür einfach nicht vorhanden ist. Wir haben unserem irdischen Berühmtsein entsagt, und wir kommen auch nicht darauf zu sprechen, es sei denn, es gelte, durch unsere eigene Erfahrung Irdische wissen zu lassen, was man vermeiden sollte. Uns kommt es nicht in den Sinn, Erinnerungen an frühere Erdenzeiten aus dem

Grunde wieder aufzuwecken, um uns selbst von anderen verherrlichen zu lassen oder andere Zuhöhrer beeindrucken zu wollen. In der Tat wären jene ganz und gar nicht beeindruckt, und wir würden letzten Endes nur einen Narren aus uns selber machen. In der Geistigen Welt erkennen wir die Wahrheit. Und unser wahrer Wert kann von allen erkannt werden. Eines Menschen spiritueller Wert – und er allein! – ist es, der bei uns zählt, ungeachtet dessen, was jener auf Erden einmal vorstellte. Perspektiven und Ansichten erfahren in der Geistigen Welt für jeden Neuankömmling eine vollständige Änderung. Wie auch immer wir auf Erden groß und mächtig gewesen sein mochten, ist es doch allein der spirituelle Wert, der uns den uns gebührenden Platz in der Geistigen Welt einnehmen läßt. Es sind also unsere Lebenstaten, die uns – ungeachtet unserer gesellschaftlichen Position – bei unserem Hinüberscheiden den uns zustehenden Ort bestimmen. Die gesellschaftlichen Positionen sind dann vergessen, und unsere eigenen Erdengedanken und Erdentaten erheben sich als Zeugen für oder gegen uns. Wir werden somit zu Richtern über uns selbst.

Es ist nach allem nicht schwer zu ersehen, daß sich diese königliche Hoheit bei der Ankunft in der Geistigen Welt – wie andere ihrer Familie vor ihr – keinen Schwierigkeiten oder peinlichen Situationen ausgesetzt sah. Eher das Gegenteil fand statt, denn die ganze Situation vereinfachte sich von selbst und trug somit zu ihrer eigenen Lösung bei. Ebenso wie dieser hochgestellten Person ergeht es in dieser Hinsicht allen, die gleichfalls auf der Erdenebene zu Berühmtheit gelangt waren. Aber wie verhält es sich nun zum Beispiel mit einem berühmten Wissenschaftler oder mit einem weltbekannten Komponisten oder Maler? Für uns und auch nach ihrem Dafürhalten sind sie ebenfalls Lernende, und zwar demütig Lernende in jenem Zweig der Wissenschaft oder der Kunst, dem sie auf Erden gehuldigt hatten. Für euch Erdenbürger haben sie berühmte Namen, und wenn wir in unseren Gesprächen mit euch uns ihrer erinnern, benützen wir jene Namen, mit denen sie euch vertraut sind. Doch bei uns in der Geistigen Welt lehnen sie es ab, als Meister oder Genie angesprochen zu werden. Ihre Namen, und waren sie noch so berühmt, bedeuten für sie gar nichts, und sie weisen strikt alles von sich, was auch nur im leisesten auf eine Glorifizierung, wie man sie so gerne auf Erden pflegt, hinweisen mag. Sie sind nichts weiter als irgend jemand von uns. Und solches wollen sie sein, und als solches wollen sie – und werden es auch – behandelt sein.

In der Geistigen Welt erstreckt sich das Gesetz von Ursache und Wirkung in gleicher Weise auf alle Menschen, ganz egal, welchen Rang sie vormals eingenommen hatten. Dieses Gesetz ist nicht etwa neu. Es fand schon immer Anwendung, so daß jeglicher Berühmte, den man in den Chroniken der Nationen verzeichnet finden kann, ebenfalls unter die Auswirkung dieses Gesetzes gelangte. Jene Menschenseele aber, deren Erdenleben – von ein oder zwei Bekannten abgesehen – vollkommen unbekannt blieb, fällt ebenfalls unter das gleiche Gesetz wie jene, deren Name bei allen Nationen bekannt war. Wenn man in diesen Regionen lebt, ist es früher oder später unvermeidlich, daß man Personen begegnet, deren Name bei nahezu allen Irdischen bekannt ist. Auch jene Seelen zieht nichts mehr zur irdischen Welt zurück. Sie haben alles hinter sich gelassen, und viele von denen, die schon seit Jahrhunderten hier weilen, sind glücklich darüber, bei keiner Gelegenheit an ihr früheres Leben erinnert zu werden. Eine ganze Anzahl von ihnen erlitt einen gewaltsamen Tod, so daß jene glücklich darüber sind, nur an ihr gegenwärtiges Leben erinnert zu sein und ihre irdische Vergangenheit in ihrem Gedächtnis verschlossen zu lassen.

Die Menschen der Erdenwelt mögen es als eigenartig ansehen, daß man in unseren Ebenen mit Personen einherwandeln kann, die schon vor Hunderten und in einigen Fällen sogar vor Tausenden von Jahren auf der Erdenebene lebten. Sozusagen trifft sich hier die Vergangenheit mit der Gegenwart. Aber so etwas dünkt uns nicht eigenartig. Anders mag es sich noch mit dem Neuankömmling verhalten. Aber letzten Endes, was kommt ihm anfangs nicht alles „eigenartig" vor? Zurückhaltung ist etwas, was wir bald ausüben. Und diese beweisen wir eben auch darin, indem wir nicht in den Tatsachen und Umständen anderer Leute Erdenleben herumstochern. Das soll aber nicht heißen, daß es uns untersagt ist, uns über unsere irdischen Leben zu unterhalten. Doch die betreffende Person muß darin zuerst die Initiative ergreifen. Falls sie also gewillt ist, jemandem über ihr Leben auf Erden zu erzählen, so wird sie immer mit einem interessierten und mitfühlenden Zuhörer rechnen können.

Aus dem soeben Gesagten könnt ihr entnehmen, daß die Erdenleben uns jeweils allein gehören. Zurückhaltung wird von uns allen gewahrt. Wir zeigen sie, und sie wird uns erwiesen. Was immer wir für eine Position im

Erdenleben eingenommen haben mochten, so sind wir doch in diesen Sphären eins geworden, sowohl was die Spiritualität, den Intellekt und das Temperament angeht, als auch hinsichtlich solcher menschlichen Wesenszüge wie Bevorzugung oder Ablehnung. Wir sind eins geworden. Wir haben denselben Daseinszustand erreicht. Jeder Neuling, der zu uns kommt, wird mit der gleichen Herzlichkeit willkommen geheißen, und zwar ohne daran zu denken, wer er auf Erden einmal gewesen war.

Man trifft hier viele Menschen an, die einstmals auf Erden berühmt waren, nun aber, wo auch immer, allen möglichen Arten von Tätigkeiten nachkommen, sei es, daß sie an ihre irdischen Berufe anknüpfen, oder sei es, daß sie mit etwas völlig Neuem begonnen haben. Jeden kann man ohne Förmlichkeiten, wie auch immer, ansprechen. Wollen wir mit einem Berühmten sprechen, so bedarf es dazu keiner Einführung oder Vermittlung eines Dritten. Ihre Fähigkeiten stehen allen offen, und glücklich sind sie in der Tat, wenn sie jemand anderem von Nutzen sein dürfen, der sich wegen irgendeines Problems an sie um Hilfe wendet, handele es sich nun dabei um Kunst, Wissenschaft oder um irgend etwas anderes. Die Großen, die ihre Größe durch die verschiedenen Merkmale ihrer Genialität gewonnen hatten, halten sich selbst für die unteren Einheiten eines riesigen Ganzen der immens großen Organisation der Geistigen Welt. Sie alle streben wie wir übrigen nach demselben Ziel, und das ist der spirituelle Fortschritt, die spirituelle Weiterentwicklung. Sie sind dankbar für jede Hilfe, die sie diesem Ziel näherbringt, und sie sind wiederum glücklich, ihre Hilfe, wann und wo immer, anderen angedeihen zu lassen.

Irdischer Reichtum und irdische Ehre erscheinen im Vergleich mit dem spirituellen Reichtum und der spirituellen Ehre, die man hier erwerben kann, wie nichtiger Tand. Und solcher Reichtum und solche Ehre stehen allen offen, um sie sich zu erwerben, sobald sie die Geistige Welt betreten haben. Diese sind eines jeden spirituelles Geburtsrecht, das niemand ihnen rauben kann. Doch bleibt es ihm selbst anheimgestellt, wie lange er dafür benötigt, bis er es für sich gewinnt. Irdische Größe scheint etwas sehr Konkretes zu sein, solange wir uns noch in der Erdenwelt bewegen. Doch wie konkret sie ist, können wir in dem Moment feststellen, in welchem wir uns vom irdischen Körper lösen. Dann werden wir der Gewißheit inne, daß allein die spirituelle Größe konkret und von Dauer ist. Unsere irdische

Bedeutsamkeit schmilzt dahin, sobald wir die Geistige Welt betreten, und wir stehen da als das, was wir sind, und nicht als das, was wir waren.

Einige der auf Erden Berühmten haben nach ihrem Erwachen in der Geistigen Welt mit mir gesprochen und mir über ihren Offenbarungsschock berichtet, der ihnen widerfuhr, als sie zum erstenmal sich als das erkannten, was sie wirklich waren.

Aber oft kommt es vor, daß die von einer Person eingenommene äußere hohe Position mit der Größe der Seele Hand in Hand geht, und somit setzt sich vom Moment des Heraustretens aus dem irdischen Körper die spirituelle Weiterentwicklung ohne Unterbrechung fort.

13

Organisation und Verwaltung

Ihr werdet aus allem bisher Berichteten wohl geschlossen haben, daß die Geistige Welt ein sehr großer Ort ist, und – an die Erdenwelt denkend – werdet ihr folglich darauf schließen, daß sie gemäß ihres Ausmaßes über eine dementsprechende Verwaltung verfügen muß. Hierin vermutet ihr richtig, denn es verhält sich wirklich so. Doch unsere Bedürfnisse dafür unterscheiden sich von den euren. In eurer unbeständigen Welt besteht ein fortwährender Krieg zwischen dem materiellen Verfall und der Abnützung. Jedoch in unserer allzeit beständigen Welt ist weder das eine noch das andere zu finden. Unsere Welt befindet sich in einem Zustand, welcher jeglicher irdischen Utopie an Qualität überlegen ist. Und dennoch ist alles wohl durchdacht.

Ich habe euch davon erzählt, daß ich beim ersten Anblick meines Gartens in der Geistigen Welt über seine Anordnung und seinen ausgezeichneten Zustand erstaunt war und mich darüber verwunderte, wie er gehegt und gepflegt wurde und wer dafür eigentlich verantwortlich war. Edwin erzählte mir, daß es praktisch keiner Anstrengung bedürfe, um einen Garten im besten Zustand zu halten. Wie ich später erst richtig verstand, meinte er mit seiner Äußerung, daß, solange mein Wunsch weiterhin darin bestand, einen gepflegten Garten zu besitzen, und solange ich für Blumen, Gräser und Bäume Zuneigung verspürte, dieser Garten auch meinen Wünschen gemäß sich verhalten und also blühen würde. Falls es mir einfiele, die Anordnung der Blumenbeete zu verändern, könnte ich einfach einen Experten fragen, mir dabei behilflich zu sein. Und er würde seinerseits überglücklich sein, mir helfen zu dürfen.

Dieses Gesetz findet auch auf mein Haus die gleiche Anwendung. Und ebenso verhält es sich mit allen Häusern und Gärten, welche anderen Leuten dieser Regionen gehören. Hierbei handelt es sich mehr oder weniger um private Angelegenheiten, wenigstens was die eine Seite betrifft. Doch die Tatsache, daß ich einen fachkundigen Gärtner oder

Baumeister zu Rate ziehen kann, der mit meinem Garten oder mit meinem Haus eine völlige Veränderung vornehmen könnte, ja, der mir in der Tat ein ganz neues Haus inmitten eines von dem jetzigen vollständig unterschiedlichen Gartens erstehen lassen könnte, beweist, daß eine höhere Leitung irgendeiner Art – und zwar eine beträchtlich höhere – irgendwo bestehen muß.

Die vereinte Gedankenkraft der Bewohner dieser ganzen Sphäre erhält all das, was in ihr wächst, seien es die Blumen, die Bäume, das Gras oder das Wasser. Mag sich letzteres auch im See, Fluß oder im Meer befinden, so ist es bei uns doch vollkommen lebendig. Erst wenn wir uns in die Stadt begeben und durch die Hallen des Lernens wandeln, wird uns das Vorhandensein einer leitenden Organisation deutlicher vor Augen gestellt.

In der Halle der Musik zum Beispiel beobachten wir viele Studenten, die fleißig mit ihren Lektionen und Studien befaßt sind. Andere wiederum beschäftigen sich mit Musikforschung und durchblättern alte Musikbücher. Wiederum andere bereiten sich auf ein Konzert vor, suchen sich aus den Regalen die betreffenden Noten heraus oder führen auch manchmal Gespräche mit dem betreffenden Komponisten. Es gibt viele Lehrer und viele andere befähigte Leute, die uns bei unseren Fragen und auftauchenden Schwierigkeiten behilflich sind und über die Befähigung verfügen, eine Lösung unserer Probleme zu finden, denn alle, die hier zum Lehrkörper gehören wie auch viele andere, sind selbst Experten.

Normalerweise ist der Regent zugleich der Prinzipal aller Hallen, weshalb alle Hauptentscheidungen natürlich ihm vorbehalten bleiben. Doch er ernennt kompetente Leute zusätzlich zu den Lehrkörpern der verschiedenen Hallen und läßt ihnen freie Hand bei ihren Vorkehrungen.

Jeder Halle ist ein Leiter zugeordnet. Doch darf man nicht etwa annehmen, daß dieser „Beamte“ eine unnahbare, von anderen abgeschiedene Person sei, die man höchstens bei besonderen Anlässen zu sehen bekommt. Ganz im Gegenteil. Ihn kann man immer in den Gebäudeteilen entdecken, wo er persönlich diejenigen empfängt, die dort entweder als Lernende oder als Musikliebhaber oder aber als solche, die an einem Musikforschungsprojekt arbeiten, verweilen.

Ich habe euch davon erzählt, daß wir unsere jeweilige Arbeit nur bis zu dem Zeitpunkt fortführen, solange wir Freude an ihr haben und aus ihr unseren Nutzen ziehen können. In dem Moment, wo wir die Notwenigkeit eines Arbeitswechsels oder einer anderen Ablenkung verspüren, halten wir mit unserer Tätigkeit einstweilen inne und wenden uns nach Belieben etwas anderem zu. Die Mitglieder des Lehrkörpers dieser Hallen des Lernens machen in dieser Hinsicht keine Ausnahme. Auch sie benötigen ganz gewiß Abwechslung und Erholung. Deshalb werden die leitenden Positionen gelegentlich immer wieder von neuem Personal besetzt. Sobald einige ihren Platz räumen, wird er von anderen eingenommen. Das ist die einfachste Sache unserer Welt und auch die praktischste. So müssen wir nicht befürchten, daß wir, so wir einen der bestimmten Experten aufsuchen wollen, darin enttäuscht werden, daß er nicht anwesend ist. Somit steht uns zu jeder Zeit die gesuchte Hilfe zur Verfügung. Und wenn es von großer Dringlichkeit sein sollte, den Abwesenden sprechen zu müssen, so wird ein sofortiger Gedanke an ihn unsere Frage beantworten, oder wir finden uns mit gleicher Schnelligkeit in seinem Haus ein. Wir brauchen nicht zu befürchten, von ihm als lästige Eindringlinge empfunden zu werden.

Nun, wenn ich euch mitteile, daß der Dienst in all diesen Hallen ununterbrochen ausgeführt wird, so rührt diese Tatsache aus dem Umstand, daß wir in unseren Regionen über einen ewigen Tag verfügen. Und ich glaube, daß ihr uns beipflichtet, daß das Konzept unserer Vorkehrungen seine Richtigkeit hat.

Viele jener Leute, die in den Hallen des Lernens tätig sind, verweilen dort schon eine beträchtliche Anzahl von „Jahren", wie ihr diese Zeit bemessen würdet. Sie fühlen sich ihrer Tätigkeit derart verpflichtet, daß sie dieser selbst dann noch an Ort und Stelle nachkommen, wenn sie selbst auch schon weiter fortgeschritten sind und in der Tat schon einer höheren Sphäre zugehören. Sie bevorzugen es, noch dort zu bleiben, wo sie weiterhin für eine beträchtliche Dauer zu verweilen gedenken. Von Zeit zu Zeit ziehen sie sich in die ihnen zugehörige Sphäre zurück und kommen dann wieder, um ihre Arbeit erneut aufzunehmen. Der Moment wird letztendlich erreicht sein, wo sie ihre Position ganz aufgeben, um auf immer in ihrer Sphäre zu verweilen. Daraufhin werden andere, die gleicherweise befähigt sind, deren Platz einnehmen. Und so geht es immer weiter, wie es schon seit unzähligen Jahrhunderten geschehen ist. Es besteht somit bei uns ein ununterbrochener Dienst am anderen. Und dieses Gesetz bezieht sich auf alle die verschiedenen Hallen des Lernens. Die

Arbeit in der Geistigen Welt fließt ununterbrochen dahin. Die „Arbeiter" ruhen sich aus oder wechseln ihre Arbeit, doch die Arbeit als solche bleibt bestehen. Die Arbeitsintensivität mag fluktuieren, wie es ja auf Erden ebenfalls vorkommt. Während unserer großen Feiern und Feste, anläßlich derer wir durch die Gegenwart eines Besuchers aus höheren Sphären geehrt werden, kommt es natürlich vor, daß, bedingt durch die große Teilnahme von Menschen, eine deutliche Abnahme einiger Tätigkeiten zu bemerken ist. Wir sind selbstverständlich darauf erpicht, unsere Feste in Gemeinsamkeit zu verbringen, und wir tun es auch. Aber dem Dienst in den Hallen des Lernens geschieht dadurch kein Abbruch, zumal die Bewohner dieser Sphäre immer sehr rücksichtsvoll sind und nichts von anderen verlangen, das für diese eine Enttäuschung beinhalten würde, wie es der Fall wäre, wenn jemand in einer der Hallen des Lernens auf unserer Gegenwart bestehen würde, während wir uns alle, wie es vorkommt, beim Fest eingefunden haben. Dies betrifft die verschiedenen Hallen des Lernens in der Stadt, wo eine zeitweilige Arbeitspause von keinerlei großer Konsequenz ist.

In den Hallen der Erholung jedoch befinden sich immer Ärzte und Schwestern im Dienst, ganz egal, welche besonderen Ereignisse gerade in unserem Teil dieser Sphäre stattfinden. Ihre Hingabe an die Pflicht wird immer sofort belohnt, denn während der allgemeinen großen Feier begeben sich die illustren Besucher aus höheren Sphären zu den Häusern der Ruhe und Erholung, wo sie persönlich jeden der dort seinen Dienst Versehenden begrüßen. Letztere können späterhin mit ihren Familienmitgliedern oder Freunden nachfeiern.

Diese Art der Administration ist nur in der Geistigen Welt zu finden. Es gibt aber andere Dienstleistungen, die beide Welten betreffen, nämlich unsere und eure. Ich denke da zum Beispiel an die Ankunft, beziehungsweise die bevorstehende Ankunft, einer Seele in der Geistigen Welt. In der Regel erhalten alle Seelen, die sich auf dem Weg nach hier befinden, ein bestimmtes Maß an Zuwendung. Dieses Maß hängt ganz von ihnen selbst ab. Einige sind spirituell so tief gesunken, so daß von vornherein jedes Entgegenkommen nutzlos wäre. Von ihnen wollen wir im Augenblick nicht sprechen, wohl aber von denen, die für die Regionen des Lichts bestimmt sind.

Ohne vorgreifen zu wollen auf das, was ich hinsichtlich der Beziehung unserer beiden Welten zu sagen habe, mögen wir uns für unseren gegenwärtigen Zweck einem typischen Beispiel eines Umwandlungsprozesses zuwenden, wie er sich in sehr vielen Seelen vollzieht.

Nehmen wir an, daß ihr augenblicklich selbst in der Geistigen Welt beheimatet seid und daß ihr außer der Kenntnis der Tatsache, daß es eine Kommunikation mit der Erdenwelt gibt, noch über keine Erfahrungen hinsichtlich der engen Beziehungen zwischen beiden Welten verfügt. Ihr habt, wie wir weiterhin einmal annehmen wollen, einen Freund dort zurückgelassen, zu welchem ihr große Zuneigung empfandet und noch empfindet. Nun aber fragt ihr euch, wann er wohl für immer in die Geistige Welt gelangen wird. Hin und wieder habt ihr seine Gedanken der Zuneigung von der Erde empfangen und wißt somit, daß er euch noch nicht vergessen hat. Ihr habt, so spinnen wir den Faden einmal weiter, niemals mit ihm zu kommunizieren versucht, weil ihr aus irdischer Erinnerung noch wißt, daß er über solcherlei Dinge nur die Stirne runzeln würde. Ist es eigentlich möglich, herauszufinden, wann er voraussichtlich in die Geistige Welt hinüberwechseln wird, und wenn dem so ist, welche Vorbereitungen es dann zu treffen gibt? Die Beantwortung dieser Frage offenbart die Existenz einer dieser großen Organisationen dieser Lande.

In der Stadt befindet sich ein beachtliches Gebäude, das die Funktion eines Amtes der Aufzeichnungen und Nachforschungen erfüllt. (Auf Erden verfügt ihr über mannigfaltige Auskunftbüros. Warum sollte es so etwas nicht auch bei uns geben?) Hier ist eine große Schar von Leuten damit beschäftigt, alle Arten von Fragen, die sich auf die Neuankommenden oder auf jene, die schon länger hier verweilen, beziehen. Es mag vorkommen, daß wir vor ein zu lösendes Problem gestellt sind. Wir können uns natürlich in dieser Beziehung an unsere Freunde wenden, doch mag es sich so verhalten, daß sie darin uns nicht zu helfen vermögen. Wir könnten jetzt selbstverständlich uns an eine höhere Persönlichkeit wenden, und wir würden all die gewünschte Hilfe erhalten. Doch haben die höheren Wesen ebenso ihre Arbeit zu verrichten wie wir. Und so sehen wir davon ab, sie unnötig mit unseren Anliegen aufzuhalten. Also begeben wir uns mit unserem jeweiligen Problem zu dem großen Gebäude in der Stadt. Unter den vielen hier vollzogenen Funktionen befindet sich auch diejenige der Registrierung aller bei uns Neuangekommenen. Dies ist eine nützliche

Einrichtung, und sie wird von einer großen Menge Leute in Anspruch genommen, die diesbezüglich ein Interesse haben. Doch eine noch wichtigere Einrichtung ist jene, die einem schon im voraus bekanntgeben kann, mit wessen Ankunft in der Geistigen Welt bald gerechnet werden kann. Diese Auskunft stimmt, und man kann sich unbedingt darauf verlassen. Das Wissen darüber wird erstellt durch verschiedene Gedankenstrahlungen, über die der Auskunftssuchende wenig oder nichts weiter erfährt. Ihm wird lediglich die gewünschte Infomation erteilt.

In normalen Zeiten auf Erden, wenn dort die Sterberaten ziemlich beständig bleiben, ist solch eine Einrichtung von Auskünften bestimmt schon nützlich genug. Doch in Zeiten großer Kriege auf Erden, wenn die Seelen zu Tausenden zu uns gelangen, ist der Vorteil eines solchen Auskunftamtes unermeßlich. Freunde können sich vereinen, um sich zusammen um andere zu kümmern, die sich auf dem Wege in die Geistige Welt befinden.

Vorherwissen irdischer Ereignisse, seien sie nationaler oder privater Art, ist einer bestimmten Gruppe von Leuten eigen, die, so es dringlich erscheint, dieses Wissen an andere weitergeben, welche es unmittelbar angeht. Unter den ersten, denen solch ein Vorherwissen eines bevorstehenden Krieges mitgeteilt wird, befinden sich die verschiedenen Häuser der Ruhe. Das Auskunftsamt wird gleicherweise darüber informiert.

Ihr könnt es vielleich nicht mehr abwarten, zu erfahren, wann euer Freund voraussichtlich in die Geistige Welt gelangen wird, um dort für immer zu verweilen. Ihr wollt also wissen, wann seine Todesstunde geschlagen hat. Euer erster Schritt würde euch zu diesem Auskunftsamt führen. Dort wird man euch an die Person weisen, die dafür zuständig ist. Ihr werdet also nicht von einem „Beamten" zum andern geschickt, noch müßt ihr lange auf Antwort warten. Von euch wird nichts anderes verlangt, als den Namen eueres Freundes zu nennen und außerdem eure Konzentration auf ihn zu lenken, um die notwendige Gedankenverbindung herzustellen. So dies geschehen ist, bittet man euch noch um einen Augenblick Geduld, der nach eurer Zeit nur einige kurze Minuten beträgt. Die zur Verfügung stehenden Kräfte werden mit erstaunlicher Geschwindigkeit in Aktion gesetzt, und ihr werdet alsbald mit der Information der Zeit seiner Ankunft versehen sein. Das eigentliche Datum mag bei uns nur von geringer Bedeutung sein, wie ich es euch begreiflich zu machen schon versucht habe, denn wir lenken unsere Aufmerksamkeit auf solch ein Ereignis und nicht auf den sich dann vollziehenden Zeitpunkt. Schließlich können wir uns, wie nahe der Erde wir uns auch immer aufhalten mögen, darauf verlassen, daß wir beim unmittelbaren Bevorstehen des betreffenden Ereignisses auf jeden Fall informiert werden. In der Zwischenzeit werden wir von dem stufenweise Herannahen des Todes unterrichtet, aus dem wir gemäß unserer Kenntnis von einem zu Ende gehenden Erdenlebens uns die entsprechende Lebensdauer abzuleiten vermögen.

Die Organisation, die hinter dieser betreffenden Einrichtung steht, sollte euch schon eine Idee von der Größe eines umfassenden Dienstes der Hilfe und Auskunft vermitteln. Doch gibt es viele andere. In dem gleichen Gebäude befinden sich Leute, die all die unzähligen Fragen zu beantworten in der Lage sind, die unsere Köpfe, speziell solche der Neuangekommenen, bewegen. Die Beantwortung der Fragen erstreckt sich auf den ganzen Umfang aller unserer Aktivitäten. Aber was uns gegenwärtig am meisten interessiert, ist die Tatsache, daß dieses Amt Tausende von Leuten beschäftigt, die alle eine nützliche Arbeit verrichten und glücklich dabei sind. Viele Menschen bitten darum, dort beschäftigt sein zu dürfen, doch ist es dafür notwendig, erst eine Ausbildung erfahren zu haben, wie immer man sich auch durch persönliche Qualifikationen schon ausgezeichnet haben mag. Eine solche Stellung erfordert, in welcher Abteilung auch immer, ein vollständiges Wissen auf allen Gebieten, denn wer dort beschäftigt ist, muß dazu in der Lage sein, all denen, die darum ersuchen, die richtigen Auskünfte erteilen zu können.

Wollen wir nun ein anderes Beispiel an Organisation in der Geistigen Welt betrachten und zu diesem Zweck die Halle der Wissenschaften aufsuchen.

Es gibt unzählig viele Erdenmenschen, die technisch begabt oder interessiert sind und die deswegen den einen oder anderen Zweig der Technik zu ihrem Lebensberuf erkoren haben. Andere wiederum beschäftigen sich mit den technischen Dingen nur als Hobby, um sich dadurch von ihrer eigentlichen Arbeit abzulenken. Die Gelegenheiten, die sich in der Geistigen Welt allein auf diesem Gebiet anbieten, sind enorm, und solch wissenschaftliche Arbeit wird unter genau den gleichen Bedingungen durchgeführt wie alle andere Arbeit, das heißt, sie unterliegt keinen

Beschränkungen, sie ist frei, und ihr stehen die grenzenlosen Quellen zur Verfügung nebst einer perfekten Betreuung und Anleitung, wie sie allein die Geistige Welt einem zu bieten vermag. Zu dieser Art der Tätigkeit fühlen sich Tausende bei uns hingezogen. All die großen Wissenschaftler und Ingenieure der Erde führen in der Geistigen Welt ihre Projekte und Forschungen weiter. Sie werden dabei von Scharen begeisterter Helfer aus jeder irdischen Berufsrichtung assistiert.

Die meisten von uns sind nicht mit nur einer Beschäftigungsart zufrieden. Also gehen wir einer anderen Betätigung als Teil unserer „Freizeit" nach. Wie ihr seht, werden wir von dem fortwährenden Wunsch angetrieben, etwas Nützliches auszuführen, etwas, das zum Wohl der anderen beiträgt. Wie bescheiden auch immer solch ein Dienst sein mag, wird er doch als Dienst anerkannt. Wenn ihr aber glaubt, daß die meisten von uns nur zwei Tätigkeiten nachgehen, die wir abwechselnd ausführen, so habt ihr euch geirrt. So viele von uns gehen gut einem Dutzend Tätigkeiten nach, durch welche sie sich nützlich machen. Daraus ist ganz klar zu ersehen, daß das Angebot an nützlichen Aufgaben vollkommen den Abertausenden von Nachfragen entspricht. Jede Art von Betätigung, wie auch immer sie beschaffen sein mag, hat ihre eigene Organisation. So etwas wie zufällige Organisierungen gibt es nicht. Jeder Arbeitsausrichtung stehen solche Menschen voran, die darin Experten sind, und die hinter ihr stehende Leitung erlaubt kein Durcheinander oder Herumgepfusch. Somit besteht keine Fehllenkung, denn alles läuft unter den wirkungsvollen Händen der Leitung mit der Leichtigkeit perfekt konstruierter Getriebe.

Daraus darf noch nicht abgeleitet werden, daß wir unfehlbar sind. Das würde eine falsche Einschätzung der Dinge sein. Aber wir wissen hier, daß – was auch immer wir falsch ausgeführt haben – wir uns darauf verlassen können, daß unsere perfekt organisierte Leitung uns zu Hilfe kommt und uns zeigt, wie die Fehler wieder zu begradigen sind. Über Fehler runzelt man nicht die Stirn, als ob wir ein Stück an krassem Unvermögen geleistet hätten. Wir betrachten Fehler als sehr gute Lektionen, aus denen wir aufs beste profitieren können. Doch wegen dieses Annehmenkönnens unserer Fehler sind wir damit dennoch nicht leichtsinnig, denn wir besitzen unseren natürlichen und uns eigenen Arbeitsstolz, der uns dazu ermuntert, stets unser Bestes zu leisten, und zwar ohne Fehler.

Der Versuch, euch einen allumfassenden Einblick der Organisation und

Lenkung in der Geistigen Welt zu geben, würde ein gigantisches Unterfangen sein und geht über meine beschreibenden Fähigkeiten hinaus, einmal ganz davon abgesehen, daß es unmöglich ist, etwas in eine irdische Sprache zu kleiden. Doch das kann nur von einem Bewohner unserer Lande verstanden werden.

Vielleicht ist es das hervorstechendste Merkmal des Lebens in der Geistigen Welt, daß unsere Organisationen derart perfekt funktionieren, so daß bei uns nie die Vermutung einer Hetze oder eines Durcheinanders aufkommt, abgesehen von der Tatsache, daß wir viele Dinge und Aktionen materiellen Aussehens mit der Schnelligkeit von Gedanken, auf welche sich alles aufbaut, auszuführen in der Lage sind. Fixigkeit ist uns zur zweiten Natur geworden, und wir bemerken sie darum gar nicht mehr. Doch trotzdem ist diese Schnelligkeit bei uns ein Faktum, und sie ist wohl auch die Ursache dafür, daß unser großes Lebenssystem und die Lebensorganisation als Ganzes so perfekt und so unauffällig funktioniert.

Auf Erden bläht man sich mit Stolz auf über das erreichte Zeitalter der Geschwindigkeit. Doch im Vergleich zu der uns zur Verfügung stehenden Geschwindigkeit kommt es uns vor, als ob ihr euch beinahe gar nicht bewegt! Ihr müßt warten, bis ihr bei uns seid, um zu erleben, was richtige Geschwindigkeit ist. Dann werdet ihr ebenfalls wissen, was eine richtige Betriebsamkeit und eine wirkliche Organisation ist.

Auf Erden gibt es nichts, was ihnen gleich käme.

14

Die Beeinflussung aus der Geistigen Welt

Bei vielen Menschen ist es gewöhnlich so, daß sie die Geistige Welt und die Erdenwelt als zwei verschiedene und voneinander getrennte und entfernte Ebenen ansehen. Sie meinen, daß diese beiden Welten voneinander unabhängig, ja gänzlich voneinander abgeschnitten seien und daß jede für sich völlig unwissend oder nicht informiert darüber sei, was jeweils in der anderen vorgehe. Daß jedoch die Geistige Welt möglicherweise auf die Erde zu deren Segen einen Einfluß ausüben könnte, wird deshalb als falsche Mutmaßung gedeutet, da ja auf der ganzen Erde der Zustand allgemeiner Unordnung herrscht.

Es gibt jedoch eine andere Gedankenschule, die sich aus denen zusammensetzt, die oberflächlich den von ihnen so genannten Okkultismus studieren.Diese Leute glauben, daß die Erdenwelt, die unbestreitbar sehr materiell eingestellt ist, und die Geistige Welt, die unwidersprochen sehr spirituell ausgerichtet ist, aus nämlichen Gründen automatisch von irgendeiner Interkommunikation ausgesperrt sind.

Beide Gedankenausrichtungen sind fraglos falsch. Beide Welten, eure und unsere, befinden sich in einer ständigen und direkten Kommunikation, und wir sind uns vollkommen und zu jeder Zeit bewußt, was sich auf der Erdenebene ereignet. Ich will damit auf keinen Fall sagen, daß *alle* von uns wissen, was dort vorgeht. Jene von uns, die sich in einer aktiven Verbindung mit euch befinden, sind mit euren persönlichen Angelegenheiten wie auch mit den Begebenheiten eurer Welt im allgemeinen vertraut. Während die übrigen von uns, die seit ihrem Hinübergang kein aktives Interesse an der Erdenebene bekunden, sicherlich viele Dinge, die augenblicklich auf der Erde vor sich gehen, nicht wissen. Jedoch befinden sich jene weisen Wesen höherer Regionen im Besitz allen Wissens, was auf der Erde geschieht.

Ich möchte auf ein oder zwei Kanäle verweisen, durch welche unser Einfluß aus der Geistigen Welt zur Erde gelangt. Zuerst wollen wir uns einmal einen solchen Einfluß auf eine Person betrachten.

Jeder Seele, die auf Erden geboren wurde oder noch geboren wird, ist ein Geistführer zugeteilt. In vergangenen Zeiten muß ein Gedanke von dieser Tatsache in die Köpfe der frühen Kirchenmänner eingedrungen sein, denn sie machten sich diese heilige Eingebung zu eigen, indem sie jeder inkarnierten Person einen unsichtbaren Beschützer zuerkannten, den sie „Schutzengel" nannten. Diese Schutzengel fanden manchmal Einlaß in die Kunst ihrer Zeit, wo die Künstler ein irgendwie lebloses Individuum darstellten, das mit einem leuchtenden Gewand versehen war, von dessen Schultern ein Paar enorm große Flügel herabhingen. Diese ganze Konzeption deutet durch eben jene Beifügungen auf ein Entferntsein, auf eine große Schlucht, die sich zwischen dem Engel und der von ihm zu beschützenden Seele auftut. Dieser würde, so könnte man meinen, wegen seiner äußerst spirituellen Veredlung einerseits und wegen jener anstoßenden irdischen Grobschlächtigkeit seines Schützlings unfähig sein, diesem sehr nahe kommen zu können.

Wollen wir uns nun von der unrichtigen Erfindung der Künstler abwenden und zu etwas Wahrheitsgetreuerem übergehen.

Die Geistführer nehmen eine der höchsten Stellungen in der ganzen Organisation und Administration der Geistigen Welt ein. Sie bewohnen ihre Region, nachdem sie alle schon jahrhundertelang in der Geistigen Welt gelebt haben. Sie entstammen allen Nationalitäten, die auf der Erdenebene existieren, und sie üben ihr Amt ohne nationale Einschränkungen aus. Viele von ihnen haben auf Erden im Fernen Osten oder auch als Indianer in Nordamerika gelebt, denn es verhielt sich immer so – wie es auch jetzt noch vorkommt – , daß sie schon auf Erden über übersinnliche Gaben verfügten und deshalb sich des Verbindungsaustausches zwischen beiden Welten bewußt waren.

Der eigentliche Geistführer wird gemäß eines vorgezeichneten Planes für jedes Individuum ausgesucht. Die meisten Geistführer sind vom Temperament her ähnlich geartet wie ihre Schützlinge in ihren besten Verhaltensweisen, doch was das Wichtigste dabei ist, die Geistführer verstehen sie und haben darum Nachsicht mit den Schwächen ihrer zu Beschützenden. Viele von ihnen litten als Inkarnierte unter den gleichen

Schwächen, und nun sind sie nebst vielen anderen Diensten ihren Schützlingen darin behilflich, deren Schwächen und Fehler zu besiegen.

Eine ganze Anzahl von Irdischen hat schon mit der Geistigen Welt kommuniziert und dadurch ihren jeweiligen Geistführer kennengelernt, mit dem sie nun in Kontakt steht. Tatsächlich ist damit diesen Inkarnierten großes Glück widerfahren. Ebenfalls kann das Glück der Geistführer nicht größer sein, als wenn sie den direkten Kontakt mit denen hergestellt haben, deren Leben sie zu lenken helfen. Es ist sicherlich richtig, zu behaupten, daß weitaus die meisten der Geistführer ihr Werk ausführen, ohne daß ihr Vorhandensein denjenigen, denen sie dienen, bewußt ist, weshalb ihre Aufgabe um so vieles erschwert wird. Aber es gibt noch andere Irdische, deren Lebensführung es den Geistführern praktisch unmöglich macht, ihnen irgendwie nennenswert näherzukommen. Es betrübt sie natürlich, die Fehler und Torheiten, in welche sich ihre Schützlinge stürzen, mitansehen zu müssen und gleichzeitig gezwungen zu sein, abseits zu stehen, da die dicke Wand der materiellen Undurchdringbarkeit, die jene um sich gezogen haben, es ihnen unmöglich macht, ihnen helfen zu können. Solche Seelen, wenn sie letzten Endes in der Geistigen Welt ankommen, werden schließlich vollkommen gewahr, was ihnen alles während ihres Erdenlebens dadurch entgangen war. In solchen Fällen waren die Bemühungen der Geistführer nicht völlig umsonst, denn selbst in dem Herzen der schlechtesten Seele kommt einmal ein Moment, wie flüchtig auch immer, in welchem ihr Gewissen zu ihr spricht. Und es war für gewöhnlich der Geistführer, der ihr den besseren Gedanken eingegeben hatte.

Es darf niemals auch nur für einen Augenblick angenommen werden, daß die Beeinflussung des Geistführers den Besitz oder die Verfügung über den freien Willen verhindert oder verletzt. Wenn ihr, die ihr auf Erden weilt, jemanden dabei beobachtet, wie er sich durch einen unbedachten Schritt auf die Straße dem Verkehrsstrom aussetzt, würde die Tatsache, daß ihr eure Hand ausstreckt, um ihn vor der Gefahr zu bewahren, auf keinen Fall die Ausübung seines freien Willens beeinträchtigen. Ein Geistführer wird versuchen, Rat zu geben, so sein Rat dem Schützling durchgegeben werden kann. Er wird versuchen, jenen zu seinem eigenen Heil in die richtige Richtung zu führen. Und es bleibt dem Schützling anheimgestellt, bei der Ausübung seines freien Willens den erhaltenen Rat zu befolgen oder zurückzuweisen. Falls er sich für letzteres entscheidet, kann er sich nur selbst zuschreiben, wenn ihm Unglück oder Unannehmlichkeit zustößt. Ich möchte gleichermaßen darauf hinweisen, daß ein Geistführer nicht dafür da ist, jemandes Leben an dessen Stelle zu leben. Das muß ein jeder selbst tun.

Es ist in gewissen Kreisen von Individuen auf der Erdenebene zur Gewohnheit geworden, die ganze Einrichtung von Geistführern lächerlich zu machen. Es wird sich auf jeden Fall eine Zeit nahen, wo sie ihre Torheit bitterlich bereuen werden, und dieser Tag wird dann gekommen sein, an welchem sie in der Geistigen Welt ihrem eigenen Geistführer gegenüberstehen werden, der wahrscheinlich mehr über ihr Leben weiß als sie selbst! Wir, die wir in der Geistigen Welt wohnen, können es uns leisten, über diese Lächerlichmachungen hinwegzusehen, denn wir wissen ja, daß der Tag unweigerlich kommen wird, an dem jene die Geistige Welt betreten. Und groß ist die Reue – und in vielen Fällen die Selbstbemitleidung – derer, die in ihrer vermeintlichen Weisheit doch sich selbst nur zum Narren gehalten hatten.

Von jenen Geistführern abgesehen, gibt es eine andere ergiebige Quelle des Einflusses, welcher der Geistigen Welt entstammt. Ich habe euch zum Beispiel davon berichtet, wie die Hände irdischer Ärzte bei ihren Operationen durch die Hände der Geistdoktoren gelenkt werden. In vielen anderen Bereichen des Erdenlebens wird diese Geistbeeinflussung ausgeübt, und zwar in gleicher Weise, wie sie seit dem Beginn der Existenz der Menschheit ausgeübt worden ist. Der inkarnierte Mensch kann aus sich selbst heraus nur wenig verrichten. Und er selbst wird diese Tatsache sogleich erkennen, sobald er zu uns kommt, um bei uns zu leben. Der Mensch kann gewisse mechanische Aktionen mit Genauigkeit ausführen. Er kann ein Bild malen, er kann ein Instrument spielen, er kann eine Maschine bedienen, doch alle großen Erfindungen, die der Erde von Nutzen sind, kommen und werden immer aus der Geistigen Welt kommen. Falls der Mensch, geleitet von seinem freien Willen, sich dafür entscheidet, solche Erfindungen für verderbenbringende Ziele einzusetzen, hat er die daraus sich ergebenden Katastrophen allein sich selbst zuzuschreiben. Die Eingebung, für welchen Zweck oder Sinn sie immer gegeben sein mag, entstammt der Geistigen Welt und von nirgendwo anders. Wenn sie sich für die Menschheit als gut herausstellt, so muß die Quelle dieser Inspiration ebenfalls gut sein. Wenn sie sich jedoch für die Welt offenbar als schlecht herausstellt, dann muß die Quelle ohne Frage ebenfalls böser Natur sein. Dem Menschen auf Erden bleibt es anheimgestellt, welchem Einfluß er sein Gehör schenken will – dem guten oder dem bösen.

Ihr werdet euch daran erinnern, daß ich euch sagte, daß eine Person nach dem Moment ihres „Todes“ , spirituell gesehen, sich in der gleichen Verfassung befindet wie vor diesem Moment. Es vollzieht sich kein augenblicklicher Wechsel von einem schlecht geführten Leben in ein gutes.

Eine der christlichen Kirchen vertritt die Ansicht – ja, sie hält sie für eine unfehlbare Lehre – , daß alle jene von uns, die sich zurück zur Erde begeben und ihre Gegenwart bemerkbar machen, Teufel sind! Es tut mir leid, daß die Kirche derart blind ist, denn es muß gesagt werden, daß sie dadurch, wenn auch wirkungslos, die guten Kräfte zu verhindern sucht, während sie die bösen Kräfte übersieht. Wenn sie die Kräfte des Guten ermuntern würde, zu ihr zu kommen, würden die Kräfte des Bösen alsbald davonfliehen. Die Kirchen, welcher Glaubensrichtung auch immer, leiden unter grenzenloser Unwissenheit. Durch alle Zeitalter hindurch bis auf die gegenwärtige Zeit sind sie ihren eigenen Weg der Unwissenheit gegangen und haben statt der Wahrheit aus der Luft gegriffene Lehren verbreitet und dadurch der allgemeinen Unwissenheit, die sich auf solch falsche Lehren gründete, den Weg für die Kräfte des Bösen geebnet, auf welchem sich diese entfalten konnten.

Ein Pastor hält Predigten und führt das Amt seiner Kirche aus, doch er unterdrückt alle Inspirationsmöglichkeiten, indem er sich an Glaubensvorstellungen und Glaubensätze hält, die furchtbar falsch sind. Falls man ihn selbst fragen sollte, würde er vielleicht antworten, daß er im Prinzip an eine Eingebung glaube, wenn diese sich auch nur in Andeutungen kundgebe. Im ganzen gesehen würde es ihm weniger Umstände bereiten, sich religiöses Glaubensgut von einer anderen irdischen Person auszuleihen oder sich von seiner eigenen Klugheit einen orginalen Gedanken eingeben zu lassen. Aber ihm begreiflich zu machen, daß aus der Geistigen Welt auch andere Einflüsse als die üblen kommen, würde ganz und gar gegen seine eingefahrenen Ansichten verstoßen.

Es ist eine eigenartige Geisteshaltung, die auf dem Glauben beharrt, daß es immer Mächte des Bösen aus der Geistigen Welt sein müssen, die auf der Erdenebene ihre Kräfte bemerkbar machen können. Den Mächten des Bösen gesteht man Kräfte zu, die, wie es scheint, den Mächten des Guten vorenthalten werden. Warum ist das so? Und warum haben die Kirchen eine tödliche Furcht, „die Geister zu prüfen“ , wie es ihnen in jenem Buch, auf das sie sich sonst so gern beziehen, geraten wird? Sie übergehen diese Stelle und verweisen auf jene gewisse Frau aus Endor.

Die Geistige Welt ist ständig in Tätigkeit und macht ihre Macht, ihre Kräfte und ihre Gegenwart der ganzen Erdenwelt spürbar, und zwar greift sie nicht nur in persönliche Angelegenheiten ein, sondern sie wirkt durch einzelne Menschen in einem großen Rahmen zum Wohle der Nationen und deren Politik. Doch so wenig kann von höherer Seite aus geschehen, da für gewöhnlich die Türe für höhere Wesen aus der Geistigen Welt, deren Blickweite, deren Weisheit und Wissen und deren Verstehen so unendlich groß sind, geschlossen ist. Denkt an das Böse, das unter der außerordentlich befähigten Führung der weisen Lehrer der Geistigen Welt vom Angesicht der Erde hinweggefegt werden könnte. Die Geistige Welt versucht durch die nur begrenzt geöffneten Kanäle ihr Bestes zu erreichen. Doch glaube ich, mit Sicherheit sagen zu dürfen, daß es auf Erden kein Problem gibt, das nicht mit der Hilfe und dem Rat und der Erfahrung jener Wesen, von denen ich gerade sprach, gelöst werden könnte. Jedoch würde ein solches Einwirken eines voraussetzen, nämlich daß die Menschen unbedingt auch das befolgen, was ihnen empfohlen oder angeraten wurde. So mancher der früheren Leiter von Staatsgeschäften oder Kirchenämtern auf Erden, der jetzt aber bei uns in der Geistigen Welt lebt, wird von Schmerz geplagt, wenn er auf die verpaßten Gelegenheiten zurückblickt, die es ihm ermöglicht hätten, einen revolutionären Umschwung zum Wohle seiner Landsleute herbeizuführen. Er wird eingestehen, daß er sich damals wohl mit diesem Gedanken trug, ohne gewußt zu haben, daß dieser ihm von der Geistigen Welt eingegeben worden war, aber er ließ zu, daß dieser Gedanke durch andere Dinge wieder verdrängt wurde. Diese Seelen seufzen über den Zustand, zu welchen sich die Menschheit entwürdigt hat. Die Menschheit hat es tatsächlich zugelassen, sich von den Mächten des Bösen regieren zu lassen. Doch diese Bösen, die von den Kirchen so gern angeprangert werden, haben sich ganz woanders breit gemacht, als wo die Kirche sie vermuten. Denn die Männer und Frauen, die mit aller

Aufrichtigkeit und Ernsthaftigkeit mit uns in Verbindung treten und die sich über die Begegnungen mit ihren Geistfreunden wie auch mit jenen edlen Lehrern höherer Sphären freuen, werden angeklagt, mit dem „Teufel“ zu verkehren. Das ist totaler Unsinn! Die wirklichen Teufel sind anderswo rege, wo sie an geeigneten Plätzen viel Größeres zu ihrer eigenen teuflischen Befriedigung bewirken können.

Ihr werdet sagen, daß ich eine ziemlich pessimistische Haltung einnehme und daß in Wirklichkeit die Erdenwelt trotz allem nicht so schlecht ist, wie ich sie hinstelle. Darin habt ihr entschieden recht, denn es gelang uns, der Erdenwelt ein oder zwei unserer Ideen und Gedankenausrichtungen durchzugeben. Aber es kann mit Sicherheit gesagt werden, daß die Erde, wenn wir wegen der allgemeinen Unordnung auf der Welt jegliche Spur unserers Einflusses auf sie unterbunden hätten, sich in sehr kurzer Zeit in eine Welt vollständiger und absoluter Barbarei und des Chaos verwandelt hätte. Der Grund dafür ist darin zu sehen, daß der Erdenmensch glaubt, sich ganz auf seine Kräfte und Willensanstrengungen verlassend, friedlich einherleben könnte. Er ist eingebildet genug, anzunehmen, daß er der Unterstützung keiner weiteren Quelle, wie auch immer sie beschaffen sein mag, bedürfe. Und Hilfe aus der Geistigen Welt zu erhalten, sofern überhaupt solch ein Ort für ihn existieren sollte, ist für ihn völlig ausgeschlossen. Falls wirklich ein solcher Ort wie eine Geistige Welt bestehen sollte, so ist es seiner Meinung nach immer noch Zeit, sich mit ihr auseinanderzusetzen, wenn man dort erst einmal angekommen ist. Doch in der Zwischenzeit fühlen sich solcherlei Menschen derart überlegen, daß sie alles zu wissen vermeinen und ihre Angelegenheiten aufs beste auszurichten glauben, ohne auf eine für sie nebelhafte Geistige Welt angewiesen sein zu müssen. Und wenn ebendiese Menschen in der Geistigen Welt ankommen, die sie gerade noch verunglimpften, werden sie ihrer eigenen Winzigkeit und auch der Kleinheit der Erde gewahr, die sie soeben verlassen haben. Wie klein auch die Erdenwelt sein mag, so benötigen ihre Menschen dennoch Hilfe, um ihre Angelegenheiten auszuführen. Letzteres ist eine andere Entdeckung, die alle machen, wenn sie zu uns gelangt sind.

Die Erdenwelt ist schön, und das Leben auf ihr könnte ebenfalls schön sein, jedoch der Mensch verhindert dies durch sein Eingreifen. Die Geistige Welt ist unbeschreiblich schön, schöner, als es sich der inkarnierte Mensch je vorstellen könnte. Ich habe mich bemüht, euch ein oder zwei

Blicke in sie hineinwerfen zu lassen. Doch eure Welt erscheint uns sehr finster zu sein, weshalb wir uns bemühen, euch ein wenig Licht zu bringen. Wir versuchen, unsere Gegenwart euch wissen und unseren Einfluß euch spüren zu lassen. Unser Einfluß ist groß, doch muß er noch viel, viel größer werden, als es gegenwärtig der Fall ist. Falls wir und unsere Welt einmal von euch voll akzeptiert worden sind, dann werdet ihr wissen, was es heißt, auf der Erde zu *leben*.

Doch bis es soweit ist, wird noch eine sehr lange Zeit vergehen.

15

Die höchsten Regionen

Ich habe bei verschiedener Gelegenheit zu euch über die höheren Regionen oder Sphären gesprochen. Es gibt nur zwei Wege, um in diese gehobeneren Gefilde zu gelangen. Der erste ist der, den wir durch unsere eigene spirituelle Entwicklung und Weiterbildung erreichen können. Der zweite erfolgt auf besondere Einladung eines der dort Wohnenden. Jede andere Möglichkeit ist uns durch unsichtbare Barrieren der spirituellen Undurchdringlichkeit versperrt.

Ich möchte euch nun von einer besonderen Einladung berichten, die an uns erging, um jene höheren Regionen besuchen zu dürfen.

Wir saßen in einem der unteren Räume meines Hauses, von wo wir auf all die Blumen draußen einen herrlichen Blick genossen. Durch die prangende Üppigkeit der Landschaft hindurch konnten wir in der Ferne die Stadt erspähen, und zwar so klar, als ob sie gar nicht so weit weg, sondern ganz in der Nähe gelegen wäre. Edwin und ich unterhielten uns, während Ruth am Klavier saß und ein angenehm anzuhörendes Werk spielte, das nicht nur mit unserer augenblicklichen Stimmung, sondern auch mit der ganzen farbenprächtigen Umgebung in Harmonie zu sein schien.

Ruth ist noch immer nicht von jener anfänglichen Überraschung losgekommen, die ihr widerfuhr, als sie zum erstenmal das Klavier in ihrem neuen Heim erblickte. Sie war auf Erden schon eine ausgezeichnete Spielerin gewesen, und sie erzählte uns, wie ihr zumute war, als sie zum erstenmal vor ihrem „Geistinstrument", wie sie es nannte, saß und ihm die ersten Akkorde entlockte. Sie sagte, daß sie nie genau vorhersagen könne, was als nächstes geschehen könnte oder welcher Klang bei ihrem Spiel entstehen würde. Sie war natürlich über das Ergebnis ihrer einfachen Ausführungen höchst erstaunt, denn der Ton ihres „Geistinstrumentes" war etwas, das sie nie für möglich gehalten hätte. Er war von perfekter Ausgewogenheit und von erstaunlicher Klangqualität. Doch ihrem

Erstaunen war damit noch kein Ende gesetzt. Denn sie bemerkte, daß ihre Fingergeläufigkeit, nachdem sie ihren physischen Körper abgelegt hatte, um ein Hundertfaches gesteigert war und daß sie also ihre technische Fertigkeit mit in die Geistige Welt hinübergenommen hatte. Sie entdeckte weiterhin, daß ihre Hände, so sie die Tastatur berührten, sich ohne jegliche Konzentration ihrerseits wie von allein über die Tasten hin bewegten und daß sich ihr Gedächtnis als so außerordentlich gut bewies, als hätte sie die aufgeschlagenen Noten vor sich stehen.

In jenem gegenwärtigen Moment erfüllte sie die Luft mit wundervollen Klängen, womit sie uns alle drei zugleich unsere Erholungspause verschönte, denn wir waren gerade von einer besonders schweren Aufgabe im Rahmen unserer gewöhnlichen Arbeit zurückgekehrt. Wir drei arbeiteten zusammen und tun es heute auch noch. Und ebenso füllen wir unsere Erholungspausen gemeinsam aus und gestalten meist auch in gleicher Weise unsere Freizeit. In der Tat halten sich Edwin und Ruth weit mehr in meinem Haus auf als in dem ihren. Was mich betrifft, so könnte ich es mir anders nicht besser wünschen.

Plötzlich unterbrach Ruth ihr Spiel und eilte zur Tür. Uns darüber verwundernd, was sie wohl zum plötzlichen Abbruch bewogen haben mochte, folgten wir ihr. Wie groß war unser Erstaunen, als wir auf dem Rasen zwei wunderbare Wesen sahen, von welchen ich euch schon berichtet habe. Der eine von den beiden war jener Ägypter, der mir solch nützlichen Rat erteilte, als ich mich erst seit kurzem in der Geistigen Welt befand und der seitdem ein freundliches Interesse an mir bekundete, und der andere war sein „Meister", der damals bei jener Feier im Tempel den großen himmlischen Besucher begleitet hatte.

Des Ägypters „Meister" trug schwarzes Haar, das der Farbe seiner Augen entsprach, aus denen dessen großer Sinn für Humor und Heiterkeit zu entnehmen war. Im folgenden erfuhr ich, daß unser Gast auf Erden einst Chaldäer gewesen war.

Wir näherten uns mit Freude, um unsere zwei Besucher willkommen zu heißen, und diese drückten wiederum ihr Vergnügen darüber aus, uns zu besuchen.

Wir unterhielten uns frohgemut über verschiedene Dinge, und Ruth wurde wieder überredet, das begonnene und bei ihrer Ankunft unterbrochene Klavierstück zu beenden. Nach Beendigung desselben ergingen sie sich in Bewunderung über ihr Talent, und alsbald unterbreitete uns der Chaldäer den eigentlichen Grund, weshalb sie uns aufsuchten.

Er komme, wie er sagte, um uns die Einladung jener großen Seele zu überbringen, zu dessen Ehre wir uns an jenem denkwürdigen Tag im Tempel versammelt hatten. Wir seien geladen, ihn in seinem eigenen Haus in der höheren Sphäre, wo er wohne, zu besuchen.

Für einen Moment hatte es uns dreien die Sprache verschlagen. Ruth und ich wußten nicht genau, was wir anderes darauf entgegnen sollten, außer daß wir die Auszeichnung, die mit solch einer Einladung verbunden war, hoch zu schätzen wüßten. Edwin jedoch kam uns alsbald zu Hilfe und übernahm die Rolle als unser Sprecher. Der Chaldäer amüsierte sich über unsere Verblüffung, und er beeilte sich, uns zu versichern, daß es bei einem solchen Treffen nichts zum Fürchten gebe, denn das wäre, wie wir bald sehen würden, unmöglich. Ich glaube, das, was uns am meisten Kopfzerbrechen bereitete, war einmal der rätselhafte Grund, warum gerade wir zu solch einem Besuch eingeladen sein sollten, und zum anderen unsere Unwissenheit, wie wir wohl dorthin gelangen könnten. In der Tat hatten wir keinerlei Vorstellung, wo jener Ort sich wohl befinden könnte. In Beantwortung unserer ersten Frage entgegnete der Chaldäer uns, daß diese bestimmt beantwortet sein würde, wenn wir an unserem Bestimmungsziel angekommen sein würden. Und damit wir zu unserem Ziel gelangen könnten, waren er und sein geliebter Freund, der Ägypter, eigens zu uns gekommen.

Wir versuchten unsere Gefühle in Worte zu kleiden, aber es gelang uns nicht. Wenigstens erging es mir darin so. Ich glaube, daß Edwin und Ruth in dieser Beziehung erfolgreicher waren als ich, wiewohl uns der Chaldäer mit seiner angenehmen Herzensfrische und seinem köstlichen Sinn für Humor unsere Entgegnung erleichterte.

Ich bin wahrlich davon überzeugt, daß der Chaldäer die heiterste Seele in all den Sphären der Geistigen Welt ist. Ich betone dies ausdrücklich, denn es scheint in einigen Köpfen die Idee vorzuherrschen, daß, je höher die Stellung sei, die jemand einnimmt, er auch desto ernsthafter zu sein habe. Solch eine Vorstellung ist völlig falsch. Es verhält sich geradezu umgekehrt. Beherzte Fröhlichkeit, die wahrhaft dem Herzen entspringt, die niemanden verletzt und niemals zu jemandes Schaden beiträgt, sondern allein darauf gerichtet ist, andere aufzumuntern, solche Heiterkeit wird in der Geistigen Welt willkommen geheißen und gefördert. Bei uns gibt es kein Schild, auf dem zu lesen ist: „Lachen verboten". Anzunehmen, daß eine erhöhte Spiritualität unweigerlich einen ernsthafteren Blick seines Trägers nach sich ziehen müsse, ist eine schreckliche Ansicht und erinnert allzusehr an das heilige Getue einiger Auswüchse irdisch religiöser Frömmelei. Wir wissen, wann und wie wir lachen dürfen und halten damit nicht zurück. Ich möchte euch versichern, daß, während unser ehrwürdiger Gast, der Chaldäer, uns mit seiner Fröhlichkeit, bei der er aufs kräftigste von dem freundlichen Ägypter unterstützt und begünstigt wurde, erheiterte, er in keinster Weise an seiner Würde und an der Stattlichkeit seiner hohen Herkunft einbüßte.

Und glaubt etwa nicht, daß wir über alles, bevor er es ausgesprochen hatte, schon in Gelächter ausbrachen. Wir leben nicht in einem Land der Heuchelei. Wir lachten, weil wir einen echten Grund dafür hatten. Es war kein vorgetäuschtes Lachen von solchen, die den Launen eines Hochpostierten zu gefallen trachten.

Edwin fragte nach, wann wir wohl diese Reise unternehmen würden. Der Chaldäer entgegnete, daß er und sein guter Freund, der Ägypter, gekommen seien, um uns sogleich mitzunehmen. Ich war mir immer noch nicht darüber im klaren, wie solch eine Reise eigentlich durchgeführt werden sollte, doch der Chaldäer nahm alsbald die Dinge selbst in die Hand, indem er uns einfach bat, mitzukommen. Und so führte er uns der Grenze unserer eigenen Sphäre zu.

Während wir also durch die Wälder und über die Wiesen schritten, fragte ich den Ägypter, ob er mir etwas über jenes hohe Wesen erzählen könne, welches zu besuchen wir uns soeben anschickten. Er erzählte mir nur weniges, obwohl ich mir sicher darüber war, daß er bei weitem mehr wußte, als was er mir offenbarte. Sehr wahrscheinlich hätte ich auch nicht mehr verstanden, hätte er mir all das mitgeteilt, was er über ihn wußte, so daß er in seiner Weisheit mit weiteren Ausführungen zurückhielt. Folgendes aber teilte er mir mit.

Diese strahlende Persönlichkeit, zu deren Haus in den hohen Regionen wir aufgebrochen waren, war vom Angesicht her jeder Seele in den Regionen des Lichtes bekannt. Sein Wunsch wurde immer wie ein Befehl ausgeführt, und sein Wort war Gesetz. Das Blau, das Weiß und das Gold in seinem Gewand, die uns in ihren Proportionen aufgefallen waren, offenbarten den erstaunlichen Grad seines Wissens, seiner Spiritualität und seiner Weisheit. Es gab Tausende, die ihn ihren „geliebten Meister" nannten und als ihr Oberhaupt ansahen, unter welchem der Chaldäer sozusagen als dessen „rechte Hand" fungierte. In bezug auf seine eigentliche Funktion war er der Regent über alle Regionen der Geistigen Welt und übte als solcher kollektiv jenes Amt aus, das von jedem einzelnen Regenten einer Region individuell versehen wurde. Alle anderen Regenten waren daher ihm gegenüber verantwortlich. Und er, wie es sich verhielt, vereinigte alle Regionen, verband sie zu einem Ganzen, aus dem ein ungeheures Universum entstand, das vom Großen Vater, der über allem steht, geschaffen worden war und erhalten wird.

Zu versuchen, seine ungeheure Machtfülle in der Geistigen Welt zu beschreiben, wäre ein unmögliches Unterfangen. Sogar wenn es möglich wäre, würde das Verstehen versagen. Solche Machtausübung kann man mit nichts vergleichen und schon gar nicht mit irgendeiner der regierenden Mächte auf Erden. Irdische Köpfe könnten sich nur an solche Individuen erinnern, die auf Erden über große Königreiche verfügten und weite Gebiete beherrschten, doch dies alles allein durch Furchtverbreitung bewirkten, während alle, die unter ihnen lebten, nur Diener und Sklaven waren. Kein irdischer König ist in der ganzen überlieferten Erdgeschichte bekannt, der je über ein so großes Reich regiert hätte wie jene Persönlichkeit, von der ich berichte. Und dessen Königreich wird regiert gemäß dem großen universellen Gesetz der wahren Liebe. Irgendeine Furcht kann und könnte selbst in den kleinsten Andeutungen nicht existieren, denn für eine Furcht gibt und könnte es nie die geringste Ursache geben. Und so wird es für immer bleiben. Er ist die große sichtbare Verbindung zwischen dem Vater, dem Schöpfer des Alls, und seinen Kindern.

Doch ungeachtet der erhabenen Höhe seines spirituellen Ranges steigt er dennoch aus seinem himmlischen Reich zu uns herab, um uns in diesen Regionen mit seinem Besuch zu ehren, wie ich euch bei früherer Gelegenheit berichtet habe. Doch ist es für andere von vergleichsweise viel niedrigerem Status erlaubt, ihn in seinem Reich aufzusuchen.

Es gibt nichts, was an seinem königlichen Wesen als unstofflich oder unwirklich anzusehen wäre. Wir durften ihn an jenen großen Festtagen, die wir in der Geistigen Welt abhalten, sehen. Er ist keine Phantasiegestalt, irgendeine große Seelenberauschung, die wir in uns selbst mit Hilfe unsichtbarer Mittel von unsichtbarer Herkunft erzeugt haben. Er ist eine wirklich lebende Person, und zwar eine ebenso feste Realität wie wir selbst, – und wir sind realer als ihr auf der Erdenebene, obwohl euch das noch nicht bewußt ist. Ich sage euch dies alles ohne Umschweif, damit wir uns nicht mißverstehen über das, was ich nun wiederzugeben versuche. Es bestehen irrige Auffassungen, daß die Wesen dieser höchsten Regionen derart ätherischer Natur seien, so daß sie praktisch für alle, die nicht ihresgleichen sind, unsichtbar bleiben und ebenfalls als völlig unnahbar angesehen werden müssen, so daß kein Sterblicher oder jemand von niedriger spiritueller Höhe sie womöglich sehen oder, so doch, ein solches Anschauen überleben kann. Man glaubt im allgemeinen, daß diese Wesen so unermeßlich hoch über uns anderen stünden, daß es zahllose Äonen an Zeit erfordere, bevor es uns gestattet sein würde, einen Blick aus einer größeren Distanz auf sie werfen zu dürfen. Das ist vollkommener Unsinn. Zu viele Seelen aus unseren Regionen haben solch hohe Wesen schon gesprochen, und ein jeder, der diese Ehre hatte, war sich über die wahre Begebenheit vollkommen im klaren. Alle von uns verfügen über gewisse Kräfte, die mit jeder Stufe, welche wir auf unserem Wege der spirituellen Weiterentwicklung zurücklegen, vergrößert werden. Und eine dieser hervortretenden Kräfte ist es, daß wir uns unserer Umgebung anpassen können. Dies alles hat nichts mit Magie zu tun, vielmehr wirkt sich hier eine hohe Technik aus, die in sich konkreter ist als jene, die sich hinter den von den Wissenschaftlern umrätselten Erdenwundern verbirgt. In der Geistigen Welt nennen wir diesen Vorgang Gleichschaltung unserer individuellen Vibrationsfrequenz. Aber ich befürchte, daß ihr mit dieser Bezeichnung nicht viel anfangen könnt. Auch bin ich darin kein Fachmann, um es euch erklären zu können.

Der Ägypter erteilte mir diese Auskünfte, die ich noch durch das ergänzte, was ich bereits wußte und das wahrlich sehr wenig war.

Nun bin ich ein wenig von meinem Thema abgewichen.

Inzwischen hatten wir uns Edwins Haus genähert, denn wir glitten schnell aus unserer Sphäre in jene verfeinertere Atmosphäre hinüber. Ein klein wenig weiter, und wir würden beim Weitervordringen behindert worden sein. So hielten wir instinktiv in unserem Vorwärtsmarschieren inne, und wir fühlten, daß jener bedeutungsvolle Moment der Reise uns nun bevorstand. Es verhielt sich genau so, wie es uns der Chaldäer vorausgesagt hatte, denn wir hatten nichts zu befürchten. Und der Vorgang war ganz normal und ohne Aufregung.

Zuerst stellte sich der Chaldäer hinter uns auf und legte seine Hände für einen Moment auf unsere Köpfe. Dies, wie er sagte, sollte uns zusätzliche Kräfte verleihen, um uns durch den Raum zu bewegen. Wir spürten unmittelbar unter seinem Händedruck ein Prickeln, das sich sehr angenehm anfühlte, und es war uns, als ob wir leichter wurden,obwohl man kaum geglaubt haben könnte, daß so etwas noch möglich sei. Auch konnten wir eine sanfte Wärme verspüren, die durch unseren Körper drang. Dies war allein auf die Wirkung jener Kraft zurückzuführen. Der Chaldäer stellte Ruth zwischen Edwin und mich, und dann postierte er sich genau hinter sie. Er legte seine linke Hand auf Edwins Schulter und seine rechte auf die meinige, und da er einen Mantel trug, der übrigens reich bestickt war, so bildete dieser einen vollkommenen Umhang um uns drei.

Man darf nicht etwa annehmen, daß während dieser Vorbereitungen uns eine würdegebietende Ruhe befallen hätte oder uns auferlegt worden wäre. Ganz im Gegenteil! Der Chaldäer und der Ägypter, ja in der Tat wir fünf, redeten frohgemut weiter, wobei ersterer den größten Anteil zu unserer fröhlichen Ausgelassenheit beitrug. Es handelte sich also nicht um eine trostlose Pilgerreise, auf die wir zu gehen uns anschickten. Ganz und gar nicht. Es ist wahr, daß wir kurz davorstanden, in eine Sphäre mitgenommen zu werden, die sehr, sehr weit von unserer gewöhnlichen Wohnstätte gelegen war, doch bedeutete dieser Umstand noch keinen Grund für eine gestrenge Feierlichkeit noch für eine gesteigerte Ernsthaftigkeit, die fern von uns war. Der Chaldäer hatte sein Bestmögliches getan, um uns von allen solchen Gefühlen fernzuhalten. Der Besuch, so sagte er tatsächlich, solle ein überglücklicher werden. Also sollten wir alsdann heitere Gesichter tragen und frohbeschwingt sein. Traurigkeit habe in den höheren Bereichen ebensowenig einen Platz wie in unserer eigenen Sphäre. Von uns werde erwartet, so fügte er hinzu, daß wir mit heiter lachenden Gesichtern erschienen, da diese den wahrhaften Ausdruck unserer inneren Gefühle widerspiegelten. Doch wäre es soundso für einen jeden unmöglich, in der Gegenwart des Chaldäer und seines Begleiters nicht erheitert zu sein. Und ich darf sagen, daß wir unsererseits all ihrer Emsigkeit vollen

Tribut zollten, denn ich glaube, daß wir anderen gegenüber geradezu die besten Beispiele spiritueller Heiterkeit abgegeben hätten.

Der Chaldäer erklärte uns, daß, indem er seine Hände auf unsere Köpfe legte, es zugleich nebst der Tatsache, daß es uns die benötigten Kräfte zum Reisen gebe, uns auch befähigen würde, unsere Sehkraft auf jene Lichtintensivität einzustellen, der wir in der höheren Sphäre ausgesetzt sein würden. Ohne solch einen Einstellungsausgleich würden wir uns höchst unwohl fühlen. Nach diesem Einstellen unserer Augen war deren Sehkraft um nichts gemindert, doch war ihnen eine Art Film übergelegt, und zwar in ähnlicher Weise, wie ihr auf Erden euch gegen die Einwirkung der Sonnenstrahlen durch eine Sonnenbrille zu schützen pflegt. Natürlich trugen wir keinerlei Brille. Der Chaldäer bewerkstelligte dies alles allein durch seine Gedankenkräfte. Was er im einzelnen tat, vermag ich nicht zu sagen. Was es auch immer war, so hatte er diese Prozedur schon viele Male zuvor ausgeführt, und es erwies sich – überflüssig, darauf hinzuweisen – als vollkommen wirkungsvoll.

Der Ägypter legte nun unsere Hände in die seinen, und wir erfuhren eine frische Zufuhr an Kraft, die durch unseren Körper strömte.

Der Chaldäer bat, uns gänzlich zu entspannen und dabei daran zu denken, daß wir uns für einen Vergnügungsausflug anschickten und nicht einen Test spirituellen Durchhaltevermögens durchzustehen hätten. „Und nun meine Freunde“, so sagte er, „laßt uns aufbrechen. Wir werden bereits erwartet.“

Alsgleich kam es uns vor, als ob wir schwebten, doch hörte dieses Schwebegefühl nach einer sehr kurzen Zeit, man könnte sie mit einer Sekunde vergleichen, ganz plötzlich auf. Ein Licht leuchtete vor unseren Augen auf. Es war äußerst hell, doch hatte es nichts Erschreckendes an sich. Es verschwand jedoch ebenso schnell, wie es aufgetaucht war, und gleichzeitig mit seinem Verschwinden spürte ich, wie meine Füße festen Grund berührten. Und dann bot sich unseren Augen zum erstenmal der Anblick dieser hohen Sphäre dar.

Wir befanden uns in einem Reich einer mit nichts zu vergleichenden Pracht. Auf der Erdenebene gibt es nichts, was man mit dieser nicht wiederzugebenden Schönheit gleichsetzen könnte. So vermag ich es auch nur, da die Erdensprache dies nicht auszudrücken in der Lage ist, euch ein paar abgeschwächte Einzelheiten zu vermitteln.

Wir standen, was uns sofort klar war, mitten in einem „märchenhaften Königreich". Wir befanden uns auf einer Anhöhe, die etwas oberhalb einer Stadt gelegen war. Unsere Freunde hatten uns ganz bewußt zuerst zu diesem Aussichtspunkt gebracht, um uns diesen prachtvollen Ausblick zu bescheren. Es sei, wie der Chaldäer sagte, für uns nicht möglich, länger als eine bestimmte Dauer in dieser Sphäre zu verweilen, weshalb es sein Wunsch war, uns innerhalb der uns zustehenden Zeit so viel wie möglich sehen zu lassen.

Vor uns erstreckte sich ein breiter Strom, der ruhig und friedvoll dahinfloß und überwältigend anzusehen war, da die himmlische Sonne jede der kleinen Wellen durchflutete und sich dadurch ein Spiel aus unzähligen Farbtönungen ergab. Auf der rechten Seite des Flußufers breitete sich bis zum Wasser eine nicht zu übersehende weitflächige Terasse aus, die aus kostbarstem Alabastergestein hergestellt zu sein schien, zu der sich eine breitangelegte Treppenanlage hochbahnte, die zu dem großartigsten Bauwerk führt, das man sich vorstellen könnte.

Es war einige Stockwerke hoch, von denen ein jedes derart über das andere aufgesetzt war, daß jedes von ihnen von einer geräumigen Terasse umgeben wurde und sich somit der ganze Prachtbau nach oben hin zuspitzte. Seine äußere Erscheinung war einfach und ohne Ausschmükkungen, und es leuchtete ein, warum es sich so verhielt. Das ganze Gebäude war ausschließlich aus Saphiren, Diamanten, Topasen oder zumindest aus dem, was ihren himmlischen Gegenstücken entsprach, hergestellt. Diese drei Edelsteine erstrahlten in Blau, Weiß und Gold und korrespondierten somit mit jenen Farben, die ich zuvor auf dem diese drei Farben deutlich zu erkennen gebenden Gewand unseres himmlischen Besuchers in jenem Tempel gesehen hatte. Das Blau, Weiß und Gold dieses Palastes aus Edelsteinen, die zudem noch von den reinen Strahlen der großen Zentralsonne übergossen wurden, verstärkten und vervielfältigten so noch um ein Tausendfaches ihre Leuchtkraft und strahlten ihr reinstes Licht in alle Richtungen. In der Tat präsentierte sich das ganze Gebäude zu unserem benommenen Erstaunen wie ein Koloß glitzernden Gefunkels. Wir mußten alsgleich an die irdischen Topase, Saphire und Diamanten denken und wunderten uns darüber, wie klein jene irdischen Edelsteine im Gegensatz zu diesen doch waren, da man sie jeweils bloß mit dem Daumen und Zeigefinger emporzuheben vermochte. Und nun breitete sich vor uns ein glitzernder Prachtbau aus, der ganz und gar aus eben diesen Steinen nebst solchen, wie sie ein Irdischer noch nie zu sehen bekam, noch je, solange er inkarniert ist, zu sehen bekommt, erbaut war.

Unsere erste Frage bezog sich auf den Grund beziehungsweise auf die Bedeutung jener besonderen Gebäudeausstattung, die sich unseren Blikken darbot. Es liege in der betreffenden Materialausführung des Palastes keine hintergründige Bedeutung verborgen, entgegnete uns der Chaldäer. Diese Edelsteine gehörten allein der Sphäre an, in der wir uns jetzt befanden. In unserer eigenen Sphäre sind die Wände der Gebäude undurchsichtig, obwohl ihnen auf der Oberfläche eine gewisse durchscheinde Qualität zu eigen ist. Doch ist das Gestein gewichtig und schwer im Vergleich zu dem in diesen höheren Regionen. Auf unserem Wege nach hier hatten wir viele andere Regionen durchzogen, doch hätten wir innegehalten, um die jeweiligen Landschaften in Augenschein zu nehmen, so hätten wir den allmählichen Übergang bemerkt, bis unsere relativ schwer aussehenden Materialien nach und nach in jene kristallinischen Substanzen übergingen, von denen jetzt unsere Blicke gefangen waren.

Doch die Farben hatten auf jeden Fall, worauf ich schon hinwies, eine besondere Bedeutung.

Um den Palast herum breiteten sich, wie wir sehen konnten, über einige Hektar große bezaubernde Gärten aus, die derart angelegt waren, daß wir von dem von uns eingenommenen erhöhten Aussichtspunkt von diesen den Eindruck hatten, als ob es sich um ein riesiges und kunstvolles Muster handeln würde, wie wir es in ähnlicher Manier bei einem prächtig gefertigten Perserteppich zu sehen gewohnt waren. Uns wurde weiterhin dargelegt, daß sich dieses Muster bei einem Spaziergang durch diese Gärten auflösen würde, daß wir uns aber statt dessen dann von den wundervollst angelegten Blumenbeeten samt weichen Wiesen umgeben sehen würden.

Obwohl wir kaum unsere Augen von der überwältigenden Schönheit des Palastes und seiner Gärten abwenden konnten, machte uns doch der Chaldäer mit viel Zartgefühl auf das Übrige des Panoramas aufmerksam.

Dieses erstreckte sich über viele, viele Kilometer hin, so schien es uns wenigstens. Unsere Sichtweite wurde in diesen verfeinerten Regionen noch um vieles vergrößert, wie man es sich mit irdischem Auffassungsvermögen nie vorstellen könnte. Und somit kam es uns so vor, als ob sich vor uns eine unendlich weite Landschaft ausbreitete, deren Ausmaße wir nicht ermessen konnten. Und in dieser riesigen Weite entdeckten wir in der Ferne andere großartige Gebäude, die mit noch kostbareren Steinen wie Amethysten und Smaragden versehen zu sein schienen. Jedes dieser anders konstruierten Gebäude war von prächtigen Gärten umgeben, wo sich Bäume von unvollstellbarem Reichtum an Farben und von stattlichem Wuchs in die Höhe reckten. Wo immer wir unsere Blicke hinlenkten, entdeckten wir das Blitzen von juwelenbedeckten Häusern, welche die Strahlen der Zentralsonne reflektierten. Wir erblickten weiterhin die abertausend verschiedenen Farben der Blumen und das Glitzern des Wassers jenes Flusses, der vor uns einherströmte und sich weit hinten in der Landschaft verlor.

Während wir mit größter Verwunderung unsere Blicke über die Szenerie gleiten ließen, schien aus dem Palast ganz plötzlich ein Lichtstrahl auf den Chaldäer gerichtet zu sein, der seinerseits als Zeichen, daß er ihn empfangen hatte, ebenfalls einen Lichtstrahl zurücksandte. Unsere Ankunft war also in diesem Reich schon bekannt geworden. Und kaum hatten wir diese Strahlen wahrgenommen, als wir auch schon aufgefordert wurden, in den Palast zu kommen, wo unser Gastgeber bereit war, uns zu empfangen, denn dieses beinhaltete die Botschaft, die dieser Strahl, wie uns der Chaldäer erklärte, ihm übermittelte. Deshalb brachen wir sofort auf und wendeten uns dem Palast zu.

Mit der gleichen Fortbewegungsmethode, die uns in diese Sphäre gebracht hatte, beförderten wir uns vorwärts, so daß wir uns im Nu in spazierengehender Haltung auf den Terassen neben dem Fluß wiederfanden, wo wir alsgleich die breiten Treppen hinaufstiegen, die uns zum Haupteingang des Palastes führten. Das Gestein der Terasse wie auch die Treppen erstrahlten ganz in Weiß, doch wir waren äußerst erstaunt über deren Weichheit unter unseren Füßen, denn es war, als ob wir über samtweichen und gutgepflegten Rasen spazierten.

Unsere Tritte verursachten keinen Laut, während die Gewänder, durch unsere Bewegungen bedingt, rauschten. Ansonsten hätte sich alles ganz leise vollzogen, von unserer Unterhaltung selbstverständlich abgesehen. Natürlich vernahmen wir viele andere Geräusche, denn wir befanden uns nicht in einer Sphäre der Ruhe. Die ganze Luft war angefüllt von jenen tönenden Harmonien, die das Farbenmeer entstehen ließ, welches sich um uns entfaltete.

Die Temperatur schien uns höher zu sein als die in unserer Sphäre. Der Chaldäer sagte uns, daß sie in Wirklichkeit noch viel höher sei, als wir es fühlen könnten, doch war unsere Aufnahmemöglichkeit auf diesen Temperaturunterschied eingestellt worden, wie wir ja auch auf die vermehrte Lichtintensität eingestellt worden waren. Ein sanfter Wind machte sich auf unseren Gesichtern angenehm spürbar, welcher uns zugleich einen himmlischen Duft in die Nase fächelte.

Als wir durch den Palasteingang geschritten waren, hätte ich mich dort am liebsten länger aufgehalten,um mir aus nächster Nähe die erstaunlichsten Materialien anzusehen, aus welchen sich das Gebäude zusammensetzte. Doch die Zeit drängte, denn unser Aufenthalt konnte nicht über jenes Resistenzvermögen hinaus ausgedehnt werden, das uns vor der Feinheit der Atmosphäre wie auch vor der Lichtintensivität bewahrte und das für eine beschränkte Dauer von dem Chaldäer und dem Ägypter durch die an uns erfolgte Aufladung mit spiritueller Kraft bewirkt worden war. Während wir nun durch das Gebäude schritten, konnten wir nur einen flüchtigen Eindruck von der alles erfüllenden Pracht mitnehmen.

Die verschiedenen Innenräume wie auch die Gänge waren sehr gut proportioniert, so daß sich nirgends eine übertriebene Höhe ergab, wie man es sich wohl von einem Gebäude solchen Ausmaßes gedacht haben mag. Wo immer wir unsere Blicke hinschweifen ließen, entdeckten wir mit Juwelen verzierte Wände und Fußböden. An den Wänden befanden sich Mosaikbilder mit idyllischen Szenen, bei deren Komposition sich der Künstler wertvollster Steine bedient hatte, von denen nur einige den Erdenbewohnern bekannt sein dürften. Obwohl sich diese Bilder aus vielen kleinen Edelsteinen zusammensetzten, erschien es doch einem Betrachter, als ob sie aus flüssigem Licht, wenn ich diesen Ausdruck einmal verwenden darf, bestünden. Diese Steinchen warfen ihre Lichtstrahlen mit der jeweils gewünschten Farbe dorthin, wo es der beabsichtigte Gegenstand verlangte, so daß die sich daraus ergebene Wirkung dem Betrachter den Eindruck vermittelte, als ob das Mosaik wirklich lebte. Die Farben für sich waren schon überwältigend. Sie enthielten viele Farbschattierungen und -nuancierungen, wie man sie auf Erden nicht kennt. Es erschien mir unvorstellbar, daß es Edelsteine geben konnte, die eine solche Mannigfaltigkeit von Farben zu erzeugen vermochten, jedoch befinden wir uns in einer Geistigen Welt, und darüber hinaus auch noch in einer sehr hohen Geistigen Welt.

Während wir die Gänge entlangschritten, begegneten wir den freundlichsten und gütigsten Wesen, die uns freundlich grüßten und somit in uns das Gefühl, herzlich willkommen zu sein, vermehrten. Ja, das Willkommensein war das vorherrschende Gefühl, das sich in uns bemerkbar machte, als wir den ersten Schritt in diesen Palast taten. Man sah keine düstere Mine, sondern überall begegnete man uns mit freundlicher Wärme und Herzlichkeit.

Schließlich blieben wir vor einem kleinen Zimmer stehen, und der Chaldäer sagte uns, daß wir nun den Höhepunkt unserer Reise erreicht hätten. Ich kann nicht sagen, daß ich sehr aufgeregt war, doch beschäftigten sich meine Gedanken damit, welchen Formalitäten man jetzt nachzukommen habe, da ich darüber keine Vorstellung hatte. Ich nahm also deswegen eine ein wenig zögernde Haltung an. Der Chaldäer, der uns beobachtet hatte, bat uns, ihm zu folgen und bei allem Bevorstehenden allein die Regeln einzuhalten, die ein gutes Betragen verlangte.

Wir traten ein. Unser Gastgeber saß nahe am Fenster. Als er uns sah, erhob er sich und trat auf uns zu, um uns zu begrüßen. Zuerst dankte er dem Chaldäer und dem Ägypter dafür, daß sie uns hierher gebracht hatten. Dann nahm er die Hand eines jeden von uns und hieß uns in seinem Haus willkommen. Es standen einige leere Stühle neben jenem, in welchem er zuvor Platz genommen hatte. Er schlug uns vor, auf diesen mit ihm Platz zu nehmen und den Ausblick zu genießen. Er war, wie er erklärte, sein Lieblingsausblick.

Wir näherten uns dem Fenster, und wir konnten unter uns ein Beet mit den wundervollsten weißen Rosen entdecken, die so weiß wie ein Schneefeld waren und einen Duft verströmten, der ebenso überwältigend war wie der Anblick der Blüten, denen er entstieg. Weiße Rosen, so vertraute uns unser Gastgeber an, liebe er unter allen Blumen am meisten.

Nun setzten wir wir uns auf die Stühle, und ich hatte die Gelegenheit, unseren Gastgeber, während er zu uns sprach, aus nächster Nähe zu betrachten, während ich ihn vordem nur aus einiger Entfernung gesehen hatte. Ihm so in seinem Zuhause beobachtend, stellte ich fest, daß seine Gesichtszüge im großen und ganzen denen entsprachen, mit welchen er uns bei seinem Besuch im Tempel unserer Region erschienen war. Jedoch konnte ich einzelne Unterschiede an ihm feststellen, Unterschiede, die ganz allgemein auf die Lichtintensivität zurückzuführen waren. Sein Haar schien zum Beispiel von goldener Farbe gewesen zu sein, als er zu uns gekommen war. Hier jedoch erschien es mir eher aus leuchtend goldenem Licht zu bestehen, als aus einer Goldfarbe. Er sah sehr jung aus, schien von ewiger Jugend zu sein, doch konnten wir die unzähligen Äonen an Zeit verspüren, die hinter ihm lagen.

Wenn er sprach, hörte sich seine Stimme wie reinste Musik und sein Lachen wie Wassergeplätscher an, doch hielt ich es niemals für möglich, das irgendein Individuum solch eine Liebe ausstrahlen und von solch einer Freundlichkeit, solch einer Aufmerksamkeit und Rücksichtsnahme sein könnte. Und nie hätte ich geglaubt, daß es möglich wäre, daß ein Individuum ein derart gigantisches Wissen auf sich vereinen könne, wie es dieser himmlische König besitzt. Man fühlte, daß er nach dem Himmelsvater derjenige war, welcher den Schlüssel zu allem Wissen und zu aller Weisheit verwaltete. Doch wie befremdend es auch klingen mag und obwohl wir eine nicht auszumessende Entfernung zurückgelegt hatten, um in die Gegenwart dieses alle Begriffe übersteigenden Wesens zu gelangen, fühlten wir uns dennoch in seiner Präsenz ganz entspannt wie bei einem Freunde. Er scherzte und lachte mit uns. Er wollte wissen, was wir von seinen Rosen hielten, während der Chaldäer sein übriges tat, um uns wie bisher zu erheitern. Unser Gastgeber sprach zu jedem einzelnen von uns, indem er ein genaues Wissen über all unsere Angelegenheiten, seien sie kollektiver oder persönlicher Art, an den Tag legte. Dann schließlich kam er auf den Grund zu sprechen, weshalb er uns zu sich geladen hatte.

In Gesellschaft mit meinen beiden Freunden, wie er sagte, hätte ich die dunklen Sphären besucht und mir all das eingeprägt, was ich dort gesehen hätte. Er habe sich nun gedacht, daß es für uns drei eine angenehme Gegenüberstellung sein würde, wenn wir die höchste Sphäre einmal aufsuchten könnten, um einiges von deren Schönheit selbst in Augenschein zu nehmen. Wir könnten uns somit davon überzeugen, daß die Bewohner dieser hohen Regionen keine schattenhaften Personen bar jeglicher Realität seien, sondern daß sie im Gegenteil wie wir selbst

Gefühlsregungen, wenn auch von noch verfeinerter Natur, besäßen und fähig seien, zu verstehen und zu denken und sich für herzerfrischendes Lachen und Heiterkeit ebenso empfänglich zu zeigen wie wir. Und er hatte aus dem Grunde uns ersucht, zu ihm zu kommen, damit er uns versichern könne, daß diese Sphäre, in der wir uns augenblicklich befanden, für jegliche Seele, die auf Erden geboren würde, zugänglich sei, von seinem Recht darauf also niemand ausgeschlossen sei. Und obwohl es vielleicht unzählige Jahre dauern würde, diese Sphäre zu erreichen, stehe den Menschen doch die Ewigkeit dafür zur Verfügung nebst den unbegrenzten Hilfen, die sich ihnen anböten, zum Ziel zu gelangen. Dies, wie er hinzufügte, sei die einfache und große Tatsache des spirituellen Lebens. Es seien also keine weiteren Geheimnisse damit verbunden. Alles liege ganz offen in aller Wahrheit dar, ohne von komplizierten Glaubensvorstellungen, seien sie religiöser oder anderer Art, verstellt zu sein. Man sei also nicht genötigt, irgendeiner der doktrinären Kirchen beizutreten, die aus sich selbst kein Anrecht darauf hätten, irgendeine Seele von ihrer augenblicklichen Macht zu überzeugen, das Seelenheil für sie garantieren zu können. Denn keine der religiösen Organisationen, die je existiert hätten, habe dies vermocht.

Es stand also allen offen, sich zu dieser Sphäre an unvergleichlicher Schönheit aus der untersten und düstersten Sphäre nach hier emporzuarbeiten. Es mag Äonen an Zeit dauern, bevor man dorthin gelangt, doch ist dieses das große und wunderbare Endziel aller Millionen Seelen auf Erden.

Unser guter Freund, der Chaldäer, ließ seinen „Meister" wissen, daß unsere Aufenthaltsdauer nahezu abgelaufen sei. Letzterer bedauerte, daß es sich so verhielte, doch wies darauf hin, daß solche Kräfte, die für die Möglichkeit unseres Besuches mobilisiert worden seien, auch ihre Grenzen hätten, weshalb wir uns zu unserem eigenen Vorteil diesen gesetzten Schranken fügen müßten. Jedoch, so fügte er hinzu, ergäben sich wieder einmal Besuchsmöglichkeiten, womit er uns zu weiteren Besuchen einlud.

Wir erhoben uns, und ich konnte nicht dem reizvollen Anblick der Rosen widerstehen. Ich schaute also noch einmal aus dem Fenster hinaus, worauf wir uns zum Aufbruch anschickten.

Unser gütiger Gastgeber sagte, daß er uns gern zu dem Hügel begleiten wolle, von wo wir unseren ersten Blick auf dieses sein Königreich geworfen hatten. Wir schlugen einen anderen Weg ein als den, zu welchem wir zum Palast gelangt waren. Wie groß war unsere Freude, als wir unsere Schritte direkt zu jenem Rosenbeet hinlenkten. Sich vorwärts beugend, pflückte unser Gastgeber drei von den allerschönsten Blüten, wie sterbliche Augen sie nie erblicken würden, und überreichte jedem von uns eine von ihnen. Unser Entzücken wurde noch dadurch gesteigert, daß es uns mit der gehörigen Liebe zu diesen Blüten gelingen würde, diese für immer in ihrem gegenwärtigen Zustand zu erhalten, ohne daß sie welkten. Trotzdem befürchtete ich, daß diese Blüte, so ich sie unversehrt in unsere Sphäre befördern konnte, vielleicht durch die für sie ungewohnte Dichtigkeit einer schwereren Atmosphäre zu Schaden kommen könnte. Doch unser Gastgeber versicherte mir, daß es sich nicht so verhielte, denn unsere Gedanken an diese Blüten und an ihn würden diese immer jugendlich halten, da ihnen von unseren und seinen Gedanken reichlich Nahrung zufließen würde, damit sie so blieben, wie sie seien.

Schließlich gelangten wir am Ort unseres Abschiednehmens an. Worte können nicht wiedergeben, was wir dabei empfanden. Doch unsere Gedanken richteten sich allein auf ihn, der uns diese übergroße Glückseligkeit bereitet und diesen Vorgeschmack unseres endgültigen Schicksals vergönnt hatte – eines Schicksals, das allen Menschen, lebten sie noch auf der Erden oder schon in der Geistigen Welt, einmal bevorstand. Und indem er uns segnete und uns mit einer Liebe und so unbeschreiblichen Würde anlächelte, wünschte er uns himmlische Geschwindigkeit, worauf wir uns im Nu in unserer Welt befanden.

Ich habe versucht, euch etwas von dem zu berichten, was wir erlebten und sahen. Doch Worte vermögen das alles nicht wiederzugeben, denn das rein Spirituelle läßt sich nicht in irdische Worte kleiden. Somit muß meine Beschreibung bei weitem zu wünschen übrig lassen.

Ebenso ergeht es mir mit allen anderen Dingen, die ich euch zu beschreiben versuchte. Um euch einen umfassenden Bericht von all dem zu geben, was wir in der Geistigen Welt gesehen und erlebt haben, würde bedeuten, viele Bände zu füllen, weshalb ich mich dafür entschied, euch das, von dem ich vermeinte, daß es euch von Interesse und Nutzen sein könnte, mitzuteilen. Es ist mein innigster Wunsch, euer Interesse gewonnen und euch vielleicht auch nur für Momente aus den euch so dringlich erscheinenden Dingen eures Erdenlebens abgelenkt zu haben, um euch einen Blick in die Welt jenseits der Welt, in der ihr jetzt lebt, werfen zu lassen.

Sollte ich es vermocht haben, euch ein wenig Trost oder Hoffnung und Zuversicht gebracht zu haben, so ist mir damit große Genugtuung widerfahren. So bleibt mir denn nur noch zu sagen:

Benedictat te omnipotens Deus.
(Gott, der Allmächtige, segne dich.)

ISBN 3-931652-85-8
224 Seiten · broschiert
€ 14,90

Judith Bluestone Polich

Die Wiederkehr der Kinder des Lichts

Prophezeiungen der Inkas und Mayas für eine neue Welt

Die Autorin bietet einen tiefen Einblick in die alten Hochkulturen der Inkas und Mayas. Sie zeigt auf, wie sehr sich in unserer unmittelbaren Gegenwart die Prophezeiungen jener Hochkulturen erfüllen. Das Buch zeigt, dass unser Weg in die Zukunft über das Verstehen unserer Vergangenheit führt. In eine Zukunft mit völlig neuen Möglichkeiten.

ISBN 3-931652-59-2
216 Seiten · broschiert
€ 15,90

Trutz Hardo

Reinkarnation aktuell

Kinder beweisen ihre Wiedergeburt

In diesem Buch wird berichtet, wie Kinder in überzeugender Weise über ihr vorausgegangenes Erdenleben erzählen und wie Wissenschaftler – allen voran Professor Ian Stevenson – diesen Berichten nachgehen, sie wissenschaftlich überprüfen und zu der Überzeugung kommen, dass die Angaben der Kinder richtig sind. Besonders sind solche Fälle überzeugend, in denen Kinder mit fehlenden Gliedern zur Welt kommen, jedoch genau beschreiben können, wo und wann sie diese in einem früheren Leben verloren hatten, wer ihre Eltern und Verwandten waren und wo sie gewohnt hatten. Die dann wissenschaftlich vorgenommenen Überprüfungen bestätigen genau diese Angaben.

Dr. Engelbert Winkler

Begegnung mit dem lebendigen Licht

Nahtod-Erfahrungen als Hilfe zum Leben

Nahtod-Erfahrung heißt Gottes-Erfahrung. Bisher kehrten bereits Millionen Menschen noch einmal – meist sogar widerwillig – nach ihrem Beinahe-Tod in ihr irdisches, bisheriges Leben zurück. In kritischer Auseinandersetzung mit der kirchlichen Gottesvorstellung macht der Autor die Nahtod-Erfahrung als subversive Tendenz deutlich – auf der Grundlage der Erkenntnisse Wissender, statt Glaubender.

ISBN 3-89845-0007
240 Seiten · broschiert
€ 14,90

Albert Bodde

Karma & Reinkarnation

Auf der Suche nach Liebe und Logik in der Schöpfung

Albert Bodde erläutert, welche Hilfe die „Gesetze“ von Karma und Wiedergeburt für alle diejenigen leisten, die ihrem Schicksal gegenüber ratlos fragen: „Warum passiert das gerade mir?“ oder „Gibt es überhaupt eine höhere Gerechtigkeit?“ und: „Was kann das Leben denn für einen Sinn haben?“. Der Autor widerlegt einleuchtend und mit stichhaltigen Argumenten die Behauptung, das Gesetz von Karma und Wiedergeburt lasse keinen Raum für die Liebe und die Gnade.

Das Gegenteil ist der Fall!

ISBN 3-931652-79-3
160 Seiten · broschiert
€ 15,50

ISBN 3-931 652-03-0
240 Seiten · gebunden
€ 15,90

Elsa Barker

Licht hinter dem Schleier

Wegweiser in die vierte Dimension

„Licht hinter dem Schleier" nimmt uns die Angst vor dem Tod und lässt uns die Verbindungen zwischen der irdischen und jenseitigen Welt erkennen. Dieses Buch macht uns durch authentische Geschichten mit einer Welt vertraut, die wir mit unserer Innenwelt ständig berühren, jedoch meistens nicht bewusst wahrnehmen. Lebendig und spannend wird diese in ihrer Vielschichtigkeit und mit ihren unterschiedlichsten Wesen beschrieben.

ISBN 3-931652-95-5
240 Seiten · broschiert
€ 14,90

Winfried Nolden

Von der Trauer zum Vertrauen

Begegnungen mit dem wahren Selbst

Das Unbewusste des Autors spricht zu ihm und durch ihn, tröstend, aufmunternd, wachrüttelnd. Es ist sein Gott, der ihm und jedem, der zuhört, die Botschaft vermittelt: Sei einfach du selbst, folge der Vision deiner Seele, und du wirst glücklich und – heilig!

ISBN 3-923 781-52-0
92 Seiten · broschiert
€ 8,90

Harold Sharp

Auch Tiere überleben den Tod

Das bekannte hellsichtige Medium H. Sharp erzählt seine Erlebnisse mit „verstorbenen" Tieren und führt somit den Beweis, dass auch Tiere den Tod überleben und sich aus der jenseitigen Welt ihren irdischen Freunden bemerkbar machen oder sogar zeigen können.

ISBN 3-931652-80-7
160 Seiten · broschiert
€ 13,90

Diane Stein

Wir sind alle Engel

Wege zur Heilung unserer Vergangenheit, Gegenwart und Zukunft

Die amerikanische Bestseller-Autorin entwickelt auf der Grundlage des Gesetzes von Karma und Reinkarnation neue Heilmeditationen, die die inneren Kräfte aktivieren – zur Selbstheilung und Heilung anderer.